国家社科基金项目"新兴权利的民事诉权保障研究"(18BFX062)结项成果

王德新◎著

新兴权利的民事诉权保障研究

XINXING QUANLI DE MINSHI SUQUAN BAOZHANG YANJIU

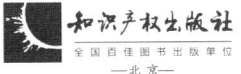

知识产权出版社
全国百佳图书出版单位
——北京——

图书在版编目（CIP）数据

新兴权利的民事诉权保障研究 / 王德新著. -- 北京：知识产权出版社，2025.9. -- ISBN 978-7-5130-9842-7

Ⅰ. D925.104

中国国家版本馆CIP数据核字第2025JU1471号

责任编辑：王颖超　　　　　　　　　　责任校对：谷　洋
封面设计：杨杨工作室·张冀　　　　　　责任印制：刘译文

新兴权利的民事诉权保障研究

王德新　著

出版发行：	知识产权出版社有限责任公司	网　　址：	http://www.ipph.cn
社　　址：	北京市海淀区气象路50号院	邮　　编：	100081
责编电话：	010-82000860转8655	责编邮箱：	wangyingchao@cnipr.com
发行电话：	010-82000860转8101/8102	发行传真：	010-82000893/82005070/82000270
印　　刷：	三河市国英印务有限公司	经　　销：	新华书店、各大网上书店及相关专业书店
开　　本：	720mm×1000mm　1/16	印　　张：	14.75
版　　次：	2025年9月第1版	印　　次：	2025年9月第1次印刷
字　　数：	225千字	定　　价：	88.00元

ISBN 978-7-5130-9842-7

出版权专有　侵权必究
如有印装质量问题，本社负责调换。

目 录

绪 论 ………………………………………………………………… 1
 一、新兴权利现象正在对传统权利理论提出挑战 ………………… 1
 二、新兴权利诉讼正在对传统诉权理论形成挑战 ………………… 3
 三、我国对新兴权利理论的研究进展与学术检讨 ………………… 5
 四、新兴权利视角下的"权利理论和诉权理论体系"的重塑 ……… 9

第一章 新兴权利的现象与本质 …………………………………… 12
 第一节 新兴权利的语义之争 ……………………………………… 12
  一、新兴权利与传统权利 ………………………………………… 13
  二、新兴权利与新型权利 ………………………………………… 15
  三、新兴权利之"新"在何处 …………………………………… 17
 第二节 新兴权利的形态与内涵特质 ……………………………… 19
  一、新兴权利的表现形态 ………………………………………… 19
  二、新兴权利的内涵特质 ………………………………………… 24
 第三节 新兴权利的兴起动因 ……………………………………… 31
  一、经济发展和经济体制改革是根本原因 ……………………… 32
  二、社会文明和文化的发展变迁是重要诱因 …………………… 34
  三、科学技术的革新和应用是重要推动力量 …………………… 36

第二章 权利理论的更新：证成性权利理论的提出 ………………… 39
 第一节 传统权利理论下的权利生成观 …………………………… 39

一、古罗马与英国的权利司法生成观 40
　　二、古典自然法时代的天赋权利观 42
　　三、欧美19世纪以后的三大权利理论 44
　第二节　程序性权利理论的兴起 48
　　一、程序性法律理论 49
　　二、程序性权利理论 50
　第三节　"证成性"权利理论的提出 52
　　一、"证成性"权利理论的提出背景 52
　　二、"证成性"权利理论的基本构想 55
　　三、关于新兴权利司法证成的几个追问 62

第三章　诉权理论的重塑：基于新兴权利诉权保障的观察 68
　第一节　诉权理论"屠龙术"困境及其化解 68
　　一、民事诉权理论的差异化逻辑 68
　　二、民事诉权理论的困境及其脱困路径 74
　第二节　新兴权利诉权保障的实证分析 83
　　一、诉权保障的规范分析 84
　　二、诉权保障的政策分析 88
　　三、诉权保障的案例分析 93
　第三节　新兴权利的诉权要件 110
　　一、新兴权利诉权要件的特殊性 110
　　二、新兴权利的诉权存在要件之一：诉讼利益 116
　　三、新兴权利的诉权存在要件之二：诉讼资格 126
　　四、新兴权利的诉权存在要件之三：审判权范围 132

第四章　诉讼的程序过滤：新兴权利诉讼的冗余排解机制 142
　第一节　比较法视野下的诉讼程序过滤机制 142
　　一、民事诉讼程序过滤的比较考察 142
　　二、我国构建诉讼程序过滤机制的必要性 150

第二节　程序过滤与新兴权利诉权的正当程序保障 …………… 153
　　一、诉权保障理念的两个模型 ………………………………… 153
　　二、新兴权利的司法证成与参与者理论 ……………………… 155
　　三、新兴权利的司法证成与正当法律程序 …………………… 157
第三节　新兴权利诉讼的程序过滤机制的构建 ………………… 159
　　一、"诉讼审理"的基本功能 ………………………………… 159
　　二、对诉权存在要件的审查与撤销案件 ……………………… 160
　　三、对本案判决要件的审查与驳回起诉 ……………………… 167

第五章　新兴权利的司法证成：裁判方法的选择与适用 …… 175
第一节　裁判方法的一般理论 …………………………………… 175
　　一、新兴权利司法证成的经典理论 …………………………… 176
　　二、新兴权利案件的典型裁判方法 …………………………… 180
第二节　我国新兴权利司法证成的实证分析 …………………… 186
　　一、对祭奠权纠纷判决书的分析 ……………………………… 186
　　二、对个人信息权纠纷判决书的分析 ………………………… 195
　　三、对虚拟财产权纠纷判决书的分析 ………………………… 200
第三节　新兴权利司法证成的方法限制与限度 ………………… 208
　　一、能为法定权利包容的利益不得证成为新兴权利 ………… 208
　　二、能够类推适用的尽量避免自由裁量的证成方法 ………… 211
　　三、承认法律作用的有限性与社会适度的自治空间 ………… 215

结　论 ……………………………………………………………… 221

主要参考文献 …………………………………………………… 225

后　记 …………………………………………………………… 228

绪 论

近年来,新兴权利已成为我国法学研究中的显性话题。新兴权利并非"不正常"或"不常见"的权利,而是任何一种权利形态都曾经历的生长发育阶段。如果放眼权利发展的历史长河,多数权利类型在人类社会的某个历史阶段都曾以"新兴权利"的面目出现,只是在其成熟之后经由制定法的确认才成为法定权利形态。在实践中,民众纷繁复杂的新兴权利诉求不断涌入司法渠道,对传统的权利理论和诉权理论形成了系统性挑战,成为当今时代学术界不得不进行理论回应的重要课题。

一、新兴权利现象正在对传统权利理论提出挑战

改革开放以来,我国法学理论研究从复苏逐渐走向繁荣。20世纪80年代末至90年代,经由一场"义务本位"与"权利本位"的学术论争,"权利"话语开始在法学理论研究中占据中心地位。[1]夏勇指出:"在我们这个时代,让更多的人获享更多的权利,已经成为人类的共同理想。"[2]在权利话语高歌猛进的时代,新兴权利现象开始受到关注。

2005年张文显等撰文指出:"我们这个世界的权利问题正以几何级数的速度增长。经典的权利在新的时代背景下衍生出许多新的具体的权利问题,而

---

[1] 张恒山:《法的重心何在?——评"权利本位"说》,《政治与法律》1989年第1期;张文显:《"权利本位"之语义与意义分析——兼论社会主义法是新型的权利本位法》,《中国法学》1990年第4期;郑成良:《权利本位论——兼与封曰贤同志商榷》,《中国法学》1991年第1期。

[2] 夏勇:《走向权利的时代》,中国政法大学出版社1999年版,第1页。

新的社会关系要求在权利大家族中添列新的成员,新兴权利与日俱增。"❶这一论述是对我国改革开放以来新兴权利迅猛发展态势的极为精当的概括,如1982年《中华人民共和国宪法》第38条规定"人格尊严权",1986年《中华人民共和国土地管理法》第12条首次规定"土地的承包经营权",1993年《中华人民共和国公司法》第4条规定"股权",1997年《中华人民共和国植物新品种保护条例》第1条规定"植物新品种权",1999年《中华人民共和国合同法》第286条规定"承包方的优先受偿权",2001年修改后的《中华人民共和国婚姻法》第38条增设"探望权",2002年《中华人民共和国人口与计划生育法》第17条规定"生育权",2007年《中华人民共和国物权法》规定"无线电频谱资源的国家所有权"(第50条)以及相邻建筑物主体的"通风、采光、日照权"(第89条),2018年修正后的《中华人民共和国农村土地承包法》根据农村承包地"三权"分置改革需要在第二章第五节增设"土地经营权",2020年《中华人民共和国民法典》增加规定"居住权""声音权"等新的权利类型。

但在经由立法确认新兴权利的过程中,也时常出现一些激烈的争论。例如,"安乐死权"、同性恋者的"婚姻权"和信息网络环境下的"被遗忘权"等一度引发社会广泛关注,至今仍未得到立法确认。此外,新兴权利的快速生长还在学术界引发了有关"权利泛化"的忧虑。如姚建宗认为,权利话语的滥觞、权利主张的乖戾、权利实践的非理性张扬,确实也存在着使权利庸俗化的极大可能,从而使权利本身也自我蒙羞。❷这不禁让人深思:究竟什么是新兴权利?新兴权利究竟是不是权利?对于新兴权利的生长现象,传统权利理论能否提供合理的诠释?在立法确认机制外,新兴权利能否经由司法渠道得以确认?可以说,随着实践中新兴权利的不断涌现,传统的权利理论正在遭遇前所未有的严峻挑战。

---

❶ 张文显、姚建宗:《权利时代的理论景象》,《法制与社会发展》2005年第5期。
❷ 姚建宗:《新兴权利论纲》,《法制与社会发展》2010年第2期。

二、新兴权利诉讼正在对传统诉权理论形成挑战

2017年,党的十九大报告对我国社会的主要矛盾转化作出了新的重要判断,即我国社会主要矛盾已经转化为人民日益增长的美好生活需要和不平衡不充分的发展之间的矛盾。从法律制度供给与人民群众对新兴权利需求在实践中存在的矛盾视角看,这一判断也恰如其分。

自20世纪90年代以来,人民群众日益多样的新兴权利诉求开始涌入司法渠道,如安乐死权❶、精神损害赔偿请求权❷、环境权❸、祭奠权(悼念权)❹、贞操权❺、生育权❻、动物的权利❼、被遗忘权❽、同性婚姻权❾、

---

❶ 1991年,陕西省汉中市人民法院审结了全国第一起安乐死案件,认为王某、医生蒲某具有剥夺他人生命的故意,但情节显著轻微、危害不大,不构成犯罪。参见王鸿麟:《我国首例安乐死案件判决——汉中市法院宣告两被告无罪》,《中国医学伦理学》1991年第3期。

❷ 1997年,北京市海淀区人民法院第一次在判决中承认精神损害赔偿。参见贾某某诉北京国际气雾剂有限公司、龙口市厨房配套设备用具厂、北京市海淀区春海餐厅人身损害赔偿案,《中华人民共和国最高人民法院公报》1997年第2期。

❸ 2000年,原告杜某等代表青岛300多名市民向青岛市市南区人民法院提起行政诉讼,认为青岛市规划局的行政审批行为侵害了原告的环境权,法院判决驳回了原告的诉讼请求。参见姜培永:《市民状告青岛规划局行政许可案——兼论我国建立公益诉讼制度的必要性与可行性》,《山东审判》2002年第1期。

❹ 2001年,北京市宣武区人民法院审结了全国第一起祭奠权纠纷案,法院以"原告以被告不履行通知义务,侵犯其相应权利的主张缺乏法律依据"为由,判决驳回原告诉讼请求。参见李风新:《对一起悼念权纠纷的评析》,https://www.chinacourt.org/article/detail/2003/12/id/96608.shtml,2025年1月10日访问。

❺ 2002年,深圳市中级人民法院裁定撤销深圳市罗湖区人民法院一审判决(一审判决认定:刘某犯强奸罪,侵害受害人的贞操权,赔偿精神损失费8万元),驳回起诉。参见管亚东:《全国首例贞操权精神索赔案终审裁定》,https://www.chinacourt.org/article/detail/2002/12/id/25147.shtml,2025年1月10日访问。

❻ 2002年,河南省方城县人民法院受理了全国第一起生育权纠纷案,以"只有夫妻双方协商一致共同行使该权利"为由,判决驳回原告的生育权诉讼请求。参见曾庆朝等:《全国首例生育权纠纷案审结》,《法制日报》2005年10月27日,第4版。

❼ 2005年,位于吉林省吉林市的某石化公司生产车间发生爆炸,造成松花江遭受严重污染。北京大学6位师生与"鲟鳇鱼、松花江、太阳岛"一起作为原告,向黑龙江省高级人民法院提起民事诉讼,法院未予受理。参见王德新:《民事诉讼法学》,中国政法大学出版社2013年版,第132页。

❽ 2015年,北京市第一中级人民法院审理了全国首例被遗忘权案,以任某主张的被遗忘权不具有正当性和受法律保护的必要性为由,判决驳回其诉讼请求。参见北京市第一中级人民法院(2015)一中民终字第09558号民事判决书。

❾ 2016年,湖南省长沙市芙蓉区人民法院审理了全国首例同性婚姻案,以办理结婚登记"必须是男女双方"为由驳回原告诉讼请求。该案上诉后,长沙市中级人民法院以(2016)湘01行终452号行政判决书维持原判。

个人信息拒绝权❶等。而且，此类司法案件的数量呈现不断增长的态势。以祭奠权案件为例，在"中国裁判文书网"以"祭奠权"为关键词进行全文检索，2012—2022 年能检索到 374 件案件，遍布全国 28 个省区市，案件数量总体呈增长态势（参见图 1）。

图 1　2012—2022 年祭奠权纠纷进入法院审判程序的数量

在有些案件中，当事人提出的权利主张在此前甚至"闻所未闻"，法院在是否受理、如何裁判方面时常遭遇难题，甚至出现了迥异或对立的裁判立场。以"祭奠权"纠纷为例，有的法院认为，"祭奠权"或"悼念权"虽系当事人的正当权益，但非属法律权利，由此产生的纠纷不应由法律调整，不属于人民法院受理民事案件的范围；❷有的法院认为，对祭奠权纠纷应予受理，但不能支持原告的精神损害赔偿请求。❸不过，随着对此类案件认识的深化，多数法院不仅受理了案件，还判决支持了原告的精神损害赔偿请求。再如，对于"贞操权"纠纷，2002 年深圳市的法院处理全国第一起贞操权纠纷时，一审法院认为被告侵害了原告的"健康权和贞操权"，判决赔偿精神损害 8 万元；二审法院却裁定驳回起诉。此后，全国又发生多起贞操权民事诉讼，有的法院

---

❶ 2021 年，在胡某诉上海某公司侵权案中，法院一审判决认可"个人信息拒绝权"，二审法院维持原判。参见浙江省绍兴市柯桥区人民法院（2021）浙 0603 民初 790 号民事判决书、浙江省绍兴市中级人民法院（2021）浙 06 民终 3129 号民事判决书。
❷ 参见山东省济南市中级人民法院（2016）鲁 01 民终 800 号民事裁定书；福建省福州市中级人民法院（2014）榕民终字第 3772 号民事裁定书；河北省保定市莲池区人民法院（2017）冀 0606 民初 4621 号民事裁定书。
❸ 参见四川省攀枝花市东区人民法院（2018）川 0402 民初 1799 号民事判决书。

明确承认"贞操权"并支持原告诉讼请求,有的却不支持。❶值得关注的是,2021年上海市宝山区人民法院在刑事附带民事诉讼中不仅明确承认了"贞操权",而且判赔了精神损害赔偿。❷又如,对有严重疾病的患者实施"安乐死"的行为,我国法院传统的做法是按刑事案件处理,有的法院甚至判决追究行为人的刑事责任。❸但也有法院认为,对"撤除呼吸机、实施安乐死"的行为不宜按刑事案件处理。❹可见,各地法院认知存在明显的差异。

各地法院差异化的裁判立场向我们提出了一些尖锐的理论问题,即法院能否仅以原告起诉主张的权利为非法定权利就否定其诉权?我国传统诉权理论在解释新兴权利诉讼问题时存在哪些缺失?对当事人在新兴权利诉讼中的诉权该如何提供合理的保障?

三、我国对新兴权利理论的研究进展与学术检讨

我国学术界关于"新兴权利"(或新型权利,下同)的研究起步相对较晚,法理学层面的阐释性研究大约始于2010年,但有关"新兴权利"的用法可以追溯到2000年,而有关具体类型的"新兴权利"的讨论则在20世纪80年代末就已出现。❺

以中国知网为检索平台,分别以"新兴权利""新型权利"为"主题""题名"或"关键词"进行检索(不限时间),共能检索到788篇论文文献(检索

---

❶ 孙也龙:《"上海首例侵犯贞操权案"判决之评析》,《重庆第二师范学院学报》2015年第6期。
❷ 参见上海市第二中级人民法院(2021)沪02刑终484号刑事裁定书。
❸ 例如,2008年湖北大冶市程某应饱受病痛折磨的妻子的要求,为其提供农药,满足了妻子自杀的愿望。法院判处程某有期徒刑三年,缓刑四年。参见李二庆:《湖北省首例安乐死案宣判》,http://news.cctv.com/law/20081023/100113.shtml,2025年1月10日访问。
❹ 2003年3月,余某夫妇的婴儿出生后脑瘫,在医生劝说下签字同意放弃治疗。但该婴儿最终存活下来,伤残严重。余某夫妇以医院违法实施安乐死、侵害生命健康权为由诉诸法院,索赔700余万元。参见:《首例新生儿"安乐死"案立案 家长索赔700万元》,http://news.sina.com.cn/c/2006-04-13/06068683958s.shtml,2025年1月10日访问。
❺ 例如,涉及"商品化权"的918篇中最早一篇发表于1989年,涉及"贞操权"的173篇中最早一篇发表于1995年,涉及"虚拟财产"的4427篇中最早一篇发表于2003年,涉及"个人信息"的1865篇中最早一篇为2005年,涉及"数据权"的729篇中最早一篇为2012年,涉及"被遗忘权"的697篇中最早一篇为2013年,涉及"祭奠权"的8篇中最早一篇为2014年。

日期：2023年5月30日）。经初步分析整理，删去重复性、新闻报道性和与主题实质性无关（如涉及"实用新型"专利）的文献，剩余590篇（其中学位论文239篇，期刊论文351篇）。相关研究大致可划分为三个发展阶段：

第一阶段（2000—2009年）。在民法、知识产权法和环境法领域，针对个别权利现象进行研究。最早使用"新型权利"表达的文章出现在2000年，❶主要讨论了新型权利质押的合法性问题。2000—2009年的42篇文章（含26篇硕士学位论文）中，所讨论的新兴权利现象主要涉及新型权利的质押、土地承包经营权、商品化权（形象权）、信托受益权、虚拟财产权、无形财产权、个人信息权、空间权、环境权、排污权、福利权、社会权等十余种权利现象，议题分散，尚未形成一般性理论命题。

第二阶段（2010—2014年）。2010年我国法理学界开始强势介入，从"新兴权利"的一般内涵及其与司法的关系角度发表了有分量的标志性论文。❷此后，有关具体类型的权利现象的研究持续深入，主要涉及隐私权、个人资料权、虚拟财产权、地下空间权、商品化权、非物质文化遗产权、信访权、数据权、信用权、遗传资源信息权、信托财产权、农地财产权、祭奠权、生态福利权等具体权利类型。

第三阶段（2015年至今）。2014年12月，《河南大学学报》《法学论坛》《学习与探索》《求是学刊》《北京行政学院学报》《苏州大学学报（哲学社会科学版）》等六家刊物在苏州大学召开了第一届"新兴（新型）权利与法治中国"学术研讨会。至2023年，相继在苏州、哈尔滨、开封、烟台、北京、哈尔滨、宜昌、上海、长春、广州连续举办11届。可以认为，2015年以后我国有关新兴权利的理论研究开始从"零星自发研究"进入"有组织地自觉研究"的繁荣发展阶段。有关新兴权利的一般性理论争鸣日益激烈，所涉及的具体

---

❶ 涂国城：《新型权利质押合法性分析》，《中国城市金融》2000年第12期。该文讨论的"新型权利质押"，主要涉及在金融业务中以公路收费权、有线电视收费权、污水处理收费权、供暖收费权进行质押的合法性问题。

❷ 参见姚建宗：《新兴权利论纲》，《法制与社会发展》2010年第2期；葛松琰：《新型权利的司法确立》，《山东行政学院、山东省经济管理干部学院学报》2010年第2期；葛松琰：《司法判定与新型权利》，山东大学硕士学位论文，2010年。

新兴权利现象也更加广泛且与互联网和基因等新兴技术有更加密切的关联性，如被遗忘权、个人数据权、个人信息权、人体冷冻胚胎处置权、声音权、环境人格权、碳权利、文化权、基因权、代孕生育权、数据信息权、农地经营权、互联网新兴权利、网络表达权、人脸识别信息自决权、消费者评价权、算法权等。

虽然2010年以后有关新兴权利的一般性理论研究开始出现，但在2011—2014年仍处于早期探索阶段。2015年以后有关新兴权利理论的研究才逐渐向纵深发展，主要表现在以下四个方面：

其一，围绕新兴权利的内涵以及生成基础、研究路径和研究意义展开了宏观讨论。总体上认为，新兴权利是法定权利之外的、社会主体真实需要的、随社会发展应予承认和保护的新的权利类型，它是一个集合概念（"权利束"或"正当利益"），并主张应将研究重心放在具体新兴权利类型方面。❶ 此外，有不少学者基于对相关理论研究进行的阶段性总结，对未来新兴权利理论研究的方向进行了展望。

其二，围绕新兴权利的一个重大理论争鸣是，"新兴权利"这一理论命题能否成立。有两个尖锐的反对意见：一是从新兴权利的概念和"领域命题"与"情景命题"出发，认为"新兴权利"不过是非实证的道德权利，进而得出了"新兴权利"无法兴起的结论；❷ 二是认为对新兴权利的承认，不可避免地将导致"权利泛化"。❸ 围绕这些质疑，学术界对新兴权利的证成及其界限、

---

❶ 参见姚建宗、方芳：《新兴权利研究的几个问题》，《苏州大学学报》（哲学社会科学版）2015年第3期；霍宏霞：《新兴权利的用语梳理》，《汕头大学学报》（人文社会科学版）2017年第6期；任江：《从普遍到个别：政治经济学视角下的新兴权利范式论》，《苏州大学学报》（哲学社会科学版）2017年第5期；谢晖：《论新兴权利的一般理论》，《法学论坛》2022年第1期。
❷ 参见陈景辉：《权利可能新兴吗？——新兴权利的两个命题及其批判》，《法制与社会发展》2021年第3期。
❸ 参见唐先锋：《试析国内"权利泛化"现象》，《人大研究》2004年第7期；陈林林：《反思中国法治进程中的权利泛化》，《法学研究》2014年第1期；汪太贤：《权利泛化与现代人的权利生存》，《法学研究》2014年第1期；张曦：《"权利泛化"与权利辩护》，《华东政法大学学报》2016年第3期。

权利泛化的防范等议题进行了讨论，❶经由这些讨论进一步深化了认识。

其三，关于新兴权利的生成基础、证成方法，学术界进行了有针对性的讨论。其中，有的侧重新兴权利的习惯基础，有的侧重道德基础，有的侧重社会基础，有的侧重利益基础，有的侧重逻辑方法。❷这些议论，从多元视角展示了新兴权利能够证成的正当性基础。值得注意的是，有的学者还基于权利与义务的对应关系，提出了经由证成义务的新兴权利证成理论。❸

其四，关于新兴权利的生成模式，有的学者侧重立法论的讨论，有的学者侧重司法生成理论的讨论。对于立法论的讨论，侧重新兴权利进入立法文本的条件和时机，但也有一部分是对立法新近确认的权利类型的讨论（本质上不是新兴权利议题）。❹新兴权利的司法生成是学术界关注的重点，有的侧重司法生成的正当性分析，有的侧重司法生成的裁判文书实证分析，有的侧

---

❶ 参见姚宇：《新型民事权利的界限及其证成》，《学术交流》2016年第11期；王刚：《"新型"权利之民法学思考及应对》，《苏州大学学报（哲学社会科学版）》2017年第3期；王方玉：《权利的内在伦理解析——基于新兴权利引发权利泛化现象的反思》，《法商研究》2018年4月期；钱继磊：《个人信息权作为新兴权利之法理反思与证成》，《北京行政学院学报》2020年第4期；刘叶深：《为新兴权利辩护》，《法制与社会发展》2021年第5期；孙跃：《法律方法视角下新兴权利的司法困境类型与应对》，《北京交通大学学报（社会科学版）》2021年第1期；张洪新：《对新兴（型）权利现象的一种阐释学反思》，《学术交流》2021年第8期；王方玉：《自然、法律与社会：新兴权利证成的三种法哲学路径——兼驳新兴权利否定论》，《求是学刊》2022年第3期；张泽键：《权利无法新兴吗？——论既有权利具体化的有限性》，《法制与社会发展》2022年第3期。

❷ 参见谢晖：《论新型权利生成的习惯基础》，《法商研究》2015年第1期；周赟：《新兴权利的逻辑基础》，《江汉论坛》2017年第5期；于柏华：《权利认定的利益判准》，《法学家》2017年第6期；陈彦晶：《发现还是创造：新型权利的表达逻辑》，《苏州大学学报（哲学社会科学版）》2017年第5期；张建文：《新兴权利保护的合法利益说研究》，《苏州大学学报（哲学社会科学版）》2018年第5期；雷磊：《新兴（新型）权利的证成标准》，《法学论坛》2019年第3期；徐梓文：《论新兴权利的证立标准——以权利概念的学说为切入点》，《法律和政治科学》2021年第1期。

❸ 参见孟融：《政治国家如何回应新兴权利——一个理解新兴权利的"国家"视角》，《河南大学学报（社会科学版）》2020年第4期；魏子松：《论新兴权利的国家保护义务》，《学术交流》2020年第9期；张钦昱：《新型权利之检讨与义务之勃兴——群体性权利的视角》，《思想战线》2021年第1期；贾永健：《再论新兴（型）权利的证成标准：对应义务验证说》，《北方法学》2022年第5期。

❹ 参见刁芳远：《新型权利主张及其法定化的条件——以我国社会转型为背景》，《北京行政学院学报》2015年第3期；王庆廷：《新兴权利渐进入法的路径探析》，《法商研究》2018年第1期；彭诚信、许素敏：《"新型权利"在〈民法典〉中的表现形式及规范价值》，《求是学刊》2022年第3期。

重裁判方法分析。❶

总体来看，2015年以来有关新兴权利的研究澄清了一些基础性问题，如什么是新兴权利、新兴权利的表现形式、新兴权利的证成方法等。但也存在不足：（1）法理学视角的启蒙性研究已经告一段落，具体新兴权利类型的实证分析如火如荼，但对新兴权利的诉权保障和司法证成的研究仍较为匮乏；（2）新兴权利的立法确认固然重要，但鉴于立法的滞后特性，法院不得不面对每日扑面而来的新兴权利诉讼案件；（3）有关新兴权利的诉权保障和司法证成的研究不仅仅是司法技术问题，还是一个对新兴权利的孕育握有"生杀予夺"权力的关键一环。因此，新兴权利的诉权保障和司法证成机理应当成为新兴权利理论研究的核心议题。

四、新兴权利视角下的"权利理论和诉权理论体系"的重塑

鉴于立法对新兴权利回应的滞后性，以及大量新兴权利经由司法渠道证成的现实，诉讼法学（尤其是民事诉讼法学）必须立于解决新兴权利实践问题的最前沿，以新兴权利的诉权保障和司法证成为核心，形成体系化的创新理论。

第一，冲破新兴权利的现象迷雾，重新认识新兴权利的内涵特质与兴起动因。新兴权利本质上是一种基于社会发展需求而正处于发育过程之中的正当利益，其是否具有"受法律保护"的属性有待权威机关依法证成。具体来说，新兴权利具有"非法定性""过程发育性""待证成性"三个特质。经济发

---

❶ 参见张昌辉：《新兴权利确认：司法路径的正当性阐释》，《宁夏社会科学》2017年第2期；张建文：《新兴权利保护中利益正当性的论证基准——以约为婚姻诱使他人与自己发生性关系的裁判立场为基础》，《河北法学》2018年第7期；曹晟旻：《论新兴权利通往"善"的司法裁判之路——以指导性案例86号为例》，《江汉论坛》2019年第10期；王方玉：《新兴权利司法推定：表现、困境与限度——基于司法实践的考察》，《法律科学（西北政法大学学报）》2019年第2期；周辉斌：《论法外空间的司法认定》，《现代法学》2020年第4期；王方玉：《新兴权利司法证成的三阶要件：实质论据、形式依据与技术方法》，《法制与社会发展》2021年第1期；侯宇宾、闫惠：《新兴权利保护实践中的司法中心主义》，《学习与探索》2022年第1期；霍宏霞、霍晓霞：《司法"造法型"权利生成的法治逻辑》，《河北工业大学学报（社会科学版）》2023年第1期。

展和经济体制改革，社会文明和文化的发展变迁以及科学技术的革新和应用，是改革开放四十余年来中国场景下权利不断兴起的三个最为重要的原因。

第二，探讨权利的本质与权利司法证成理论。权利是什么？这是讨论新兴权利究竟是不是权利、能否经由司法证成的基本前提。古今中外的权利理论和法律实践丰富多样，但承认权利体系的发展性、开放性是一个基本规律。跳出权利是自由、是意志、是利益的本质论，沿着任何权利都需要获得证成的程序性权利理论的发展逻辑，有必要在新兴权利的立法证成与司法证成路径的比较中，重点讨论和构建新兴权利的司法证成理论，这是本书第二章将要重点解决的问题。

第三，重新厘定新兴权利的诉权存在要件。传统的诉权理论不断流变，日益成为理论庞杂、华而不实的"屠龙术"。当事人为何可以向法院起诉？法院为何负有不得拒绝裁判义务？只有回归诉权理论的初衷，将诉权定位为具体的诉讼权利，并在"法定权利"诉权与"新兴权利"诉权二分的视野下集中讨论新兴权利的诉权存在要件的重构，才能破解新兴权利案件进入"司法大门"的密码。而对新兴权利诉权存在要件的讨论，必将拓展各种诉权存在要件的传统理论视界，这是本书第三章所要重点解决的问题。

第四，构建新兴权利诉讼的程序过滤机制。允许千奇百怪的新兴权利纠纷进入法院诉讼渠道，会不会导致当事人滥诉、法院案满为患？为此，有必要检讨我国原有的起诉条件制度，包括立案登记制改革效果的局限性，在重构立案登记制的前提下，重构"诉讼审理"与"实体审理"二元的审理机制，以诉讼审理构筑民事诉讼的程序过滤机制，确保有实体审理必要的案件进入实体审理和判决，无实体审理必要的新兴权利案件在正当程序保障之下被合理地过滤，这是本书第四章的研究任务。

第五，优化新兴权利诉讼案件的裁判方法体系。新兴权利的诉权保障，不能局限于法院受理案件了事。诉权是诉诸法院的权利，诉权的行使方式是向法院提出具体的诉讼请求，法院对诉讼请求的裁判将决定着诉权保障的最终效果。法院对新兴权利案件的诉讼请求进行裁判时，最大的困难在于缺乏制定法上明确的法律规则依据（存在法律漏洞），在类推适用、目的理论、习俗证成、法不禁止的自由和利益衡量之间，有必要站在"法官是立法者助手"的立场上进行合理的裁判方法体系优化，并讨论新兴权利司法证成的限度问题，这是本书第五章所要解决的问题。

经过对前述问题的讨论，将在"是否受理案件—如何程序过滤—如何裁判证成"的逻辑之中形成新兴权利诉权保障理论的闭环体系。

第一章 新兴权利的现象与本质

关于"新兴权利",我国学术界经由十余年的讨论已初步形成以下共识:它不是立法明文规定的"法定权利",而是基于社会实践需求有待纳入法律保护范围的正当利益;它不是一个严格意义上的法学范畴,而是对正处于发育阶段的潜在权利现象的描述性用语;它所表征的并非某一特定法律领域中的特定权益,而是对不同法律领域中存在的不同性质和不同层级的潜在权利现象的统称,或称之为"权利束"。但学术界对新兴权利仍存在一些认知上的分歧,有必要在系统梳理不同法律领域中的新兴权利现象基础上,厘清新兴权利的内涵特质,探究其"兴起"的动因。

第一节 新兴权利的语义之争

新兴权利(emerging right)是中外学术界一个约定俗成的用语,用以描述"正在生长中的权利""正在形成中的权利"或者"正在涌入法院的新的权利诉求"这类法律现象。欧美学术界把"新兴权利"视为一个不言自明的描述性话语，通常侧重于对某一领域的某一新兴权利的生成展开合理性论证。我国学者围绕新兴权利的语义形成了一些共识，但仍有较大分歧。

一、新兴权利与传统权利

2010年姚建宗发表的《新兴权利论纲》❷一文，是国内法理学界较早对新兴权利的一般法理进行探讨的奠基性论文。该文以中国改革开放三十余年（1978—2010年）的社会发展为背景重点探讨了两个问题：一是基于权利不断兴起的实践，对"新兴权利"作概念描述和社会场景描绘；二是尝试界定新兴权利之"新"的判断标准，并划定其范围。关于权利不断兴起的场景，该文认为"改革开放的这三十年，也就是'新兴'权利不断展现、不断为人们了解和熟悉并加以生活实践……并羽化成熟为法律权利的过程"；该文虽然强调无意对新兴权利作定义式概念界定，但仍给出了一个描述性概念，即"所谓'新兴'权利之'权利'较为宽泛，不仅包含一般所谓真正意义的'权利'，而且也包含了属于'自由'（freedom）甚至'特权（特惠）'（privilege）的内容"。

该文所倡导的"新兴权利"概念也遭遇了一些难题，关键是使用了"权利"的表达，易使人们对"新兴的"权利与"传统的"权利之间的界限及其转化关系产生疑问。传统的法理学认为，权利"是由法律规范明文规定的，或包含在法律规范逻辑中的，或至少可以从法律精神中推定出来的"❸，这种意义的权利也被称为"法定权利"或"实在权利"。在新兴权利与传统权利的关系方面，面临三方面的诘难。

其一，"新兴权利"这一表达存在逻辑悖论。有的学者认为，新兴权利

---

❶ 在Lexis全球法律数据库以"emerging right"为主题词可检索到数千篇文献，涉及"隐私权""健康权""受教育权""尊严死亡权""同性婚姻权""被遗忘权""信息自决权""采光权"等广泛的权利议题，但鲜见有对新兴权利本身下定义的。从英语环境中"新兴市场经济体"（emerging market economies）、"新兴人工智能"（emerging artificial intelligence）、"新兴技术"（emerging technology）等习惯表达看，emerging right仅是一个描述性权利用语。

❷ 姚建宗：《新兴权利论纲》，《法制与社会发展》2010年第2期。

❸ 张文显：《法哲学范畴研究》，中国政法大学出版社2001年版，第309页。

这一用语从根本上违背了逻辑,"如果新兴权利已经存在,那么它就不是新(兴)的权利了;如果新兴权利事实上并不存在,那么也就缺乏主张'存在新兴权利'的理由了"❶。而且,如果人们讨论的是"道德权利"向"法律权利"转化问题,那就直接使用"道德权利"好了,无须借用"新兴权利"这一表达。因此,应当彻底否定"新兴权利"这一理论话语。

其二,权利的"兴起"会导致权利的"泛化"。有的学者认为,随着越来越多的新兴权利得到法律确认,必然产生权利冲突和权利泛化的问题。如果立法对新兴权利的确认不加节制、不够审慎,难免会伤害法律的严肃性和实施效果。例如,2012年修改的《老年人权益保护法》第18条增设了"看望权",在实践中就遭遇了实现难题。从比较法来看,"堕胎权、福利权和死亡权等权利在特定国家之所以充满争议,根源之一就在于权利设置上的不严谨:权利确认的时机不成熟,或者根本就不适宜用权利方法来进行调整"❷。

其三,对"新兴权利"是否有更好的表达方式。有的学者主张应以"新兴法益"的表达来替代"新兴权利"。法律为保护利益而生,创设权利不是保护利益的唯一手段,"新兴权利中的'权利',并非通常意义上的权利,而是指法益,更准确地说,是未上升为权利的法益"❸。有的学者主张采用"形成中的权利"的表达,认为形成中的权利是法律权利之外的正当利益,一旦获得法院裁判的承认即成为新的法律权利,"保留隐私的权利""享受自然的权利""运动的权利""日照权"等都是其例。❹ 有的学者使用"未列举权利"的表达,用以指称当下社会关系发展中业已出现,但在现行成文法中未曾规定(列举)的权利现象。❺

从人类社会发展史来看,部分权利不断新兴、不断成熟进而被立法认可

---

❶ 陈景辉:《权利可能新兴吗?——新兴权利的两个命题及其批判》,《法制与社会发展》2021年第3期。
❷ 陈林林:《反思中国法治进程中的权利泛化》,《法学研究》2014年第1期。
❸ 孙山:《从新兴权利到新兴法益——新兴权利研究的理论原点变换》,《学习与探索》2019年第6期。
❹ 左卫民:《诉讼权研究》,法律出版社2003年版,第74-75页。
❺ 郭春镇、张微微:《转型期权利的法律保障研究——以未列举权利及其推定为例》,厦门大学出版社2013年版,第6页。

是一个客观规律，古今中外皆然。美国学者在回顾权利的进化史时亦指出："个人的人身和财产应受充分保护这一原则与普通法一样古老，但是，有必要不时重新界定这种保护的确切性质和范围。政治、社会和经济的变化需要承认'新的权利'（new rights），普通法需要不断成长以满足社会的需求。例如，在很早的时候，法律只对人身和财产遭受的物理性侵害提供救济；那时，'人身权'仅意味着主体免受暴力殴打，'自由权'仅意味着行动不受实际控制，'财产权'的客体仅限于土地和牲畜。后来，人们才意识到人的'精神利益''情感利益'和'智力成果'也需要得到保护，渐渐地，法律权利的范围扩张了；现在，'人身权'已包括了'生活安宁权'，'自由权'开始保障人们享有广泛的'公民权'，'财产权'的客体几乎囊括了人们所能拥有的一切（有形的或者无形的）……法律的这种发展是不可避免的。"[1]因此，权利不断新兴、不断发育、不断成熟是社会规律，概念表达只是一个语言形式问题，在学术界已就"新兴权利"约定俗成的情况下，大可不必轻言废弃。不过，有必要系统梳理不同语境下的"新兴权利"表达，在功能主义的视角下对其内涵特质加以限定。

二、新兴权利与新型权利

我国多数学者对"新兴权利"或"新型权利"的用语并不加以严格区分，两个用语存在相互替代的现象。如有学者认为，"新型权利主张指的是以法定权利为参照的各种非法定权利主张"[2]，实质上是道德权利、习惯权利以及自然权利等非法定权利形态的混合体。按此理解，"新型权利"与"新兴权利"是一回事。值得关注的是，我国有关学术刊物发起的"新兴（新型）权利与法治中国"学术研讨会自2014年起连续举办，研讨主题一直将"新兴权利"和"新型权利"并列而不加刻意区分，值得注意的是，从2023年第十届开

---

[1] Samuel D. Warren and Louis D. Brandeis，The Right to Privacy，4 Harv. L. Rev. 193（1890）.
[2] 刁芳远：《新型权利主张及其法定化的条件——以我国社会转型为背景》，《北京行政学院学报》2015年第3期。

始,直接使用"新兴权利与法治中国",不再标注"新型"。

但有学者认为,"新兴权利"与"新型权利"的用语存在一定的差异:"新型权利"更加突出权利的类型化特征,偏重于指称新近立法中确认的新的权利类型;而"新兴权利"则更加强调权利新近兴起的、动态生成的特征,特指学界目前致力于研究并论证其合理性的那种尚未实定化的、新兴的事实性权利。❶这种将二者并列区分的主张,得到了较多的认同。如有学者指出,"新兴权利是指得到一定程度的社会认可但并未制度化、法律化的社会性权利。这种社会性权利基本上是在习俗性、道德性意义上存在的,而非在法律意义上存在"❷。但是,也有学者不认同这种区分,认为新兴权利在被法律确证(成为新型权利)之后仍然有一个不断修正与发展的过程,这一过程依然可以被纳入新兴权利的研究范围之中。❸换言之,其主张新兴权利与新型权利应当是包含与被包含的关系。

也有学者强调,从权利的生成机制看,"新兴权利"或"新型权利"是两个不同的概念,不能混为一谈。其中,"新兴权利"是自发的、自然的、多样的和非法定的,是人们自发性的自然权利主张;"新型权利"则是自觉的、法定(裁定)的和统一的,是具有法律权威的公共主体(立法机关、司法机关)经由正当程序决断后产生的法定权利,是被法律吸纳的权利形态。❹二者的区分标准是,某种权利是否已经由公共主体的立法创制或司法认可。如果经过了这种创制或认可程序,一项权利就由自然权利形态(新兴权利)转化为法定权利形态(新型权利)。新兴权利是权利吗?它是什么性质的权利?谢晖认为,新兴权利是"权利",但属于尚未定型的、未法定化和正当化的权利;其在性质上可能是自然权利,也可能是习惯权利、宗教权利、道德权利、社团内部成员间的权利,总之是法定权利之外各种权利的大杂烩。❺

---

❶ 魏治勋:《新兴权利研究述评——以 2012—2013 年 CSSCI 期刊相关论文为分析对象》,《理论探索》2014 年第 5 期。
❷ 刘小平:《新兴权利的证成及其基础——以"安宁死亡权"为个例的分析》,《学习与探索》2015 年第 4 期。
❸ 霍宏霞:《新兴权利的用语梳理》,《汕头大学学报(人文社会科学版)》2017 年第 6 期。
❹ 谢晖:《论新型权利的基础理念》,《法学论坛》2019 年第 3 期。
❺ 谢晖:《论新兴权利的一般理论》,《法学论坛》2022 年第 1 期。

目前,对"新兴权利"和"新型权利"进行区分的尝试仍未形成共识。从权利生成的功能主义出发,对"新兴权利"和"新型权利"两个用语可以从以下三个方面进行区分:第一,"新兴权利"的表达更能彰显权利发育的动态性,而"新型权利"的表达更加契合已被法律新近确认的权利类型的定位。第二,从权利的确认机制看,只有经过立法确认的新的权利才能称为"新型权利"。我国不是判例法国家,即便法院在个案判决中对当事人的"法律规定之外的新的权利主张"予以认可,也不能产生普遍性的约束力,仅仅表明该权利主张在生长发育的过程中更加成熟了一点。因此,经法院裁判确认的非法定的权利仍然归属于"新兴权利"的范畴。第三,"新兴权利"与"新型权利"具有相对性和互生性。从历史视角看,在特定的历史阶段或者时间节点之前,某种权利可能是"新兴权利",但一旦被立法确认就成了"新型权利"。从权利不断新兴的过程看,以某种已被立法确认的"新型权利"为基础,有可能进一步"孕育"产生新的权利形态,这种孕育过程中的权利应归属于"新兴权利"。

三、新兴权利之"新"在何处

关于新兴权利之"新"的判断标准,大致有以下三种代表性的观点:

第一种观点认为,应构建"组合性"的判断标准,满足任一标准都可视为新兴权利。其中,形式标准有两个:一是时间标准,即凡是在中国过去的法律文本中没有规定,但在新的法律文本中明确规定或者隐含的法律权利(如生育权、隐私权、股权、植物新品种权),都属于"新兴权利";二是空间标准,即在域外早已存在而在中国法律中原本不存在,后来通过借鉴域外经验而在中国立法条文明确规定或者隐含规定的法律权利(如我国合同法从域外引进的撤销权、代位权、不安抗辩权),也属于"新兴权利"。实质标准包括四个:一是"纯粹的新兴权利",即在中国过去和现有的所有立法中未曾存在的权利(如基因权、冻卵权、同性恋者的权利);二是主体指向的"新兴"权利,即在权利客体及其范围不变的情况下,权利适用主体发生了扩张或限缩（如加入某俱乐部、社团、小区居住而产生的成员权利）；三是客体指向的"新兴"权利，即在权利主体及范围不变的情况下，权利客体的范围发生了扩展或者缩减（如死者名誉）；四是境遇性"新兴"权利，即法律特别给予进入某种境遇的主体特别的权利（如购买彩票并摇奖的权利，经济困难职工和居民购买经济适用房的资格权利）。❶前述标准，一方面，过于复杂、重叠，满足任何一个标准都可视为新兴权利，包含的权利现象过于宽泛，降低了其在论证权利的生成机理方面的价值；另一方面，其关于"法律文本"的判断标准与"纯粹的新兴权利"的判断标准存在矛盾之处，模糊了"法定权利"与"法律外新兴权利诉求"的界限。

第二种观点认为，应采用更为简明的"法定化"标准。新兴权利一定是非法定的权利，即法律文本未曾规定的权利；如果一种权利虽然很新但已然被法定化，则不能称为"新兴权利"，可以称为"新型权利"。新兴权利可以表现为法定权利之外的自然权利、习惯权利、道德权利、宗教权利、内部权利等，"这里所谓'新'，并不一定是指最新兴起的权利，而是指实际上普遍存在且有现实需要，但在法律上并未明文保护的权利"❷。这种"法定化"的标准，实际上包括两个方面：是否为立法所规定，是否为法院裁判所认可。

第三种观点认为，应当从三个方面进行综合判断：其一，作为人们主张的利益形态，相对于现有法律规范的传统权利具有"新"的特性；其二，这种新的利益形态和诉求具备基本的正当性，且这种正当性论证超越了立法现实；其三，这是一个描述性概念，而非规范性的概念。基于这种认识，可将新兴权利界定为"具有法理正当性或现实共识基础但缺乏直接明确法律依据的新兴利益形态及其诉求"❸。

对新兴权利之"新"的判断是坚持多元化标准，还是一元化标准，目前仍有分歧。讨论这一问题，至关重要的一点是要明确我们研究新兴权利的目

---

❶ 姚建宗：《新兴权利论纲》，《法制与社会发展》2010 年第 2 期。
❷ 谢晖：《论新兴权利的一般理论》，《法学论坛》2022 年第 1 期。
❸ 孙跃：《法律方法视角下新兴权利的司法困境类型与应对》，《北京交通大学学报（社会科学版）》2021 年第 1 期。

的和意义是什么？显然，最终目的不是要停留在对新兴权利现象进行描述和解释的层面，而是要解决新兴权利的生成机理问题。实践表明，人民群众的"新兴权利"诉求大多反映在而且往往首先反映在诉讼活动中。在生活中，当人们产生了"新的"利益保护需求并发生利益冲突后，首先的法律选择大都是向法院提起诉讼，"在尚待或缺乏立法确认之前，作为新兴法益的新兴权利往往是、也只能是在个案中通过司法给予衡量、甄别、确认。诸如被遗忘权、冷冻胚胎的监管处置权和祭奠权等新兴权利类型都在司法实践中通过个案的方式逐步呈现"❶。由于法院是处理新兴权利生成问题的主要和首要的主体，因此，抽象地讨论新兴权利之"新"在何处、是否为"权利"的问题，对于阐释新兴权利的生成实践的意义有限。从诉讼视角观察，在当事人提出新兴的权利诉求之后，法院需要依次解决"是否有必要受理诉讼""受理后是否有必要推进到实体审理阶段""在实体审理阶段如何对新兴权利进行证成"这些问题。为此，研究新兴权利问题应侧重于从新兴权利的司法证成的视角，在此视角下明确新兴权利的内涵特质。

第二节 新兴权利的形态与内涵特质

"新兴权利"是一个描述性、集合性的权利用语。学术界对"新兴权利"的样态和内涵特质等问题的认识尚存分歧，有必要进一步厘清。

一、新兴权利的表现形态

"法学之难者，莫过于权利。"❷ 关于什么是权利，历来众说纷纭。如古典自然法学派认为，"权利""人权"是造物主赋予每个人应得的东西；伊曼努

---

❶ 侯学宾、郑智航：《新兴权利研究的理论提升与未来关注》，《求是学刊》2018年第3期。
❷ 程燎原、王人博：《赢得神圣——权利及其救济通论》，山东人民出版社1998年版，序言第2页。

尔·康德（Immanuel Kant）第一次把权利分为道德权利（应然权利）和法律权利（实然权利）；杰里米·边沁（Jeremy Bentham）却认为，权利的唯一来源是法律。总的来看，人们言说的"权利"至少具有两个方面的含义：一是法律之内正当性的行为或利益，其正当性已被公认的道德或者伦理验证过；二是法律之外某种正当的行为或利益，其正当性源于仍处于验证过程中的某种道德或者伦理。马克思主义法学理论进一步认为，权利有四种表现形态，即"应有权利""习惯权利""法定权利"和"实在权利"。❶ 以马克思主义法学的权利形态划分为基础，可对照分析新兴权利的表现形态。

（一）"应有权利"属于新兴权利

应有权利，是指基于社会发展和生产生活的需求，某一主体自认为且社会也普遍认为他应当享有的权利，但这种权利尚缺乏制定法的明确依据。马克思认为应有权利是一个客观现象，他曾举例说："出版法就是出版自由在立法上的认可。……甚至当它完全没有被采用的时候，例如，在北美，它也应当存在。"❷ 基于同样的逻辑，我国1982年《宪法》才明文规定"公民的人格尊严不受侵犯"，2001年《人口与计划生育法》才规定"公民有生育的权利"，2009年《侵权责任法》才规定"隐私权"，但并不意味着此前人们不享有人格尊严权、生育权、隐私权，而仅仅意味着这些权利暂时缺乏制定法依据。在被立法确认之前，它们属于"法律未列举的权利"或"漏列的权利"；从社会需求视角看，可称之为"新兴权利"或"有待证成的权利"。

因此，在被制定法确认之前，有实践需求的"应有权利"属于"新兴权利"。"应有"强调的是某种权利的理想或应然状态，"新兴"强调的则是某种权利发育的动态过程。当社会对某种"应有权利"或"新兴权利"产生需求后，需要经由法律程序，经过权威机关（立法机关、司法机关）结合经济、政治、社会发展条件依法进行证成；当然，学术研究可以为这种证成提供理论层面的支持。

---

❶ 张文显：《法哲学范畴研究》，中国政法大学出版社2001年版，第311-316页。
❷ 《马克思恩格斯全集（第1卷）》，人民出版社1956年版，第71-72页。

（二）"习惯权利"属于新兴权利

习惯权利，是指人们约定俗成的，从历史上延续下来的，存在于人们惯常的行动或者意识之中的权利形态。马克思曾指出："习惯权利作为和法定权利同时存在的一个特殊领域，只有在习惯和法律同时并存，而习惯是法定权利的前身的场合才是合理的。"❶ 习惯形成于传统的生活经验，经常作为法律的补充机制对人们的行为发生调节作用。习惯在一定的群体范围内得到默认和共同遵守，但也会随着社会发展而修正变化。作为统治阶级或人民意志的法律，有时会否定部分违背时代精神的习惯规则或者习惯权利❷，有时则会将部分习惯规则或习惯权利吸收进法律文件之中❸，更为常见的则是将其置于法律之外并经由司法渠道进行个别式证成。

一般而言，习惯权利经常存在于婚姻家庭和继承法领域，但也可以存在于其他法律领域（如地役权、日照权）。在众多新兴权利现象中，"祭奠权""探望权""看望权"都可以说是基于传统孝道文化、家庭伦理和生活习俗而兴起的权利现象。当某种习惯权利尚未被明确地吸收进入法律，但民事主体在生活交易或者纠纷发生后主张这种习惯权利时，它就有被权威机关（立法机关、司法机关）进行证成的可能，这种处于证成阶段的习惯权利就是新兴权利。

（三）法定权利与新兴权利的"互生"关系

法定权利，是法律明确规定和承认的权利，是法治社会中权利的主要和成熟表现形态。法定权利包括有具体权利名称的定型权利（如身体权、健康权、姓名权、名誉权），也包括虽然没有名称但根据法律规范明示受保护的各

---

❶ 《马克思恩格斯全集（第1卷）》，人民出版社1956年版，第144页。
❷ 例如，在一起祭奠权纠纷中，法院判决认为"当事人所在地区'紧前不紧后'的合葬习俗，违背了社会主义的法律精神和原则，也与社会主义道德风尚相悖，不能视为善良风俗"。参见江苏省盐城市中级人民法院（2017）苏09民终4701号民事判决书。
❸ 例如，《最高人民法院关于适用〈中华人民共和国民法典〉婚姻家庭编的解释（一）》第5条有关"当事人请求返还按照习俗给付的彩礼"的规定。

种"权益"❶。法定权利与新兴权利具有"互生"关系，一方面，新兴权利以发育成法定权利为归宿，一旦被法律吸纳就完成了权利的兴起和发育过程；另一方面，在法定权利的"权能"的基础上，有可能孕育出另一种新兴权利。

讨论法定权利与新兴权利的"互生"关系，有必要澄清以下几点：

第一，推定权利属于法定权利，还是新兴权利？有的学者认为，法定权利"也包括根据社会经济、政治、文化发展水平，依照法律的精神、法律逻辑和法律经验推定出来的权利，即'推定权利'"❷。这种理解扩大了法定权利的范围，极易造成"应有权利"和"法定权利"的混淆。从司法实践看，判决确认的"新兴权利"（如民间文学艺术作品著作权❸）多数是通过推定的方法证成的推定权利，而不属于法定权利。法定权利与推定权利的根本区别在于，前者在法律规范中有明确的权利名称或明示的权益主体和客体，后者则需要根据法律精神、法律逻辑和法律经验推理得出。所以，推定权利属于新兴权利。

第二，法定权利的"权能"能否演绎出新兴权利？权能，即权利的功能或作用。法定权利的"权能"具有两种生长形态。（1）经由一种法定权利的"权能"，发展出另一种法定权利。例如，当所有权的"占有"权能与所有权主体分离时，其他主体获得对物的"占有权"。（2）经由一种法定权利的"权能"，发展出另一种"新兴权利"。例如，在我国农村土地"三权分置"改革中，在土地集体所有权的基础上分离出了农户的"承包经营权"，在"承包经营权"的基础上又产生了"承包权"和"经营权"的分离。在立法确认之前，农地改革实践中处于探索阶段的"经营权"属于一项新兴权利；当其被立法

---

❶ 例如，《民法典》第 994 条规定：死者的姓名、肖像、名誉、荣誉、隐私、遗体等受到侵害的，其配偶、子女、父母有权依法请求行为人承担民事责任。
❷ 张文显：《法哲学范畴研究》，中国政法大学出版社 2001 年版，第 315 页。
❸ 在 2002 年"乌苏里船歌"侵权案中，原告诉请保护民间文学艺术作品的权利。虽然我国 1990 年《著作权法》第 6 条规定"民间文学艺术作品的著作权保护办法由国务院另行规定"，但当时国务院尚未出台相关规定，导致在民间文学艺术作品保护方面出现了法律真空。法院在判决中肯定了此类民间文学艺术作品的著作权，并明确了其保护方式，这主要是基于宪法、法律精神和《民族区域自治法》进行推理得出的判决结果。参见高志海、冯刚："《乌苏里船歌》是改编非原创"，https://bjgy.bjcourt.gov.cn/artical/detail/2002/12/id/818267.shtml，2025 年 1 月 10 日访问。

确认后，就成了新的法定权利（新型权利）。尽管经由一种法定权利的"权能"存在发展出另一种"新兴权利"的可能，但也要对权利泛化的现象保持警惕。例如，实践中有人主张"亲吻权"❶，实为健康权的一项权能，无证成新的权利的必要。如果承认了"亲吻权"，则会诱发"抚摸权""蹦跳权""行走权""闻味权"等无厘头权利，必然造成权利观念的泛滥无序。

第三，法定权利的主体和客体扩张能否形成新兴权利？不少学者认为，法定权利的主体或客体范围扩张也能产生新兴权利。笔者认为，对此应区分扩张引起的是权利的"质变"还是"量变"而定。（1）权利主体范围的扩张，如果由此引发了权利"质变"，则可能发育出新兴权利。例如，权利的主体从法定的"自然人、法人、非法人组织"扩张至"胎儿、死者、动物"（产生胎儿的权利、死者的权利、动物的权利），或者从"异性男女"扩张至"同性男女"（如同性婚姻权），都对原有的权利理论造成了重大冲击，可能出现新的权利形态。但是，一个人因在小区购置住房而加入业主群体，因购买某公司股票而加入股东群体（所谓的境遇性新兴权利），则只是权利主体的"量变"，不能产生新的权利种类。（2）权利客体范围的扩张，同样要区分是质变还是量变。例如，在特定历史阶段，权利的客体从"动产、不动产"扩张至"智力成果"或"网络财产"，就产生了那个历史时期的新兴权利（知识产权或虚拟财产权）。同样，当名誉权不能对"隐私"提供周全的保护时，就产生了新兴的"隐私权"的证成必要；当隐私权不能为"个人信息"提供周全的保护时，就产生了新兴的"个人信息权"的证成必要；当个人信息权不能为"兼具人格、财产利益的信息数据"提供周全的保护时，就产生了新兴的"信息权、数据权"的证成必要，这些都属于权利客体范围发生质变的产物。反之，如果仅仅是"量变"，例如，虚拟财产仅仅是从"游戏装备"扩展到"虚拟货币""网络账号"，由于新的客体形式仍包含于"虚拟财产"范围之内，就无须证成新的权利。

---

❶ 关切：《维权还是做秀 全国首例"亲吻权"索赔引争议》，https://news.sina.com.cn/s/2001-11-26/406722.html，2025 年 1 月 10 日访问。

（四）实在权利、法定权利与新兴权利的关系

实在权利，又称主观权利、现实权利，是指权利主体能够在现实生活中实际享有的权利。

从法定权利与实在权利的关系来看，二者是"纸面上"的权利与"实践中"的权利，或者说"法律文件宣示"的权利与"人民群众实际享有"的权利的关系。如果说法定权利体现的是代表人民意志的立法机关所表达的"权利愿景"，那么，实在权利反映的是权利主体在实践中的"受益状态"，从法定权利向实在权利转化的过程就是"权利愿景"与实际"受益状态"之间的转化过程。在法治的理想状态下，法定权利在具体场景中都应当转化为实在权利，这一转化过程就是法律的实施过程，转化的完整度体现为法律实施效果的良好程度。但是，古今中外的法律实践表明，法定权利也可能无法转化为实在权利，制约因素可能是政治、经济、文化发展程度等各方面客观条件的限制，也可能是诉讼时效、证据短缺、证明责任等实体或程序法律制度本身造成的。

从新兴权利与实在权利的关系看，人们主张的新兴权利经过证成可能成为实在权利，也可能因尚有疑问而不能成为实在权利。例如，在实践中有人主张"胎儿人格权""尊严死亡权""动物的权利""同性婚姻权""同居权"等，至今也没有得到立法和司法的认可，从而也就无法转化为实在权利。但是，也有一些当事人主张的新兴权利虽然还未写入立法文件之中，但在民事活动、纠纷解决、司法判决等实践中已经以"个别化"的方式获得了承认，权利主张者已经能够现实地享受新兴权利带来的"受益状态"。因此，对于那些还处于生长发育阶段的新兴权利，一旦得到司法判决的承认，其在本质上就是当事人的实在权利。

二、新兴权利的内涵特质

从权利的生长机制和生长规律看，新兴权利是一种非法定的权利，本质

上是一种基于社会发展需求而正处于发育过程之中的正当利益，其是否具有"受法律保护"的属性还有待权威机关依法证成。具体来说，新兴权利具有非法定性、过程发育性和可证成性三个特质。

（一）新兴权利的非法定性

非法定性，是新兴权利的首要特质。"非法定性"意味着"新兴权利"与"法定权利"是相对的范畴。新兴权利发育和成长的"归宿"是成长为法定权利，在成长为法定权利之前的状态，则属于新兴权利。

非法定性，与"非法性"不能完全等同。非法性，是一个在不同语境下含义极其复杂的用语。从公权力与私权利二分的视角看，对公权力奉行"法无明文授权即不可为"原则（如行政法的首要原则即"行政行为合法性原则"），因此，对公权力而言非法即意味着违法；对私权利则奉行"法无明文规定即可为"原则，非法往往意味着不违反法律的禁止性或强制性规定，这就为新兴权利的生成预留了广阔的空间。

非法定权利，不见得不能成长为受法律保护的"实在权利"。在法治社会的理想状态下，在权利发生争议或者受到侵害时，有事实支持的法定权利通常会转化为实在权利。但是，对于非法定的新兴权利，经由司法过程中的权利推定等证成程序，也有可能成为当事人实实在在享有的实在权利（参见图2）。对此，前文已有详细分析，不再赘述。

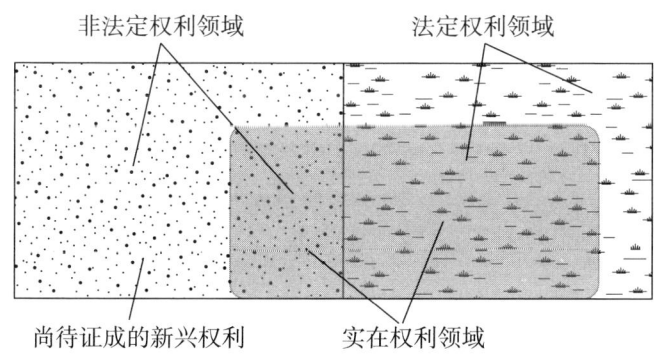

图2　新兴权利的非法定性示意图

（二）新兴权利的过程发育性

新兴权利是一个描述新权利生长发育的动态过程的用语。从利益法学理论的视角看，新兴权利的生成过程总体上是一个"社会利益诉求"不断向"法定权利"进化发育的过程。对这一进化发育的过程总体上可以描述如下：

（1）在初始状态下，社会利益表现为一个"利益池"，有一些已经被法律明确为"法定权利"，有一些被明确为不受法律保护，剩余的则处于一种是否受法律保护不明的状态。

（2）在社会发展的特定历史阶段，人们在实践中对某种法定权利之外的社会利益产生了提供法律保护的"利益诉求"，它可以表现为利益冲突中个体的"权利主张"，也可以表现为学者倡导的某种"权利主张"。这时，新兴权利的观念开始萌发。

（3）经由诉讼尝试、社会讨论、学术争鸣，就某种已经萌发的新兴权利主张，逐渐达成了其应受法律保护的共识，经由司法机关"个案式"证成为实在权利，但可能处于非法定权利的状态。

（4）立法机关根据政治、经济、社会发展的条件，将已经成熟的新兴权利吸收进法律文本之中成为"法定权利"，这种具体的新兴权利的权利生成过程即告结束。

新兴权利发育过程，与"利益、法益、权利"三个概念有着千丝万缕的联系（参见图3）。其中，"社会利益"是一个社会性的总括概念，指用以满足人们自身欲望的各种物质和精神事物，包括生命、身体、金钱、地位、情感、荣誉、名气等。在社会生活中，每个人都有谋求个人利益最大化的冲动，人们的利益诉求总是复杂多样和充满矛盾的，需要借助于道德、伦理、法律规范等工具进行调节。"法益"，则"是根据宪法的基本原则，由法所保护的，客观上可能受到侵害或者威胁的人的生活利益"[1]，简言之，就是"受法律保护的利益"或"法益"。从社会利益的整体看，"受法律保护的利益"只是社会

---

[1] 张明楷：《法益初论》，中国政法大学出版社2005年版，第167页。

利益的一部分,法定权利是稳定地受法律保护的利益形态,除法定权利之外的其他利益往往具有边界的模糊性、发展中的流动性和法律评价上的可变性,亦即,部分社会利益可能随着社会发展的需要以"新兴权利"的面貌出现,被证成后逐渐纳入法益的范围,进一步成熟之后被立法确认为"权利"。

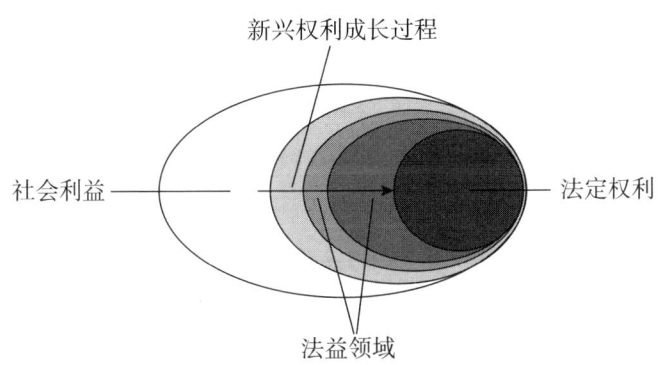

图3 新兴权利生长发育过程示意图

法益是权利产生的母体。有学者曾指出:"侵权法的整个历史显示了一个倾向,那些被认为值得法律保护的利益,在之前往往没有受到任何保护,如隐私权;它也表明这样的可能性,即现在没有受到保护的利益以后会受到保护,现在没有受到完善保护的以后会受到全面的保护。"[1]王泽鉴对此亦有深刻的论述:"许多权利,并非在法律上均有直接依据,若干类型是在法律发展过程中逐渐形成的。最近才被发现者有之(如形成权),有些是因为新的交易形态而受到特别重视(如期待权),易言之,权利是一个具有发展性的概念,某种利益在交易上具有重要性时,或直接经由立法,或间接经由判例学说赋予法律效力,使其成为权利,加以保护,以尽其社会功能。"[2]魏振瀛亦指出:"随着社会的变迁,民事权益在不断发展变化,有些特定的利益会逐渐转化为权利,例如,德国民法典多次修订,一直没有关于期待权的规定,但现今已

---

[1] 李岩:《民事法益与权利、利益的转化关系》,《社科纵横》2008年第3期,第74页。
[2] 王泽鉴:《民法总则》,中国政法大学出版社2001年版,第10页。

被普遍承认,商品化权也逐渐被重视。"❶

一项法益一旦被立法明确宣布为"权利",新兴权利的证成和研究使命也就结束了。也就是说,新兴权利以"社会利益"为母体,以"社会利益"向"法益"转化为起点,以"法定权利"的确认为终点。这一过程,也是一个新兴权利的观念兴起、诉求(诉讼)尝试、否定与肯定的争鸣、个案肯定或否定的试验过程。一旦一项"权利"被立法所确定,它就不再属于新兴权利的范畴,至于其在法律适用过程中产生的权利边界、适用条件、扩张或限缩等问题,将归属于法律解释的范畴;除非,在此基础上又涉及另一项新兴权利的兴起。

(三)新兴权利的可证成性

一项原本"不受法律保护"或者"是否受法律保护状态不明"的社会利益,如果要纳入受法律保护的"法益"范畴,甚至要将其升格为"法定权利",则必须有一个证成的过程。证成,是指为作出一项决定而提供充足理由的活动或过程;其对应的英文词汇有类似的含义,"justification,由动词 justify(为……辩护、证明……是合理的)转化而来,意为'辩护''证明为合理(正当)'"❷。也就是说,新兴权利具有可证成性,证成活动涉及证成主体、证成标准和证成方法三个要素。

1. 新兴权利的证成主体

新兴权利的证成主体应当是具有法律权威的机关,主要包括立法机关和司法机关。其中,立法机关是首要的证成主体,其证成权威来自宪法授权和人大代表进行立法决策所体现的民主精神。或者说,立法机关及人大代表以讨论和表决的方式通过制定或修改法律设置一项新的权利,这种公共决策的"结果正当性的原因在于所有受这些决策约束的公民在参与真实协商过程中对

---

❶ 魏振瀛:《论请求权的性质与体系——未来我国民法典中的请求权》,《中外法学》2003年第4期,第19页。

❷ [美] J. 丹西:《当代认识论导论》,周文彰、何包钢译,中国人民大学出版社1990年版,第1页。

它们表达了反思性同意"❶。司法机关是重要的证成主体,其证成权威来自宪法授权和正当程序的保障。在我国人民法院是国家审判机关,享有国家审判权,有权根据法律精神、原则、社会发展情势作出否定或肯定一项新兴权利的判决。审判结果的正当性取决于审判程序的正当性和合法性,"只要严格遵守法律程序,结果就被视为是合乎正义的"❷。

民间主体虽不享有法律赋予的证成权,但对于新兴权利的发现、证成发挥着重要的舆论推动和理论建言的作用。例如,随着社会的发展,主体之间发生新类型的利益冲突或者纠纷诉讼不可避免,新兴权利的主张方和反对方就成了民事诉讼中的原告和被告,他们在诉讼中行使辩论权从正反两方面对新兴权利是否应受法律保护进行辩论,有助于法院作出公正的判决。再如,学者洞察社会变迁带来的新兴权利问题,提出一些新兴权利命题并进行学术讨论,能够为立法和司法机关提供参考。

2.新兴权利的证成标准

学术界对于新兴权利的证成标准尚未形成共识。有的学者认为,个人利益可以实现对权利的初步证成,"共同的善"(common good)可以实现对权利的深层证成。❸有的学者认为,宪法中的权利保障理念、部门法蕴含的权益保护理念和社会公共秩序中包含的合理利益,三者共同构成了新兴权利司法证成的实质依据。❹还有的学者提出,证成标准包括新兴权利被保护的合理性和公众的认可。❺

本章无意对新兴权利的证成标准展开讨论,仅结合我国改革开放以来新兴权利的复杂表现样态以及学术界对权利泛化的批评,将新兴权利的证成标

---

❶ John S. Dryzek, "Legitimacy and Economy in Deliberative Democracy", Political Theory, vol.29(2001), p.651.

❷ [日]谷口安平:《程序的正义与诉讼》,王亚新、刘荣军译,中国政法大学出版社1996年版,第6页。

❸ 段卫利:《新兴权利的证成标准分析——以被遗忘权为例》,《河南大学学报(社会科学版)》2022年第4期。

❹ 王方玉:《新兴权利司法证成的三阶要件:实质论据、形式依据与技术方法》,《社会科学文摘》2021年第3期。

❺ 彭张超:《新兴权利的证成标准研究》,广东财经大学硕士学位论文,2021年,第37-43页。

准概括性地描述为"三性"。(1) 必要性。所谓必要性，是指一种新兴的权利主张的提出有坚实的、广泛的实践需求，不给予保护就会严重损害特定利益群体的利益，且穷尽了既有的法定权利及其权能仍然无法提供周全的保护，有必要创设独立的新的权利形态。❶虽然我们正处于一个权利观念张扬的时代，但走向权利泛化将是所有人的灾难，防范权利泛化要求在新兴权利证成过程中坚持"必要性"标准。例如，夫妻的本质是感情的结合，将"同居"或者"性生活"纳入权利的范畴，即涉嫌法律过度入侵情感领域，缺乏法律上的必要性。(2) 正当性。对于正当性有多元的观察角度：从利益平衡的角度看，正当性源自利益冲突双方的利益分配的平衡性，如果证成一项新兴权利将导致利益冲突双方的利益失衡，这种证成就不是正当的；从认同性的角度看，正当性源自社会的普遍认同，如果证成一项权利引起社会的巨大分裂，这种证成就不是正当的；从价值视角看，正当性意味着对于公共秩序、善良风俗、公共道德等社会普遍认同的价值的促进，如果证成一项权利有害于或无助于促进公共利益，这种证成也不是正当的。(3) 可行性。权利不是仅仅用来"宣示"或者"装饰"的，它需要在生产经营或人们的日常生活中具有可保护性、可操作性。如果一项权利得到法律承认，将颠覆传统的权利理论且在实践中难以落实（如动物的权利），或者会造成重大的道德、伦理风险（如尊严死亡权），这种权利就不宜仓促地证成。

3.新兴权利的证成方法

通过立法创设新的权利种类，几乎不存在证成方法的问题，这是立法机关的权力性质和立法活动的民主性使然。有关新兴权利的证成方法的讨论，主要集中于新兴权利的司法证成领域。

结合新兴权利证成的司法实践，有的学者将司法机关证成新兴权利的

---

❶ 例如，我国早期法律未规定隐私权，而是将隐私纳入名誉权进行保护。学术界普遍认为，隐私与名誉的保护有重大差异，隐私权的内容体现为个人对其私人信息、私人空间的控制权，以及个人对其私人事务的自主决定权；侵害名誉不见得侵害隐私，侵害隐私也不见得侵害名誉，隐私权具有独立的必要性。参见王娟：《论隐私权的独立性》，《法律适用》2012年第2期。

方法归纳为三种类型。❶（1）"适法型"权利证成方法。这种方法以"法定权利"为前提，通过运用目的解释、历史解释、体系解释等法律解释方法，形成一个与法定权利的文义有明显差别的新的权利，如针对职业打假的容忍而形成的"消费者依法求偿权"。（2）"推定型"权利证成方法。这种方法意图将"隐含于法律规范或法律原则"的权利予以证成，可以是从一种法定权利推理出另一种新兴权利，也可以是从抽象的法律原则性条款或法律精神推理出一种新兴权利，还可以是从某种法定权利总结提升出更加一般或抽象的新兴权利。（3）"造法型"权利证成方法。这种方法侧重于对国家政策、道德伦理、宗教礼仪、风俗习惯、村规民约等存在的法理价值进行挖掘，属于填补漏洞性的权利创设方法。如卡多佐（Cardozo）曾说："司法过程的最高境界并不是发现法律，而是创造法律。"❷但这也是争议最大的一种证成方法，因为它涉嫌逾越了立法权与司法权的分工界限。对于新兴权利的证成方法，此处仅为阐述新兴权利的可证成性而进行粗略评述，第五章还将详细分析。

第三节　新兴权利的兴起动因

一部人类社会的权利发展史，就是一部权利不断新兴、不断发育成熟的权利发育史和生长史。新兴权利在发育的早期阶段往往表现为诉讼中当事人的"新的利益诉求"或者学者的"新的权利理论主张"，其表现样态生动鲜活，有着深刻的社会动因。就中国改革开放以来的新兴权利发展史观之，权利不断"兴起"的背后主要有三个方面的动因。

---

❶ 霍宏霞、霍晓霞：《司法"造法型"权利生成的法治逻辑》，《河北工业大学学报（社会科学版）》2023年第1期。

❷ ［美］本杰明·卡多佐：《司法过程的性质》，苏力译，商务印书馆1998年版，第105页。

一、经济发展和经济体制改革是根本原因

经济发展和经济体制改革是我国改革开放以来权利不断新兴的根本原因。马克思曾指出:"权利决不能超出社会的经济结构以及由经济结构制约的社会的文化发展。"❶1978年以后,党中央确定了"以经济建设为中心"的发展战略,一边大力推进经济领域的改革开放,一边启动民主法制改革为经济建设保驾护航。在改革过程中,国家的经济改革政策和改革中取得的成果需要以法律的形式加以巩固;对于经济发展中出现的新的权利需求,需要经由法律的立、改、废活动及时调整,这大体上勾勒了我国改革开放以来经济体制改革中权利不断兴起的宏观历史场景。

以土地权利为例,我国1982年《宪法》庄严宣示我国经济制度的基础是社会主义公有制,农村人民公社是集体所有制,自然资源、城市的土地都属于国家所有,农村和城市郊区的土地属于集体所有。但在改革进程中,陆续产生了一些新的权利需求,这就要求及时对法律进行立、改、废。例如,始于1978年11月安徽省凤阳县小岗村的农村土地家庭联产承包责任制改革,到了1983年1月被中央确定为农村改革的一项基本战略,在当时"土地承包经营权"显然是一种新兴权利。1986年我国第一部《土地管理法》第12条首次以立法的形式确认,"土地的承包经营权受法律保护",这种实践中的新兴权利遂转化为法定权利。到了20世纪90年代,农村改革中出现了土地流转和集中现象,产生了对土地流转和进入市场的权利需求。2014年12月,中央全面深化改革领导小组决定推动新一轮农村土地制度改革,由此拉开了农村土地所有权、使用权、经营权"三权分置"改革的大幕。在此背景下,2018年修正后的《农村土地承包法》创设了"土地经营权"这一新的权利类型。

---

❶ 《马克思恩格斯选集(第3卷)》,人民出版社1995年版,第205页。

此外，自然资源使用权❶、土地发展权❷、土地空间权❸、公共地役权❹等财产权利的兴起，无不是经济发展和经济体制改革促动的结果。

在其他领域，经济发展和经济体制改革促动权利兴起的现象比比皆是。例如，1984年《中共中央关于经济体制改革的决定》指出国营企业存在缺乏活力、效率低下的问题，实践中很快就出现了企业股份制改革的探索。1984年7月中国第一家股份制公司在北京成立，1988年4月深圳发展银行的股票开始上市交易，此后学术界开始讨论有别于传统物权、债权的股东权问题，股东权显然是股份制改革实践中出现的新兴权利。1993年《公司法》第4条明确规定了股东权，实现了股东权的法定化。又如，20世纪80年代初"知识经济"的观念开始流行，重视对智力成果的保护成为促动经济发展的显性需求。为了适应知识经济的发展需求，我国1982年颁布了《商标法》，1984年颁布了《专利法》，1990年颁布了《著作权法》，产生了一大批有别于传统物权、债权的新的知识产权类型。

---

❶ 新中国成立后，宪法规定自然资源归国家所有或集体所有，立法上长期"对自然资源的实际占有者、使用者的权利，基本没有什么说法"（参见孙宪忠：《国家所有权的行使与保护研究》，中国社会科学出版社2015年版，第386页）。直到2007年《物权法》颁布，才明确了自然资源的用益物权。2020年《民法典》物权编也零散规定了"海域使用权""探矿权""采矿权""取水权"等，可以说是物权法领域最为重要的新兴权利生长现象。

❷ 1997年12月，建设部发布了《城市地下空间开发利用管理规定》。1998年，梁慧星教授提出了土地发展权的概念，认为它是一种可与土地所有权相分离的独立的财产权。参见梁慧星：《中国物权法研究》，法律出版社1998年版，第359页。

❸ 早在我国《物权法》施行前，就有学者根据"物权法草案"中"建设用地使用权可以在土地的地表、地上或者地下分别设立"的立法建议提出了"空间权"的概念，并认为这是"一种新型的财产权利"、一种新的用益物权。参见王利明：《空间权：一种新型的财产权利》，《法律科学（西北政法学院学报）》2007年第2期。

❹ 公共地役权，又称行政地役权，源于《法国民法典》第650条的规定，即军事、公安、市政、消防、航空、供电、通信、无线电等涉及公共利益的行业，为了公共利益或公众利益的需要进行公共设施的施工或修缮时，要求相关不动产所有权人或使用权人提供便利的权利。早在2004年，我国有学者建议在制定物权法时增设公共地役权。参见蔡斌：《公共地役权性质初探》，《广西政法管理干部学院学报》2004年第2期。

二、社会文明和文化的发展变迁是重要诱因

结构功能主义的社会学理论认为,社会是由无数个个体和机构组成的共同体系统。对于整个社会系统而言,"法律的中心任务就在于将不同的角色和机构加以整合,使整个社会得以有效运作"❶。在社会发展的过程中,文明和文化的变迁时常会诱发权利观念的变革。

何谓文化或文明?人类学家泰勒(Tylor)认为,文化即文明,"包括全部的知识、信仰、艺术、道德、法律、风俗以及作为社会成员的人所掌握和接受的任何其他的才能和习惯的复合体"❷。但在马克思主义看来,文化与文明既有联系又有区别,文化是人类社会与生俱来的,它在价值上是中性的,包含道德、宗教、习俗、礼仪以及科学文化知识等一切精神领域的东西;文明是文化发展的高级阶段的产物,具有鲜明的价值指向,仅指文化中那些标志着人类进步、开化的成果。❸法律和权利观念都是文化和文明的一部分,同时又深受整个文化系统变迁和文明进步的影响。

我国改革开放以来,文化变迁对民众权利观念的影响是巨大的,诱发了一些新的权利的兴起。以孝道文化为例,在中国传统社会"孝"被置于"百善之先"的崇高价值地位,其本意是"顺从""孝敬""赡养"父母及长辈,是人人都要遵守、具有普遍共识的家庭伦理文化。围绕"孝",古代有一系列的礼仪规范,随着现代社会条件的变化衍生出了一些新兴权利种类。

其一,从"关爱父母和长辈"的孝文化到"看望权"的萌生。《论语·里仁》载:"父母在,不远游,游必有方。"为何不远游呢?就是为了方便日常照顾、看望父母。但在现代社会,"四世同堂"的家庭结构解体,年青一代远走他乡是常态,因工作忙碌一年也难得回家看望父母一次。子女"常回家看

---

❶ Dragan Milovanovic, A Primer in the Sociology of Law (2nd, ed.), Harrow and Heston, 1994, p.121.
❷ [英]爱德华·泰勒:《原始文化——神话、哲学、宗教、语言、艺术和习俗发展之研究》,连树声译,广西师范大学出版社2005年版,第1页。
❸ 夏建国、夏泽宏:《马克思恩格斯的文明与文化范畴比较》,《重庆社会科学》2012年第2期。

看",对生活孤寂的老人来说就成了"稀缺资源"。❶ 在1996年《老年人权益保障法》第11条出现了"赡养人应当履行对老年人经济上供养、生活上照料和精神上慰藉的义务"的条款后,实践中不断出现老年人通过诉讼寻求法律保障的案件,❷ 作为新兴权利的"看望权"产生了社会需求。根据社会需求,2012年修改后的《老年人权益保障法》第18条增加规定"经常看望或者问候老年人"条款,"看望权"由此成为法定权利。

其二,从"事死如事生"的孝文化到"祭奠权"的萌生。《论语·为政》记载,樊迟问何为"孝",孔子答曰:"生,事之以礼;死,葬之以礼,祭之以礼。"在传统文化中,安葬、祭奠亲人是"孝文化"的基本要求,违背礼仪会被视为"不孝",其既是晚辈的义务,也是权利。在现代社会,家庭成员之间闹矛盾等原因导致一方无法到现场祭奠老人,或者墓碑故意不刻部分子女姓名等情形时有发生,2001年以来诉诸法院的案件逐渐增多,一种称为"祭奠权"的新的权利现象逐渐兴起。绝大多数法院在判决书中,都从中国传统孝文化与民法上的公序良俗条款相结合的角度,来证成"祭奠权"的必要性、正当性。

我国改革开放以来,社会文明的发展对某些权利的新兴也产生了深刻的影响。例如,伴随着1982年《宪法》增加规定"人格尊严"等基本权利和2004年将"国家尊重和保障人权"写入宪法,人们的人权观念也发生了天翻地覆的变化。具体到人格权领域来看,基于自由权衍生出了强调生育自由的"生育权",基于平等权衍生出了"同性婚姻权"的诉求,基于人格尊严衍生出了"隐私权""精神损害赔偿请求权""尊严死亡权"等新兴的权利诉求。在前述权利诉求中,有的已经成为法定权利,有的尚待证成。

---

❶ 参见束蓉:《银川"空巢老人"多寂寞》,《华兴时报》2007-09-27(005);赵卿:《我市8万"空巢老人"渴望关怀》,《兰州日报》2008-04-21(005)。
❷ 参见孙金栋:《苦涩的上诉:诉子女"常回家看看"》,《新闻天地》2004年第2期;傅殿贵:《天津:老人频上法庭讨精神赡养,要儿女常回家看看》,《新华每日电讯》2005-08-26(006);李静睿等:《常回家看看:道德义务还是法律责任?》,《南方日报》2006-04-24(A04)。

三、科学技术的革新和应用是重要推动力量

人类历史上经历了三次大的科技革命,每一次都引发了社会和法律制度的重大变革,改写了人类的权利观念和权利体系。第一次科技革命以18世纪60年代蒸汽机的发明和广泛使用为标志,人类开始进入机器工业化时代,欧洲资产阶级作为先进生产力的代表掀起了大革命,在终结封建制度的同时确立了资产阶级政治和法律制度,资产阶级的人权、自由、平等观念深刻塑造了现代法律权利体系。第二次科技革命以19世纪70年代电力广泛应用为最显著的标志,人类开始进入电气化时代,资本主义生产的社会化程度加强,欧美国家的垄断组织大量出现,在世界范围的殖民体系开始形成,但由此也促进了经济法、社会法领域的权利兴起和第三世界反帝反殖民主义的人权观念的形成。第三次科技革命始于20世纪中期,到21世纪"出现井喷式、爆发性发展,涉及信息技术、生物技术、新材料技术、新能源技术、空间技术和海洋技术等多个领域"[1],不仅极大地推动了人类社会经济、政治、文化领域的变革,引发了政府治理方式的革命性变革,而且也影响了人类生活方式和思维方式。

科学技术的革新和应用,必然引起人类社会权利观念的革命和权利种类的不断兴起,这主要体现在三重逻辑视角:

其一,科学技术的革新和应用催生了一些之前闻所未闻的新权利,扩张了某些既有权利的权能,重塑了人们对各领域权利的认知观念。例如,网络信息技术极大改变了人们的生产经营和生活的方式,由此催生的一些互联网新兴权利,如"网络域名权""虚拟财产权""数据权"等,这在人类迈入互联网信息技术时代的门槛以前是闻所未闻的。当然,互联网信息技术的应用也丰富了某些既有法律权利的内涵,重塑了人们的权利观念。例如,在人格权领域,个人信息权作为人格权已经写入我国《民法典》,互联网情境下的姓名

---

[1] 甘藏春、李青:《在新一轮科技革命的背景下实现法律与科技发展的良性互动》,《民主与法制(周刊)》2022年第26期。

权、肖像权、名誉权、隐私权、信用权、安宁权等的特殊性保护越来越引发人们的关注，围绕互联网财产权、互联网知识产权、互联网政治权利等新兴权利议题的讨论与日俱增。❶

其二，鉴于科学技术的革新和应用对经济发展的巨大推动作用，要求加强对科技工作者的智力成果保障，催生了一些新的知识产权类型。随着科学技术创新成果的不断涌现，原有的知识产权体系无法涵盖新兴的权利类型，无法或者不能为新兴权利提供充分的法律保障，这就要求法律与时俱进创设新的权利类型。例如，随着生物技术的发展，科学家研发的植物新品种培育技术对于提高作物产量或质量、保障国家粮食安全、保护濒危物种等具有重大意义，我国1997年《植物新品种保护条例》承认了"植物新品种权"。再如，随着电子信息技术的发展，科学家对半导体集成电路的图形设计的创新直接关系着技术工艺的水平和产业的效益，传统的专利权、著作权都无法提供保护，我国2001年《集成电路布图设计保护条例》适应技术发展需求增设了"集成电路布图设计专有权"。当前，ChatGPT、Sora、Kimi Chat、文心一言、讯飞星火、腾讯混元、豆包AI、DeepSeek等人工智能技术快速发展，对"人工智能生成物"是否属于公有领域、受著作权保护还是受财产权保护，学术界还在激烈地争论。❷

其三，科学技术是一把双刃剑，它能为经济社会发展提供强大动力，便利生产经营和生活方式，也可能对社会造成破坏性影响，为控制这种破坏催生了一些防御性的新兴权利。例如，科技发展在显著推进工业化进程的同时，也产生了环境污染、生态破坏的潜在威胁，甚至牺牲代际发展利益。于是，2017年党的十九大提出"经济建设、政治建设、文化建设、社会建设、生态

---

❶ 参见张钦昱：《互联网时代新型权利的识别与进化》，《河南大学学报（社会科学版）》2022年第4期；赵精武："互联网时代的隐私权保护悖论"专题导引，《法理——法哲学、法学方法论与人工智能》2021年第2期；胡凌：《互联网"非法兴起"2.0——以数据财产权为例》，《地方立法研究》2021年第3期。

❷ 王利明：《人工智能时代对民法学的新挑战》，《东方法学》2018年第3期；曹博：《人工智能生成物的智力财产属性辨析》，《比较法研究》2019年第4期；孙正樑：《人工智能生成内容的著作权问题探析》，《清华法学》2019年第6期。

文明建设五位一体总体布局"之后，2018年"生态文明"被写入《宪法》❶，"环境权"作为一个兼有人权、公民基本权利、政治权利、民法权利、行政法权利等混合的新兴权利"权利束"❷，越来越受到学术界和社会各界的关注。再如，科技发展丰富了传统权利的内涵，由人格权到"基因权"、由生育权到"辅助生育权"、由财产权到"虚拟财产权"，但也产生了科技伦理和科技侵权的担忧。如霍金（Hawking）曾警告称，人工智能有可能关上人类文明史的大门，除非可以找到避免危险的方法。❸2001年卫生部发布的《人类辅助生殖技术管理办法》第22条明确将实施代孕技术、擅自进行性别选择等列为违法行为，2021年《数据安全法》第28条要求研发和应用数据新技术"应当有利于促进经济社会发展，增进人民福祉，符合社会公德和伦理"，这些规定凸显了对科学技术应用中的破坏性影响的防范态度。

---

❶ 有学者主张，有必要在"生态文明入宪"之后，在下次修宪时将"环境权"写入《宪法》，并主张环境权具有行政诉讼的可诉性。参见吴卫星：《宪法环境权的可诉性研究——基于宪法文本与司法裁判的实证分析》，《华东政法大学学报》2019年第6期。

❷ 有学者认为，环境权具有混合权利的特质，兼有公私双重利益，兼含实体程序法益。环境权既包括环境享受权、环境处分权、环境进入权等实体性权利，也包括环境参与权、环境信息知情权、环境诉权等程序性权利。参见肖磊、王宗涛：《复合权利视域下环境权的新认识——兼论环境权的法典化表达》，《合肥工业大学学报》（社会科学版）2023年第2期。

❸ ［英］斯蒂芬·威廉·霍金：《让人工智能造福人类及其赖以生存的家园》，周翔译，《科技中国》2017年第6期。

第二章 权利理论的更新：证成性权利理论的提出

考察古今中外的权利实践，可知权利体系从来不是封闭的、固化的体系，权利体系一直在生长变化，立法和司法是权利生长的两个主要途径。在各种权利学说流派中，多数承认权利体系的开放性，但对新兴权利的证成方面认识差异巨大。通过对传统权利理论进行批判性分析，本章将创新提炼出"证成性"权利理论，厘清立法机关在创造权利生长空间方面的使命，并对新兴权利的司法证成活动进行合理阐释。

第一节 传统权利理论下的权利生成观

现代权利理论出现于19世纪，标志是清晰的"权利"概念的出现。根据梅因（Maine）的考察，"法律权利的清晰概念并不古老，甚至也不属于罗马人，它明显地属于现代世界"，"是边沁（Bentham）和奥斯汀（Austin）的透彻分析第一次给予了'权利'表达清晰且贯通的含义"。[1]德国学者则认为，1856年温德雪德（Windscheid，又译为温德萨伊德、温德沙伊德等）在研究罗马法上"actio"制度的基础上创设的"请求权"（anspruch）一词才首次赋

---

[1] Henry Sumner Maine, Dissertations on Early Law and Custom, New York:Spottiswoode and Company, 1883, pp.365–366, 390.

予权利以清晰的含义，并在1862年《学说汇纂教科书》第一卷中首次单独设立了"权利的一般理论"一编，成为系统权利理论的开端。❶ 在1917年霍菲尔德（Hohfeld）将"权利"作为"义务"的对称概念之前，美国司法界所使用的权利一词的含义十分混乱，包含所有类型的法律利益。❷ 尽管如此，权利作为一种法律实践和法律现象，在更早的历史时期就已存在。正如马克思所言："不能把它们限定在僵硬的定义中，而是要在它们的历史或逻辑的形成过程中来加以阐明。"❸ 因此，阐释新兴权利的生成问题，有必要梳理权利实践和权利观念的演进历史。

一、古罗马与英国的权利司法生成观

现代权利理论源于欧美，欧美的权利思想在早期分别发端于古罗马与英国。无论在古罗马还是英国普通法形成时期，都还不存在清晰的"权利"概念，而处于一种诉权先于实体权利、诉权与实体权利合体的状态。正是在这个意义上，谷口安平提出了一个闻名遐迩的判断，即"程序法乃实体法之母"❹——从权利生长的视角，也可称之为"权利是经由诉讼确认的习惯权利"或者"权利司法生成观"。

在罗马法时代，实体法与诉讼法尚未分野，也不存在现代"权利"观念；但存在一个拉丁用语"actio"，兼有"诉讼""诉权""诉""权利""诉讼标的"等多重含义。"actio"的初始意义是行为、行动，转义为"据以实施法律强制的重要手段"，即诉讼；从要求国家维护自己利益的视角，"actio"只不过是通过审判要求获得自己应得之物的权利，即诉权。❺ 罗马法的诉讼程序分

---

❶ Vgl. Gerhard Wagner, Rudolf von Jherings Theorie des Subjectiven Rechts und der Berechigerden Reflexwirkungen, AcP 193 (1993), S.320F.
❷ Wesley Newcomb Hohfeld, "Fundamental Legal Conceptions as Applied in Judicial Reasoning", Yale Law Journal 26, 1917, p.717.
❸ 《马克思恩格斯全集（第25卷）》，人民出版社1974年版，第17页。
❹ ［日］谷口安平：《程序的正义与诉讼》，王亚新、刘荣军译，中国政法大学出版社2002年版，第6页。
❺ ［意］彼德罗·彭梵得：《罗马法教科书》，黄风译，中国政法大学出版社2005年版，第65页。

为"法律审"和"事实审"两个阶段：在法律审阶段，当事人必须来到一名裁判官面前提出请求或反请求，在其请求中必须明确所选择的"诉"（actio）的形式，只有符合法定形式的"诉"才被允许，即"有诉才有救济"❶。此际，"诉"的形式、"诉权"、当事人请求保护的实体利益（权利）和"审判对象"（诉讼标的）呈现四位一体的混合状态。裁判官的任务主要是，审查当事人选择的"诉"是否合法；如果合法，则命令"审判员"❷进行实质审理，审理中"一切迷信因素和碰运气的因素（如神明裁判）均为未知的"❸。在梳理罗马法上"诉"的基础上，重点讨论两个问题。（1）罗马法上的新兴权利生成机制。在罗马法的早期，"诉"的形式只有"誓金法律之诉""要求审判员或仲裁人之诉""请求给付之诉""拘禁之诉"和"扣押之诉"五种法定形式。这意味着，当时的"诉权"和实体"权利"（请求权）的种类是十分有限的。直到公元前3世纪中叶以后，裁判官才获得补充或修改市民法、创设新的"诉"的权力，这种诉讼被称为裁判官法之诉（actio praetoria）。❹裁判官创设"诉"的做法，体现的正是权利（请求权）种类不断丰富的权利发展过程。（2）罗马法上新兴权利的证成来源。罗马法是从习惯法演进而来，鉴于成文法规定的权利的有限性，将某些习惯权利吸收进法律就成了一种主要的权利生成方式。尤里安（Julian）在《学说汇纂》第94卷中明确指出："在不适用成文法的情况下，应该遵守由习俗（Mos）和惯例（Consuetudo）确定的规范。"❺例如，如果妻子不贞洁，丈夫可提起妇德之诉，要求剥夺妻子的部分或全部嫁资❻——这是裁判官创立的一种保护丈夫利益的新兴诉权（权利），它从习俗转化而来。

---

❶ ［日］中村英郎：《论民事诉讼制度的目的》，陈刚译，《外国法学研究》1998年第4期。
❷ 审判员是由当事人协议选择的某个市民或市民组成的审判集体（如百人审判团）；如果不能达成协议，则由执法官指定。参见［意］彼德罗·彭梵得《罗马法教科书》，黄风译，中国政法大学出版社2005年版，第71页。
❸ ［意］彼德罗·彭梵得：《罗马法教科书》，黄风译，中国政法大学出版社2005年版，第71页。
❹ 吴奇琦：《论诉权与实体权利的合一与分流——从罗马法的Actio开始直至近代的路径追问》，《北方法学》2013年第1期。
❺ 转引自徐国栋：《变迁的罗马习惯法：从罗马城邦到罗马帝国》，《荆楚法学》2021年第1期。
❻ 周枏：《罗马法原论（上）》，商务印书馆1994年版，第194页。

在英国普通法形成时期，存在一种与罗马法上"诉"类似的令状（writ）制度。1066年，诺曼人征服英格兰后，威廉一世成为英格兰国王，开启了英国普通法的成长史。当时，地方领主的权力很大，民众的诉讼主要向领主的法院提起。到亨利二世时期（1154年以后），为了加强王权开始推行司法改革，通过令状制度逐渐扩张王室法院的管辖权。民众向王室法院起诉被视为是国王的"恩赐"，原告首先须得到咨议会的同意，并购买一份可送达法庭的令状。最初，只有一种适用土地诉讼的"权利令状"，原告据此可要求恢复自己的土地。1166年增设了以"回复占有诉讼令状"为代表的一批新令状，到1187年大约有80个种类的令状。❶ 令状种类的丰富过程，也就是英国普通法实体规则和实体权利的发展过程。根据普通法的精神，没有令状就没有救济，没有救济也就没有权利。正如梅因所言："在法院产生初期，程序法异常强大，以至实体法起初仿佛悄然渐长于诉讼程序的缝隙之中。"❷ 而令状种类或者权利种类的增加的基础，同样是基于普通法的经验，普通法的本义即为习惯法。

通过考察古罗马和英国的法律发展史，可以发现两个规律：一是随着国家和争议解决机关的出现，原始习惯逐渐演变为习惯法，进而才出现制定法；二是习惯法上的习惯权利，经由司法确认成为法律权利，法律权利的积累才形成实体法。换言之，在早期的社会，由于尚没有形成完善的实体法和成熟的法律权利体系，人们关注的重点不是"权利是什么"，而是适应实践需求，如何通过司法生成新的权利，这一理念在现代社会反而容易被忽视。

二、古典自然法时代的天赋权利观

西方的自然法思想，最早可以追溯到古希腊的智者学派，在中世纪阿奎那（Aquinas）的神学思想中亦有体现。在16世纪欧洲文艺复兴和宗教改革的基础上，一批自然法学者提出了各种理想主义的学说，畅想未来的国家、法

---

❶ 李巍涛：《英国令状制度研究——兼论传统的价值》，《北京人民警察学院学报》2011年第4期。
❷ 转引自郑云瑞：《英国普通法的令状制度》，《中外法学》1992年第6期。

律、权利应当是什么样,形成了在 17—18 世纪盛行于欧洲的"古典时代的自然法学"。

荷兰学者胡果·格劳秀斯(Hugo Grotius)是古典自然法的开拓者。他从人性论入手,认为人天生具有追求和平、共处于社会的能力,这是人的理性本能。自然法,就是"一种正当理性的命令,它指示任何与合乎理性的本性相一致的行为就有一种道德上的必要性;反之,就是道德上罪恶的行为"❶。而自然权利,就是"一个人有资格正当地占有某种东西或正当地做出某种事情"❷,这是理性的人与生俱来的"道德品质"和"资格",从而开了"资格说"的权利理论先河。

英国学者约翰·洛克(John Locke)被视为西方自由主义的奠基人之一。他认为,个人先于国家而存在,每个人天生拥有自然权利;为摆脱自然状态下的混乱,个人根据共同的契约把权利让渡给国家,但仍保留了"生命、自由和财产"的自然权利;为了保障人民的自由,政府应当贯彻分权原则,国家权力分为立法权、执行权和对外权,其中,"立法权是最高的权力,……所有的其他一切权力,都是从它获得和隶属于它的"。❸ 孟德斯鸠在洛克分权思想的基础上,进一步提出了立法、行政、司法三权分立的思想。孟德斯鸠认为,"如果司法权同立法权合而为一,则将对公民的生命和自由实行专断的权力";他强烈反对法官创制法律,认为"法官不过是法律的代言人,不过是一些呆板的人物"。❹ 在分权理论的影响下,在大陆法系一度流行将法官视为"自动售货机"的司法文化,这对新兴权利的司法生成形成了阻碍。

德国学者伊曼努尔·康德是古典自然法晚期的学术巨匠。康德权利哲学的根基有两个:一是理性,二是自由。康德认为,人是"大地之上唯一有理性的被创造物"❺,每个人都拥有独立地对各种事项作出理性判断的能力,并对

---

❶ [美]E.博登海默:《法理学——法哲学与法律方法》,邓正来译,中国政法大学出版社1999年版,第42-43页。
❷ 张文显:《法哲学范畴研究》,中国政法大学出版社2001年版,第300页。
❸ [英]洛克:《政府论》(下篇),叶启芳、瞿菊农译,商务印书馆1996年版,第92页。
❹ [法]孟德斯鸠:《论法的精神》,张雁深译,商务印书馆1976年版,第103、107页。
❺ [德]康德:《历史理性批判文集》,何兆武译,商务印书馆2015年版,第4页。

自己的判断结果负责。康德也论及权利的道德基础，如果功利不是权利的正当性基础，权利的正当性基础又应该是什么呢？康德的回答是：自由。自由是每个人的自然权利，是唯一的、原始的、每个人因为他是人所拥有的权利；或者说，"它是每个人由于他的人性而具有的独一无二的、原始的、与生俱来的权利"，"它不依赖于经验中的一切法律条例"❶。在这里，康德把道德、自由、正义联结在了一起。康德还把私法权利分为两类，即"应得的权利"（天赋的权利、道德权利）和"获得的权利"（实在的权利、法律权利）；其中，应得的权利就是自由，是主体"意志的自由行使"❷。康德关于"权利是自由"的论述，对后世的欧美权利的意志理论产生了深刻的影响。

三、欧美 19 世纪以后的三大权利理论

进入 19 世纪以后，欧美权利学说呈现百家争鸣的态势，仅产生广泛影响的就有资格说、主张说、自由说、利益说、法力说、可能说、规范说、选择说、意志说、自然权利说等多种。❸ 从权利生成的角度，下面择要分析三种较有影响的学说。

（一）"意志说"权利理论

在现代权利理论中，"意志说"和"利益说"至今仍被认为是两大主流学说。❹ 其中，意志说的基本立场是：权利的本质是主体依据其意志对权利的自由支配，或者权利主体拥有选择的自由。在萨维尼（Savigny）看来，权利是"个人意志独立支配的领域"❺；在哈特（Hart）看来，权利意味着"法律尊重

---

❶ ［德］康德：《法的形而上学原理》，沈叔平译，商务印书馆 1991 年版，第 134、48 页。
❷ ［德］康德：《法的形而上学原理》，沈叔平译，商务印书馆 1991 年版，第 40 页。
❸ 张文显：《法哲学范畴研究》，中国政法大学出版社 2001 年版，第 300 页。
❹ 彭诚信：《现代权利理论研究》，法律出版社 2017 年版，第 13 页。
❺ ［德］弗里德里希·卡尔·冯·萨维尼：《当代罗马法体系（第一卷）》，朱虎译，中国人民大学出版社 2023 年版，第 56 页。

个人的选择自由"❶。意志说的理论源头是康德的政治哲学，可以说是康德关于人的主体性和自由意志论的延续。

意志说对于某些领域的权利现象和新兴权利生成问题，具有强大的解释力。例如，对宪法和公法上的公民权利，对私法领域自然人的人格权，意志说被广为接受；它对新兴人格权的证成有强大的解释力，如"生育的自由（生育权）""性权利（性自主权）""信息的自由（个人信息权）""基因信息的支配（基因权）"等，都可以从"法律不禁止的自由"视角提供合理的论证。

但是，这种由康德自然法学发展出来的学说，却恰恰难以对自然法学所倡导的"人的与生俱来、不可让与、不可剥夺的权利"现象提供圆满的解释。例如，它很难解释，既然权利的本质是主体的自由意志，为什么法律不能容许自然人自由处置其生命权、健康权和某些身份权？也很难对现代法律发展的一些最新动态作出妥当回应，例如，为什么合同法上要增设诚实信用原则，对合同自由加以限制？为什么民法上要设定公序良俗、保护生态环境、节约资源等原则，对个人自由加以限制？当今时代，社会环境与启蒙运动时期的环境相比已经发生天翻地覆的变化，面对社会利益日渐连带复杂的态势，意志说的解释能力越发凸显其局限性。

（二）"利益说"权利理论

权利的"利益说"，是德国学者耶林（Jhering）倡导的利益法学理论的核心。该说的基本立场是：权利的本质不在于人的意志或自由，而在于它指向的目的，"不是意志，也不是实力，而是利益，构成权利的实体"❷。这里的利益是"受法律保护的利益"，它的范围极其广泛，包括经济上的利益，也包括人格、自由、名誉、家庭关系等伦理上或精神上的利益。耶林的"利益说"与他的"社会目的论"密切关联，他在《法律的目的》一文中曾指出，无论

---

❶ H. L. A. Hart. "Legal rights", in his essays on Bentham: Jurisprudence and political theory, New York: Oxford University Press, 1982, pp.188–189.

❷ 吴从周：《概念法学、利益法学与价值法学：探索一部民法方法论的演变史》，中国法制出版社2011年版，第114页。

是公法还是私法都要保护个人利益，但人类社会不是只有一个个体，法律还要保护共同体的利益，社会利益的保护比个人利益的保护更重要。❶一般认为，利益理论较之意志理论更具包容性，对个人利益与社会利益（或公共利益）的冲突也有合理解释的空间。

生活中的利益有千万种，利益法学能够为法律之外的利益生长成为权利问题提供理论解释吗？由于耶林持一种实证主义的立场，认为"国家是法律的唯一来源"❷，所以在耶林的理论中没有给出答案。

在耶林之后，利益法学派的另一个代表人物菲利普·黑克（Philipp Heck）给出了明确的解释。黑克认为，利益法学是一种司法裁判过程中的方法论，他明确反对基于概念法学的法官"机械司法论"，更倾向于认为法官是立法者的助手，进而提出了采用利益划分原则的"漏洞填补理论"。黑克认为，当具体的案件事实与法律规范的事实构成不相符时，法官可以按以下步骤处理：（1）厘清案件中的利益冲突；（2）类推适用调整相似利益冲突的法律规范；（3）如果找不到可类推适用的规范，则法官可以根据自己对生活利益的评价作出判决。❸这样一来，法官在第2步、第3步中就发挥了"漏洞填补"功能，其中第3步严格说属于"法官造法"，但黑克认为这种"法官造法"与立法者制定法的效力不同，它不能约束其他法官，其效力只局限于本案之中。经由黑克的发展，利益法学为权利的开放生长问题提供了有力的论证。

（三）德沃金的权利理论

美国学者罗纳德·M.德沃金（Ronald M. Dworkin）是20世纪新自然法学派的代表人物，他延续了古典自然法学借助平等、自由、正义、道德等价值理念进行论证的传统，将权利理论概括为基于平等的自由主义权利理论。德

---

❶ Rudolf von Jhering, Law As a Means to an End, trans. by Isaac Husic etc., The Boston Book Company, 1913, pp.330, 369.
❷ 转引自彭诚信：《现代权利理论研究》，法律出版社2017年版，第72-75页。
❸ 邓经超：《法律漏洞填补理论的历史演进：从概念法学到利益法学》，《南海法学》2021年第3期。

沃金的权利理论是在与实证主义❶的论战中发展起来的，从以下论战中可以看到双方对待"疑难案件"解决思路的差异，这对讨论新兴权利的生成问题不无启发意义。

第一，法律与道德的关系。自奥斯丁（Austin）以来，所有实证主义法学者都坚持这样的基本立场：（1）应当区分"法是什么"与"法应当是什么"，实证主义者只研究实在法即法是什么的问题；（2）法与道德无关，至少二者之间没有必然的联系，承认恶法亦法。❷德沃金则认为，法律与道德不可分，法律是道德同时也是政治道德的一部分，"可以把法律理论，当作政治之道德性的一个通过对制度结构的进一步界定而区分出来的特殊部分来处理"❸。

第二，是否承认法律原则。在实证主义法学内部，哈特在对奥斯丁的"法律是主权者的命令"的观点提出质疑的基础上提出了他的"法律规则说"。哈特认为，在复杂社会中除了存在初级规则（对社会成员课以义务的命令性规则），还存在次级规则（包括承认规则、变更规则、裁判规则，即有关初级规则被确定、引进，被废止、变动的方式，以及违规事实被决定性的确认的方式的规则）。❹对于"法律是什么"，哈特的回答是"法律是规则"，但他否认法律原则存在的必要。德沃金则认为，美国的法律是"封闭完美的法律体系"，法律漏洞并不存在。❺这是因为，法律除了规则以外，还包括法律原则，法律原则来源于平等、自由、政策等法律背后的政治道德价值，并认为法律原则与法律规则一样具有法律效力；他据此对实证主义批评道，"法理学问题的核心是道德原则问题，而不是法律事实或法律应用问题"❻。

---

❶ 实证主义法学是以孔德（Comte）（1798—1857）的实证主义哲学为思想基础发展出来的，包括分析法学派（代表人物为奥斯丁）、纯粹法学派〔创始人为凯尔森（Kelsen）〕和新分析法学派（创始人为哈特）等。
❷ ［德］罗伯特·阿列克西：《法与道德：告别演讲》，雷磊译，《华东政法大学学报》2015年第5期。
❸ ［美］罗纳德·德沃金：《身披法袍的正义》，周林刚、翟志勇译，北京大学出版社2014年版，第37页。
❹ ［英］哈特：《法律的概念》，许家馨、李冠宜译，法律出版社2018年版，第152页。
❺ 孙钰：《德沃金权利理论研究》，哈尔滨商业大学硕士学位论文，2021年，第20、12页。
❻ ［美］罗纳德·德沃金：《认真对待权利》，信春鹰、吴玉章译，中国大百科全书出版社1998年版，第20页。

第三，疑难案件的处理。关于法律规则的作用存在两种对立性的观点：一个极端是机械司法论，即立法是立法机关的职责，法官审理案件时唯一的职责是适用规则，法官甚至被称为"自动售货机"，这体现了概念法学的封闭性；另一个极端是规则否定论，认为从社会学的角度看，"法律存在于可以观察到的（法官——笔者注）行为中，而非存在于规则中"❶。哈特则认为，法律即规则，法律规则必然存在漏洞，"如果法庭必须在这些情况下做出决定，他们就必须运用一种有限的'填补性的'创制法律的权力，或者说'是自由裁量权'"❷。行使自由裁量权不意味着法官要完全抛开法律，法官主要进行类推适用，以确保法官创制的规则与法律的精神基本一致。德沃金也承认法律规则的不完善性，但认为这是正常的，因为法律规则不是法律的全部，法官完全可以根据法律原则（政治道德）进行推断而得出完美的答案。德沃金强调，即使在疑难案件中，法官也不应跨过法律的边界去"自由裁判"，通过对法律原则和法律规范的"整全性"解释，从而"发现各方的权利究竟是什么而不是溯及既往地创设新的权利仍然是法官的责任"。❸

第二节 程序性权利理论的兴起

传统的法律理论和权利理论较少关注法律和权利的生成程序。直到20世纪初，才陆续有学者将"程序"作为法律的生成要素。针对实证主义者将法律理解为"主权者的命令"或"法律规则"，朗·L.富勒（Lon L. Fuller）批评道，"实证主义者看到了法律是由立法者颁布以及对其适用对象产生影响这一点，但他们没有看到立法者与公民之间的互动过程……互动是法律本身的一

---

❶ D.Black, The Boundaries of Legal Sociology, The Yale Law Journal, Vol.81, 1972, p.1086.
❷ [英] H.L.A.哈特：《法理学与哲学论文集》，支振锋译，法律出版社2005年版，导言。
❸ [美] 罗纳德·德沃金：《认真对待权利》，信春鹰、吴玉璋译，中国大百科全书出版社1998年版，第115页。

项基本要素"❶。但富勒还局限于"立法程序"的视野,仅从立法程序(立法者与公民之间的互动)来证成法律的正当性。

一、程序性法律理论

第一个提出系统的程序性法律理论的是德国基尔大学教授罗伯特·阿列克西(Robert Alexy)。阿列克西以研究法律商谈、法律论证理论著称,并受哈贝马斯(Habermas)的观点影响。哈贝马斯认为,规则的正当性须建立在商谈和共识的基础上,"被当作合法的(或正当的)仅仅是这样的法律,它是可在一个商谈性意见形成和意志形成过程中被所有法律同伴所合理地接受的"❷。阿列克西进一步指出,"一种受理性确保之程序的理念不仅涉及法律适用的程序,也涉及立法的程序"❸,并明确提出了他的"规则、原则、程序模式"的法律体系。阿列克西将"法律生成程序"与"法律规则""法律原则"一道作为法律的要素,形成了与实证主义者和德沃金的理论均不同的新的"程序性法律理论"。

阿列克西的出发点是:为什么会出现实证主义和非实证主义的差异呢?他的回答是,研究法律问题存在"观察者"和"参与者"两个不同的视角。(1)"观察者"关心的问题是,实践中的法律是什么、法律问题在实践中是如何得到解决的?这是实证主义者的立场,实证主义者通过观察得出了"法律是规则""法律规则有漏洞,需要赋予法官司法裁量权"的基本观点。(2)"参与者"关注的是,法律应当是什么、什么才是正确的裁判?这是非实证主义者的立场。❹在法律规则的形成过程中,除了立法者,法官、律师、学者、民众都有可能成为参与者。在司法过程中,法官是核心的"参与者",因为他们

---

❶ [美]富勒:《法律的道德性》,郑戈译,商务印书馆2005年版,第223页。
❷ [德]哈贝马斯:《在事实与规范之间——关于法律和民主法治国的商谈理论》,章世骏译,三联书店2003年版,第167页。
❸ [德]罗伯特·阿列克西:《法、理性、商谈:法哲学研究》,朱光、雷磊译,商务印书馆2015年版,第24页。
❹ [德]罗伯特·阿列克西:《法与道德:告别演讲》,雷磊译,《华东政法大学学报》2015年第5期。

即便遇到疑难案件仍然负有裁判的职责。对于"参与者"来说,法律不仅仅是规则,也包含道德原则,参与规则形成的程序(立法程序、诉讼程序、庭审辩论、学者讨论、社会舆论等)也属于法律的一部分。以上就是阿列克西的程序性法律理论的形成逻辑,但他并没有明确提出"程序性权利"的概念。

二、程序性权利理论

程序性权利理论,是我国学者沿着"程序性法律理论"思路提出的一种权利理论。彭诚信教授在《现代权利理论研究》一书中指出:所谓程序性权利,不是指诉讼中的程序权利,而是对阿列克西"作为程序体系的法律体系"的借用,是对传统"意志理论"和"利益理论"存在的"认定权利程序的缺失"进行理论完善的产物。❶

"程序性权利理论"的预设前提是:在哲学上,继承了康德以来的"人的主体性"哲学理念;所谓的"程序性权利",在权利创设的意义上是指"主体的参与权利",它强调人人参与的理念;它要解决的问题,是权利的意志或利益究竟"是谁的意志或利益"的问题。❷ 为此,彭诚信教授引用了民主的理论,特别是引用了德国学者莱因荷德·齐伯里乌思(Reinhold Zippelius)关于程序正义的名言,即关于程序正义的一个基本共识是"需要对其利益作出决定的每个人应有公平的机会对此表明立场"❸。

彭诚信教授的"程序性权利理论"主要包括六个方面:(1)程序,包括立法程序、司法程序和法律论证程序,这些程序的正当性取决于民主性;(2)法律或权利的强制力,源自产生权利的程序或者说是"所有公民的众益";(3)法律或权利的本质,在于解决谁是真正的统治者,即"一个个独立、自由的人",而非少数几个法官、神职人员或政治大佬;(4)权利的本质

---

❶ 彭诚信:《现代权利理论研究》,法律出版社 2017 年版,第 185、175 页。
❷ 彭诚信:《现代权利理论研究》,法律出版社 2017 年版,第 192 页。
❸ [德]莱因荷德·齐伯里乌思:《法学导论》(第 4 版),金振豹译,中国政法大学出版社 2007 年版,第 57 页。

是正当性（正义），权利的内容是正当利益，权利的规范效力是请求、自由、权力、豁免等；（5）在裁判过程中，既要保障既存权利（规则性质的权利），更要保障"原则性权利"通过裁判的具体化权利；（6）权利的研究不能脱离具体的法律关系，没有法律仅仅创设权利或者仅仅创设义务。❶

关注权利生成的程序正当性，是"程序性权利理论"的突出特点。在《现代权利理论研究》一书中，彭诚信教授是以"新兴权利"现象作为问题切入点的，全书沿着"新兴权利如何生成—意志和利益理论的不足—通过法律规则创制程序的正当性来论证权利生成的正当性"的思路展开。换言之，该理论研究从新兴权利现象着手，但论证过程和结论已经不再局限于"新兴权利是什么"以及"司法裁判如何生成新兴权利"，而是拓展至全部权利创制程序的正当性评价领域。但在该理论中，"权利""法律"概念经常混同，从而演绎出一个包罗万象的权利理论体系。

程序性权利理论对几个命题的承认具有重要的启发意义。一是承认法律权利是一个开放的体系，认为权利是可以不断创设的。因此，"程序性权利理论"实质上是一套关于权利创设或权利生成机制的理论。二是承认程序正义的价值重要性，认为权利创设的程序正当与否是一个关键问题。三是重视裁判机能的发挥，强调既要保障既存权利（规则性的权利），更要保障原则性权利通过裁判的具体化权利。其中，最具启发意义的地方在于，它借助了"参与者"理论，将权利生成的正当性归结为权利生成程序的正当性。

---

❶ 彭诚信：《现代权利理论研究》，法律出版社2017年版，第196-204页。

第三节 "证成性"权利理论的提出

一、"证成性"权利理论的提出背景

在人类社会早期阶段,法律权利的观念尚处于萌发阶段,道德权利、习惯权利与法律权利的界限比较模糊,存在丰富的新兴权利生长的实践。到了17世纪的古典自然法时代,法学家开始建构自然法和自然权利理论。多数自然法学家仍认为:权利应当是一个开放的体系,个人的自然权利不容剥夺,制定法规定的法律权利不是唯一存在的权利形态。

但19世纪以后,随着国家的日渐强大和制定法(判例法)的日渐完善,欧美社会对法律和权利的生成出现了认识分化,将法律和权利视为封闭和僵化的体系的观念十分流行。如孟德斯鸠提出了分权制衡理论,认为创制法律是立法机关的职责,司法权不能僭越立法权。❶概念法学流派崇尚形式理性主义,重视法的安定性,认为法律是一个"毫无漏洞"的体系,全部人类活动都应被解释为法律的"适用"或"违反"。❷在司法理念上崇尚三段论逻辑推理,机械司法的观念十分流行。马克斯·韦伯(Max Weber)将19世纪欧洲大陆流行的司法理念描述为:"现代的法官是自动售货机,投进去的是诉状和诉讼费,吐出来的是判决和从法典上抄下来的理由。"❸法典实证主义者甚至认为,完美的法典一旦完成,法律就完成了进化过程。"1804年法国立法者甚至禁止法官推动法律发展。法律适用者负有遵守法典文义的义务。事实上,法

---

❶ [法]孟德斯鸠:《论法的精神(上册)》,张雁深译,上海商务印书馆2004年版,第187页。
❷ [德]马克斯·韦伯:《法律社会学》,康乐等译,广西师范大学出版社2005年版,第29页。
❸ [美]刘易斯·A.科瑟:《社会学思想名家》,石人译,中国社会科学出版社1990年版,第253页。

官只是'一张嘴,一张陈述法律文义的嘴,等同于没有灵魂的人,其既不能调节法典的强行度也不能调节法典的严格度'。"❶美国哈佛大学法学院首任院长兰德尔(Langdell)也认为,法律在实体上是一张无缝之网,不存在罅隙或重叠;法律制度是一个封闭自足的体系,绝缘于外在的伦理道德及政治生活等要求。❷

与此同时,也存在针锋相对的另一种意见。如美国激进的现实主义者认为,法律规则作用有限,规则并非法律,唯有具体的判决才是法律,判决意见和逻辑推理不过是为了"使判决看上去合理,使判决在法律上看起来是得体的、正确的和不可避免的"❸。法律实证主义者认为,法律规则必然存在漏洞,"如果法庭必须在这些情况下做出决定,他们就必须运用一种有限的'填补性的'创制法律的权力,或者说'是自由裁量权'"❹。利益法学者认为,法官是立法者的助手,当具体的案件事实与法律规范的事实构成不相符时,法官可以厘清案件中的利益冲突,类推适用调整相似利益冲突的法律规范;如果找不到可类推适用的规范,则法官可以根据自己对生活利益的评价作出判决。❺

法学研究是一个通过争鸣积累共识,并在共识的基础上促进知识增长的事业。传统的法律理论或者权利理论大多从实践问题出发,回应时代需求,进而建构各自的理论体系。它们从不同角度阐释权利的本质和来源,但也存在共性的缺点,即尽可能"缩小理论解释现象的范围",同时又无限"扩展理论的适用范围"。❻迄今为止,众说纷纭的权利理论给法官的审判实践造成极大的混乱,有必要聚焦新兴权利的司法生成问题进行理论重塑,提出"证成性"权利理论。

---

❶ [德]罗尔夫·克尼佩尔:《法律与历史——论德国民法典的形成与变迁》,朱岩译,法律出版社2003年版,第160页。
❷ 刘翀:《现实主义法学的批判与建构》,《法律科学(西北政法大学学报)》2009年第5期。
❸ Karl Llewellyn, Some Realism about Realism:Responding to Dean Pound, 44 Havard Law Reciew, 1931, p.1239.
❹ [英]H.L.A.哈特:《法理学与哲学论文集》,支振锋译,法律出版社2005年版,导言。
❺ 邓经超:《法律漏洞填补理论的历史演进:从概念法学到利益法学》,《南海法学》2021年第3期。
❻ 彭诚信:《现代权利理论研究》,法律出版社2017年版,第125–127页。

观察新兴权利的生成实践,可以发现存在两种典型的生成路径。一是立法生成,是指根据社会发展需要,对于在法律文本中尚未作出明确规定的"应有权利""习惯权利",立法机关经由立法程序将其创设或承认为"法定权利"的过程。❶ 二是司法生成,是指根据社会发展需要,对于那些已经产生法律保护需求和必要,但尚未被立法所吸纳的"应有权利""习惯权利",由司法机关以个案判决的方式将其承认为"实在权利"的活动。对于新兴权利"司法生成"和"立法生成"逻辑关系(参见图4),有必要作出如下补充说明。

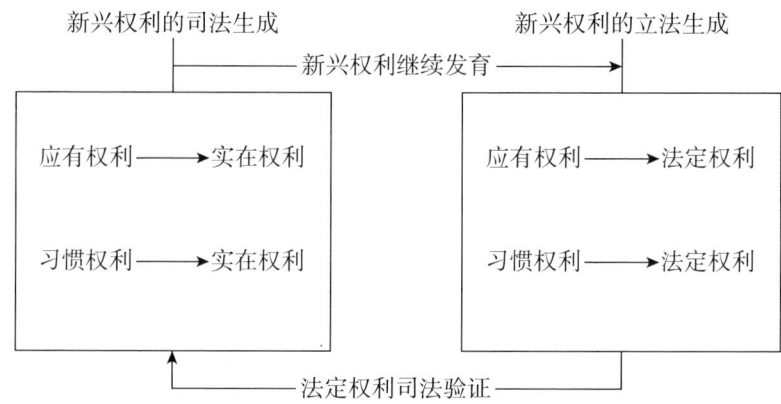

图4 新兴权利的"司法生成"与"立法生成"关系图

注:关于"权利的生成"和"权利的证成",本研究在大多数时候使用这类表达时是可以相互替代的。其中,"权利的生成"是一个为大多数人所使用的表达,用以描述权利的生长、创设、发展过程。而"权利的证成"更加强调特定主体运用特定方法,在特定程序中对创设或承认某一种新兴权利的必要性、正当性、可行性进行争辩和论证的活动。

第一,在生活实践中,当事人发生了利益冲突,一方主张了一项"非法定权利"的新兴权利主张,其是否能得到"司法认可"或"立法认可",是需要证成的。

---

❶ 在这里,没有提到基于政治驱动的经济体制改革中出现的"股权""自然资源使用权"等新兴权利转化的问题,它们既不属于习惯权利,也不属于应有权利,而是政治向私法领域施加影响的产物。有学者认为,公法权利大多是政治过程的输出物,具有权力专断性而无法对之进行纯法学的研(Thomas Grey, Langdell's Orthodoxy, 45 University of Pittsburgh Law Review, 1983, p.34),公权力推动的体制改革中出现的私权利也属于这类范畴,不是私法权利的自然发展的产物,因此在本研究中不作重点分析。

第二，我国不是判例法国家，新兴权利的司法生成并没有逾越立法权，它只是基于个案事实所做的个案判断且裁判效力只局限于司法个案之中，并没有创立法律文本意义上的一般性权利规则。

第三，法院在个案中对于某种"非法定"的当事人权利主张予以支持，等于承认它是一种"实在权利"形态，当事人可以根据法院判决在事实上享受该权益，但从立法文本视角看，它仍然属于非法定的、正在继续发育过程中的、有待立法机关最终决定是否认可的权利形态。从这个意义上说，成长为法定权利才是新兴权利生长的最终目标，司法只是提供一种个案的、临时的保护。

第四，实践中也存在另一种现象，就是法律确认一种"法定权利"之后，在一段时期内，其主体范围、权能空间和客体范围可能处于相对模糊的状态，当事人在各种不同的事实情况下基于"法定权利"提起诉讼不见得能够得到法院判决支持，这体现了"法定权利需要司法验证"的证成性特点。

二、"证成性"权利理论的基本构想

鉴于传统权利理论对新兴权利生成机理聚焦性说明不充分，有必要提出一种新的证成性权利理论。所谓证成性权利理论，是指基于社会发展和利益主体的需求，对于缺乏法律明确依据的、法定权利之外的新兴权利诉求，经过法定的证成活动和程序才能（即能）获得法律保护的一种权利生成过程解释理论。其要解决的关键问题是，将一种社会性利益纳入法律的保护范围之内，是如何正当地实现的。对这一理论的基本构想包括四个方面。

（一）法律权利的本质是一种"受法律保护的利益"

将权利的本质界定为利益，是马克思主义法学的基本观点。马克思曾从多个角度揭示法律与利益的关系。（1）认为人与人之间关系的本质，是利益。马克思认为，人是社会性的动物，"把人和社会连接起来的唯一纽带是天然必然性，是需要和私人利益"❶。他还指出，"人们奋斗所争取的一切，都同他们的利益有关"❷。(2)认为法律是受经济基础决定的上层建筑，法律是统治阶级的意志表达。马克思指出，由统治阶级的"共同利益所决定的这种意志的表现，就是法律"❸。对于这一定义，人们经常将其简化为"法律是统治阶级的意志"，但实际上法律不单纯是"意志"，更重要的是在这种意志背后起决定作用的"利益"，因此全面而正确的理解是"法律是统治阶级的共同利益的意志表达"，或者说"法律的目的是保护利益、法律保护的利益就是权利"。

其他法学流派的法学家也有类似的观点。如美国法学家庞德（Pound）认为，法律的作用就是确认、界定、分配各种利益，"我们主要是通过把我们所称的法律权利赋予主张各种利益的人来保障这些利益的"❹。耶林认为，"每一个权利都可以在'增益其存在'中找到其目的设定与正当化的理由。不是意志，也不是实力，而是利益，构成权利的实体"❺。只不过，马克思主义更加深刻地指出了法律利益的政治性和阶级性，强调法律利益是经由统治阶级的意志认可的利益。

可以形象地说，权利源于利益，利益是"权利之母"；权利是受法律强制力保护的利益，法律是"权利之父"。将法律权利的本质理解为受法律保护的利益，不仅具有妥当性，也符合法律实践。

（二）新兴权利的本质是一种"待证成"的法律利益

新兴权利与法律规定的法定权利一样，在本质上都是一种生活利益；但二者又有区别，"法律权利"是已经明确"受法律保护的利益"，新兴权利则具有"非法定性""过程发育性""待证成性"三个特质，其是否应当或是否适合受到法律的保护，需要经过证成。对于新兴权利的"待证成"特性，可以

---

❶ 《马克思恩格斯全集（第1卷）》，人民出版社1960年版，第439页。
❷ 《马克思恩格斯全集（第1卷）》，人民出版社1960年版，第82页。
❸ 《马克思恩格斯全集（第3卷）》，人民出版社1960年版，第378页。
❹ [美]庞德：《通过法律的社会控制——法律的任务》，沈宗灵、董世忠译，商务印书馆1984年版，第42页。
❺ 吴从周：《概念法学、利益法学与价值法学：探索一部民法方法论的演变史》，中国法制出版社2011年版，第114页。

第二章 权利理论的更新：证成性权利理论的提出

从以下三方面来理解。

第一，新兴权利是正在向着法定权利生长发育的利益形态。基于利益法学的视角，权利的生长发育过程一般呈现如下规律："生活利益—新兴权利—法定权利"。如果将"生活利益"描述为社会生活中原生态的"利益池"，那么，法定权利是统治阶级（或立法机关）认为应当给予明确的法律保护的"一部分利益"。新兴权利则是正在从"生活利益"向着"法定权利"成长发育的利益形态，或称"初熟"的权利。它以人们的利益诉求的表现形式进入了法律的视野，但能否最终成长为法定权利仍需谨慎地证成。

第二，新兴权利是国家以法律调控社会的"漏网之鱼"。新兴权利现象的存在，根源于法律对生活利益的保护出现了漏洞，这种漏洞是不可避免的。一方面，社会生活过于复杂，即便立法机关穷尽智慧把"法网"织得再密，也会"疏而有漏"。另一方面，社会生活不仅无限复杂，而且随着经济发展、科技革新、文化变迁等还在不断变化。而法律是一种经验的产物，法律一经制定，就已经落后于现实。因此，立法机关制定法律只能"尽量预见所能预见的一切，但永远无法做到预见一切"，永远无法涵盖社会生活中无限复杂和不断变化出新的利益需求，当新的利益冲突和正当的利益诉求出现时，就产生了权利证成的必要。

第三，承认新兴权利的证成性是承认法律规则有限性的现实主义态度。在日常生活中容易出现两种极端的认识。一种是法律万能主义，无视法律规则的缺陷和作用的有限性，或者将法律视为"封闭完美的体系"，或者无限夸大法律作为社会治理工具的价值，或者泛化权利观念，动辄主张立法修法试图用"权利、义务"规范一切社会活动。另一种是法律虚无主义，如将"权利""财产权"等法律概念视为"超验的废话"，将制定法中的概念视为"概念杂耍"，❶否定法律对社会的调控作用。现实主义的态度是，调整社会关系的行为规范包括但不限于法律规范，风俗习惯、道德规范、宗教规范等同样发挥着重要作用。在近年来的社会发展中，祭奠权、探望权、隐私权、个人信息

---

❶ Felix Cohen, Transcendental Nonsense and the Functional Approach, 35 Columbia Law Review, 1935, p.809.

权等新兴权利的出现都是在社会情势发生变化，原有习惯规范和道德规范调整作用弱化的情况下，不得不求助于法律规范调整的产物。所以，承认新兴权利的证成性，既是对权利泛化的防范，也是对法律有限性的承认。

（三）新兴权利的证成模式之一：立法证成

新兴权利证成的实质是把一项"生活利益"证成为一项"受法律保护的利益"，证成权归属于具有权威的法律机关，具体包括立法机关和司法机关。分别对应新兴权利的两种证成模式，即立法证成和司法证成。

立法机关通过制定或修改立法的方式创设一种新的"法定权利"，在人民主权的政治伦理中具有当然的政治正当性和法律合法性。在中国，狭义的立法机关专指全国人大及其常委会，广义上还包括根据《立法法》可以制定行政法规、地方性法规、自治条例和单行条例、规章等规范性法律文件的主体。立法机关制定法律文件有特定的权限范围和立法程序，"立法民主"是立法机关创设新的法定权利的实质正当性来源，对此无须赘述。

（四）新兴权利的证成模式之二：司法证成

关于新兴权利的司法证成有一个无法回避的疑问是：法院是否具有证成（创设）新兴权利的"权力"？或者说，法院证成（创设）新兴权利的活动具有正当性吗？

1. 关于"法律漏洞"和"法官造法"的学术论争

在法学史上，围绕法院权力与法律适用的关系产生了经久不息的学术论争。争论的议题，以"法律漏洞是否存在""法律适用""法律解释""漏洞填补""法律续造""法官造法""司法能动""法官自由裁量权"等不同面目出现。

关于司法权与立法权的关系。以孟德斯鸠为代表的思想家，立足于对个人自由的保障、对国家权力滥用防范的基本立场，形成了国家权力分权理论，司法权不得逾越立法权，法官只能根据法律的文义判决。但是，20世纪以后越来越多的学者认为，法官虽不能成为一般意义上的立法者，但迫于司法职

能，他们不得不在个案中对法律进行一定的诠释、整理、铸造，甚至创制。❶

关于法官如何应对法律漏洞。在学术界对法律存在漏洞几乎达成共识的情况下，又产生了法官解决此类问题的方法路径之争。第一种路径，付诸法律解释方法。如拉伦茨（Larenz）区分了法律内（文义解释、历史解释、体系解释和目的解释）和法律外（类推适用、目的性限缩或扩张、价值衡量）两种不同的法律续造方法，前者是对法律漏洞的填补，后者是对法律的超越。❷这种理论，在德国法院的审判实践中有较多的体现。第二种路径，诉诸利益衡量方法。如倡导利益法学的黑克认为，法官在裁判时，首先要看案件中的利益冲突能否适用既有的法律规范；如果不能，法官应当把自己视为"立法者的助手"，根据法律的整体精神对讼争的利益进行衡量，"作出他自己作为立法者时可能建议作出的判决"❸。利益法学的这一观点，在《瑞士民法典》第1条中有明确的体现。❹第三种路径，承认法官的自由裁量权。如法律实证主义者哈特就认为，在法律规则存在漏洞时，法官将获得一种有限的"填补性的"创制法律的权力，或者说是"自由裁量权"。❺第四种是德沃金的观点。让人意外的是，德沃金不承认法律存在漏洞，他认为所有的权利都来自既存的法律，而不是法官造法，"法官永远不需要扮演立法者，即使是案中扮演也不需要"❻，因为法官从法律原则中能找到适用于案件的唯一正确的答案。

2. 经由司法证成的"新兴权利"的性质

新兴权利的司法证成与"法律漏洞、法官造法"是何种关系？如果将新兴权利理解为"非法定权利"，将司法证成的目标理解为法官创设新的"法定权利"，那么，"新兴权利的司法证成"与"法官造法"就是同一问题。如果

---

❶ ［意］莫诺·卡佩莱蒂：《法官造法的权力及其限度》，徐昕、王奕译，载高鸿均主编：《清华法治论衡（第4辑）》，清华大学出版社2004年版，第65页。
❷ ［德］卡尔·拉伦茨：《法学方法论》，陈爱娥译，商务印书馆2003年版，第249页。
❸ ［德］菲利普·黑克：《利益法学》，傅广宇译，商务印书馆2016年版，第29-31页。
❹ 《瑞士民法典》第1条（法律的适用）："凡本法在文字上或解释上有相应规定的任何法律问题，一律适用本法。""如本法无相应规定时，法官应依据惯例；如无惯例时，依据自己作为立法人所提出的规则裁判。"
❺ ［英］H.L.A.哈特：《法理学与哲学论文集》，支振锋译，法律出版社2005年版，导言。
❻ 林立：《法学方法论与德沃金》，中国政法大学出版社2002年版，第46页。

司法证成的新兴权利不是法定权利,那么它是什么性质的权利呢?

从边沁开始,认为"法律即主权者的命令"或者"法律即规则",以及"权利只能来源于法律",成了规范分析实证主义者的基本观点,这是欧洲大陆法典化时代的普遍认知。但自1910年美国法社会学家庞德提出"书本上的法"(law in book)和"实践中的法"(law in action)的区分后,"法律"与"成文法"的绑定关系在学理层面就被动摇了。行为主义法学者明确指出,"法律存在于可以观察到的(法官——笔者注)行为中,而非存在于规则中"❶。由此也可推论存在"纸面上的权利"与"实践中的权利"的划分,或者说存在"立法者写在法律规范中的法定权利"与"法院审判实践中认可的实在权利"之分。

法院和法官不是立法者,通过裁判证成的"新兴权利"在性质上应属于"实在权利"。实在权利,是指主体实际享有和行使的权利。❷ 司法证成的实在权利具有来源多样性,除了"法定权利",还包括"应有权利""习惯权利"和"意定权利"。实在权利与"应有权利""习惯权利""意定权利""法定权利"是相对应的概念,前者描述主体在实践中对某种具体利益实际享有、实际受益的状态,后者描述的是主体根据道德或价值规范、习惯规范、当事人的意思和法律规定对权利的期待可能性。通过司法裁判将"应有权利""习惯权利""意定权利"和"法定权利"证成为"实在权利",属于法院审判权范围内的事。法院和法官通过裁判对当事人(原告)主张的一项"新兴权利"进行证成,并没有侵犯立法机关的立法权,也与"漏洞填补、法官造法"问题无直接的关联。这一判断的根据有两点:(1)法官的裁判文书只对本案当事人有效,是在本案事实和利益请求的基础之上形成的具体判断,对其他法官、其他社会主体和立法者并不具有普遍约束力,因此,法官不是在"造法",也不是在创设具有普遍效力的法律规则以填补"法律漏洞"。(2)本章前文已经表达过这样的观点,即"新兴权利"是非法定的,但应受法律保护的利益,在其被立法机关以立法的形式明确为"法定权利"之前,法院通过审判权克

---

❶ D.Black, The Boundaries of Legal Sociology, The Yale Law Journal, Vol.81, 1972, p.1086.

❷ 张文显:《法哲学范畴研究》,中国政法大学出版社2001年版,第315页。

第二章　权利理论的更新：证成性权利理论的提出

服法律的滞后性，为社会实践催生的正当利益需求提供"临时的"个案保护。如果将来立法明确否定这种"新兴权利"的正当性、合法性，这种临时保护的效力就消失了。如果其他案件遇有与本案相似的情形，本案判决的"法律观点"也对审理其他案件的法官没有强制约束力，其他法官仍然可以基于个案的特殊情况作出其认为合理的判断，这体现了"新兴权利"发育的过程性。正是这种发育的过程性，决定了"新兴权利"不是一种稳定的、典型的和成熟的权利形态，而是需要在个案中证成。

3.法院的新兴权利"证成权"的性质

人民法院是国家审判机关，依照法律规定独立行使审判权。人民法院对新兴权利的"证成权"显然属于"审判权"的范畴，具体涉及的是"法律适用权"，而非"事实认定权"。一个争议性的话题是，法院或法官在审判中是否享有解释法律的权力？

一方面，我国法律对法院和法官的法律适用权作了一些正面规定。根据2018年修改后的《人民法院组织法》第37、33、52条的规定：（1）最高人民法院对"属于审判工作中具体应用法律的问题"有权进行解释，但应当由审判委员会全体会议讨论通过；（2）最高人民法院"发布指导性案例"，可以由审判委员会专业委员会会议讨论通过；（3）各级人民法院的审判委员会，有权讨论决定重大、疑难、复杂案件的法律适用，总结审判工作经验；（4）审理案件的合议庭或者独任法官，对案件的事实认定和法律适用负责，不受非法干涉。

另一方面，我国法律对法院和法官的法律适用权作了一些明确限定。根据我国宪法和政治原则，我国是人民主权国家，全国人民代表大会及其常务委员会代表全国人民的意志和利益行使国家立法权和法律解释权，其他立法主体在法律规定的范围内行使立法权和解释权。法院的宪法定位是"审判机关"，主要职责在于将代表人民利益和意志的法律精准地适用于个案之中。但问题是，法院审理的案件并不都是简单明了的案件，其中必然涉及对法律规范的不同理解、选择适用、进行个案解释的问题。卡多佐根据毕生的审判经验，将诉讼案件按法律适用疑难程度分为三类：一是简单案件（事实清楚，法律规定明了），法官直接适用法律即可；二是复杂案件（事实清楚，但存在多种法律规范适用的可能性），法官需要解释、甄别和选择法律规范；三是疑难案件（事实清楚，但无明确的可适用规范），法官需要借助于一些方法才能作出公正裁判。❶

在复杂和疑难案件中，审理案件的合议庭或者独任法官对案件的法律适用负责，必然包含其对法律条文的理解与解释问题。换言之，审判法官不是"自动售货机"，不是只能"机械司法"。只不过，审判法官在个案审判中对法律的理解和解释，不能逾越以下界限：（1）法官只能结合本案问题讨论对法律规范的理解，但法官不具有对宪法、法律和地方性法规作出具有一般性效力的解释的权力；（2）法官只能结合本案选择可适用的法律，不能对法律之间的冲突作出一般性评价，如果审理案件中确实需要则应按《立法法》的规定报请有权机关裁决；（3）法官应将自己视为"立法者的助手"，在进行规范解释时像立法者一样进行推理和思考，对当事人双方的利益诉求冲突及其可能对现有权利观念和权利体系的冲击进行谨慎、周全的考量，而不得单纯地付诸个人的好恶、经验和观点，进行无节制的裁量解释。

三、关于新兴权利司法证成的几个追问

前文讨论解决了新兴权利诉权保障的几个前提性问题，即新兴权利的本质是"有待证成"的法律利益；新兴权利的证成模式分为"立法证成"和"司法证成"两种模式；司法证成的新兴权利在性质上是"实在权利"而非"法定权利"；法院的司法证成权属于审判权的一部分，它包含法官在个案中对法律规范进行解释的必要性。在此基础上，仍有几个问题需要追问。

（一）司法机关能否拒绝受理"新兴权利"诉讼案件

这是新兴权利诉权保障的核心问题。这一问题的理论形态是民事诉权

---

❶ ［美］本杰明·卡多佐：《司法过程的性质》，苏力译，商务印书馆2007年版，第103-104页。

理论，实践形态则是法定的起诉条件和法院作出的不予受理裁定，所要解决的问题即"诉的合法提起"问题。关于法院裁定不予受理的理由，传统诉讼法理论认为主要有三大理由：（1）不能满足法定的起诉积极条件；（2）具有不得起诉的消极情形；（3）对于新兴权利诉讼而言，还有可能因起诉请求依据的不是法定权利而裁定不予受理的情形。如果诉请利益是明确为法律所禁止的利益，则法院理应不予受理。关键的问题是，在诉请利益是否受法律调整处于模糊状态时，法院能否裁定不予受理？

以"祭奠权"为例，在中国裁判文书网以"祭奠权""不予受理"为检索词，截至2023年8月1日，可以检索到9个典型案例（见表1）。其中，有2个案件法院以"重复起诉"为由，裁定不予受理。有3个案件法院以"起诉主体不适格"或"无明确的诉讼请求，没有事实依据"为由，裁定不予受理。有4个案件比较典型，法院均以"起诉并非人民法院受理民事诉讼的范围"为由裁定不予受理。在这4个典型案例中，均涉及原告诉请的"祭奠利益"是风俗习惯、道德规范调整的范围，还是属于法律调整的范围？如果由法院独断性判断，不向当事人敞开司法大门，不为原告提供辩论的程序保障，这是否涉及侵害人的诉权呢？由于这4起案件分别发生在2014、2015、2017和2019年，且占检索到的"祭奠权"案件不予受理总数的44%，彰显了对新兴权利民事诉权保障问题进行深入研究的价值。

表1 法院对祭奠权诉讼裁定不予受理的典型案例

序号	裁判文书号	起诉人利益诉求	一审法院不予受理的理由	二审法院的裁判态度
1	福建省福州市晋安区人民法院（2014）晋民初字第2935号民事裁定书	诉请判令被告向其交付父亲20寸遗像及火化证、骨灰寄存证复印件	诉请内容不属于民事诉讼调整的平等民事主体之间的财产关系或人身关系	福建省福州市中级人民法院（2014）榕民终字第3772号民事裁定书：诉请不属于民事诉讼调整的平等民事主体之间的财产关系或人身关系，维持原裁定

续表

序号	裁判文书号	起诉人利益诉求	一审法院不予受理的理由	二审法院的裁判态度
2	山东省济南市槐荫区人民法院（2015）槐民初字第1283号民事裁定书	原告系长子，因弟妹办理父亲葬礼未通知其参加，在墓碑上亦未刻原告及其家人的名字，诉请赔礼道歉并赔偿精神抚慰金	按照长幼有序的传统观念，被告遵从母亲的意愿办理丧葬事宜、不通知原告，有合理性。判决驳回原告诉讼请求	山东省济南市中级人民法院（2016）鲁01民终800号民事裁定书：原告主张的事项为社会风俗及习惯、道德规范所调整，而不应由法律规范进行调整，起诉并非人民法院受理民事诉讼的范围。裁定撤销原判，驳回起诉
3	河北省保定市莲池区人民法院（2017）冀0606民初4621号民事裁定书	诉请责令被起诉人停止侵害起诉人对父亲的祭奠权，赔偿精神损失3万元	无明确的诉讼请求，没有事实依据，裁定不予受理	河北省保定市中级人民法院（2017）冀06民终6868号民事裁定书：符合起诉条件，指令原审法院受理
4	四川省南充市顺庆区人民法院（2017）川1302民初4955号民事裁定书	诉请判令被告将母亲的骨灰从殡仪馆领回，由原、被告回乡安葬	起诉是基于子女之间就母亲的安葬地点、安葬方式发生的争议，不属于法院受理民事诉讼的范围	四川省南充市中级人民法院（2017）川13民终3369号民事裁定书：骨灰安置权在法律意义上是人格权，属于祭奠权的内容，是死者人身权益的延续，指令原审法院受理
5	上海市静安区人民法院（2019）沪0106民初22598号民事裁定书	诉请被起诉人交付父亲的骨灰盒寄存凭证，以便向殡仪馆提取骨灰盒进行安葬	对于死者骨灰盒寄存凭证的权属问题，法律无明确规定，起诉不属于法院受理民事诉讼的范围	上海市第二中级人民法院（2019）沪02民终6342号民事裁定书：虽然法律没有明确规定"祭奠权"，但诉请将父亲入土为安的孝道符合公序良俗，指令原审法院受理
6	广西壮族自治区来宾市象州县人民法院（2020）桂1322民初530号民事裁定书	因被告将原告父亲坟墓夷为平地，起诉人请求判令赔偿经济损失、精神损失	无证据证明坟主的身份及其与起诉人之间的身份关系，诉讼主体不适格	未上诉

续表

序号	裁判文书号	起诉人利益诉求	一审法院不予受理的理由	二审法院的裁判态度
7	广西壮族自治区来宾市象州县人民法院（2020）桂1322民初529号民事裁定书	因被告将原告祖母坟墓夷为平地，起诉人请求判令赔偿经济损失、精神损失	无证据证明坟主的身份及其与起诉人之间的身份关系，诉讼主体不适格	未上诉
8	北京市大兴区人民法院（2022）京0115民初19468号民事裁定书	因兄、姐未告知母亲去世的消息，妹妹先提起继承诉讼，现以侵犯祭奠权为由，起诉索赔精神损害赔偿	构成重复起诉，驳回起诉	北京市第二中级人民法院（2023）京02民终1971号民事裁定书：构成重复起诉，维持原裁定
9	北京市朝阳区人民法院（2019）京0105民初75961号民事裁定书	顾某去世后，其亲生女儿先以顾某养女李某侵害继承权为由起诉，现以维护祭奠权为由起诉索赔精神赔偿	构成重复起诉，驳回起诉	北京市第三中级人民法院（2021）京03民终2445号民事裁定书：构成重复起诉，维持原裁定

（二）司法机关如何"过滤"不必要的新兴权利案件

第二个值得追问的问题是：当事人以新兴权利向法院起诉，实质上是在缺乏法律明确依据的情况下，意图要求法院将"生活利益"证成"受保护的法律利益"。这类案件存在两种可能性：一种是有较大的证成可能性，一种是证成的可能性非常渺茫。此类诉讼程序中需不需要建立一种程序过滤机制？

对此应辩证分析：一方面，诉权不同于一般的诉讼具体权利，它是关系着司法大门能否向公民开启的重大问题，是法治社会公民寻求公权力救济的最后渠道。因此，敞开司法大门，确立较为宽松的"立案条件"和较低的"立案门槛"，对于公民的诉权保障来说至关重要。但另一方面，如果案件都不经程序过滤，即便司法证成可能性非常渺茫的案件也能直接推进到开庭审理（实质审理阶段），这又会徒增司法负担，对对方当事人也不公平。《法国民事诉讼法典》第31条规定："反对请求受到支持或者被驳回具有合法利益的人，诉权均向其敞开。"法国学者认为，"法院的使命，不是提供纯理论的咨询意见，也不是辩论学术问题"❶。这意味着，如果诉讼不能给起诉人带来合法的"益处"，可以不经实体审理即不予受理或者驳回。

程序过滤机制是必要的，它在法院受理案件之后、实体审理之前，但由法官独断处理是否合理？是否需要保障原告、被告及其代理人的程序参与权？无论是从参与者理论，还是证成性权利理论来看，对新兴权利的证成虽然是司法机关的职权，但其他参与者的参与也决定了新兴权利证成的正当性。如何构建这种新兴权利诉讼案件的程序过滤机制，需要全面地思考、审慎地建构。

（三）新兴权利的司法证成会不会导致"权利泛化"

第三个值得追问的问题是：新兴权利的司法证成会不会导致权利泛化？20世纪以来，权利话语的兴起不是中国独有的现象，而是一个世界范围内的普遍现象。正如澳大利亚学者坎贝尔（Campbell）指出的那样，"权利话语在政治、法律及道德领域中广受欢迎。各种与社会生活和政治生活有关的立场、意见、主张、批评或抱负，几乎都用'权利'一词来加以表达和确认"❷。有的学者认为，要警惕权利泛化的问题，新兴权利的过度认可可能会破坏权利的稳定结构，造成国家与社会、权利与道德等各方面的冲突。❸但也有学者认为，权利泛化是一个伪命题，权利泛化恰恰反映了权利的一种生长机制。❹

如果将法律和权利体系视为一个"封闭完美的体系""停止进化的体系"，确实能够保障法律的稳定性、可预期性，不会再产生任何"法定权利"之外的新的权利，也不会滋生所谓的"权利泛化"的担忧。但这是任何理性的人都无法接受的，也不符合法律和权利发展的历史经验和规律。随着社会的发展，一部分权利会"死亡"，一部分权利的内涵会"变动"，一部分法定权利

---

❶ ［法］洛伊克·卡迪耶：《法国民事司法法》，杨艺宁译，中国政法大学出版社2004年版，第299页。
❷ Tom Campbell, Rights: A Critical Introduction, London: Routledge, 2006, p.3.
❸ 陈林林：《反思中国法治进程中的权利泛化》，《法学研究》2014年第1期。
❹ 参见王荣余：《"权利泛化"是一个伪命题》，《重庆工商大学学报（社会科学版）》2021年第4期；汪太贤：《权利泛化与现代人的权利生存》，《法学研究》2014年第1期。

之外的"新兴权利"会崛起，这是权利发展史的真实写照。通过法院的审判权证成新兴权利，与通过立法机关修订法律增设新的权利类型，在本质上都是一样的，都是合理的权利生长机制。在通过司法证成新兴权利时，法官应将自己视为"立法者的助手"，站在立法者的立场看待变动不居的社会发展需求，在保障一国既有的权利观念、权利规范、权利理论体系不致遭受根本性破坏的前提下发展权利。

第三章　诉权理论的重塑：基于新兴权利诉权保障的观察

在诉权理论发展过程中各种学说的演绎逻辑差异极大，学者们甚至对"什么是诉权"这样的基础问题都难以达成共识，一度陷入了理论越宏大、实践中越无用的"屠龙术"困境。诉权理论的发展方向在于诉权的具体化。本章通过考察新兴权利诉讼的特殊性，澄清新兴权利的诉权存在要件（诉讼利益、诉讼资格和审判权范围），以此强化对新兴权利诉权的保障。

第一节　诉权理论"屠龙术"困境及其化解

一、民事诉权理论的差异化逻辑

我国学者对诉权理论的讨论受到德、日诉权理论影响较大，通常遵循"罗马actio—私法诉权说—公法诉权说—宪法诉权说—人权诉权说"的历史逻辑，容易忽视不同国家诉权理论的差异化。重新审视不同国家的不同诉权学说的理论逻辑，有助于厘清诉权的理论价值。

第三章 诉权理论的重塑：基于新兴权利诉权保障的观察

（一）"公民 – 国家"视角的诉权理论逻辑

从"公民 – 国家"之间的公法关系视角讨论诉权问题，意在强调公民对诉权的享有和国家对诉权的保障义务，这种观点在法国、德国和日本均有体现。

法国是最早从"公民 – 国家"权利义务关系视角看待诉权理论的国家，并以成文法予以确认。其中，1804年《法国民法典》不仅是一部民事法典，也兼有宪法和诉讼法规范，其明确宣示了"法官不得拒绝裁判义务"❶。1806年的《法国民事诉讼法典》第30条，首次对诉权作了明确的法律界定。❷ 法国学者一般认为，诉权在性质上是公民的"获得听审权"，对应的是司法机关（法官）的义务；诉权不同于民事权利且独立于民事权利，因为在实践中"存在无权利的诉权，或者无诉权的权利"现象。❸ 法国式的诉权理论的形成，主要受到以下因素的影响。其一，启蒙思想家的社会契约论。根据社会契约论，为了避免自然状态下的无序和伤害，人们通过达成一项社会契约来组建一个"共同体"（政府），并把一部分个人的自然权利（包括私力救济的权利）让渡给政府。❹ 既然人们放弃了私力救济的权利，政府（法院）就要负担起（包括以司法的方式）保护人民权利的义务。其二，民众对法官的严重不信任。1789年法国大革命爆发的原因之一就是人们对腐败和特权的封建制司法行政制度严重不满，❺ 因此，革命胜利后制定的法律倾向于对法官权力施加严格限制。其三，虽然法国民法典制定在先，但法国民事诉讼法并没有将诉权与民法权利进行关联。早在法国民法典编纂过程中，立法者对成文法典的局限性

---

❶ 《法国民法典》第4条规定："法官借口法律无规定、规定不明确或不完备而拒绝裁判者，得以拒绝裁判罪追诉之。"
❷ 《法国民事诉讼法典》第30条规定："对于提出某项请求的人，诉权是指其对该项请求之实体的意见陈述能为法官所听取，以便法官裁判该请求是否有依据的权利。""对于他方当事人，诉权是指辩论此项请求是否有依据的权利。"
❸ ［法］洛伊克·卡迪耶：《法国民事司法法》，杨艺宁译，中国政法大学出版社2004年版，第279—281页。
❹ ［法］卢梭：《社会契约论》，何兆武译，商务印书馆1980年版，第23页。
❺ Peter E. Herzog & Mathar Weser, Civil Procedure in France, The Hague: Mirtinus Nijhoff, 1967, p.47.

就已经有了清醒的认识，认为对"法定权利"以外的利益也应该提供诉权保护。被称为"法国民法典之父"的波塔利斯（Portalis）曾说，"那些没有纳入合理立法范围内的异常少见的和特殊的案件，那些立法者没有时间去处理的太过于变化多样、太易引起争议的细节及即使是努力预见也于事无益，或者轻率预见则不无危险的一切问题，我们应留一些空隙让经验去陆续填补"❶。

在德国，直到19世纪70年代才出现类似的公法诉权说。19世纪以后，德国"法治国"（Rechtsstaat）思想兴起，公法学者十分重视国家与公民之间公法上权利义务关系的构建，民事诉讼理论相应地出现了与私法（民法）理论分离的趋势，诉权与民事权利的分离也就顺理成章了。从时代背景看，这与当时的人们对普鲁士法院蛮横剥夺公民诉权的历史反思直接相关。❷在德国、日本，公法诉权说又衍生出了"抽象诉权说"（认为诉权是起诉权）、"具体诉权说"（认为诉权是获得胜诉判决的权利保护请求权）、"本案判决请求权说"（认为诉权是请求法院解决本案纠纷的请求权）、"司法行为请求权说"（认为诉权是请求法院根据实体法和诉讼法实施司法行为的请求权）等分支学说。总体来看，德国和日本的公法诉权说的基本观点是诉权不（完全）依赖于民事权利而（相对）独立地存在，法院不得非法拒绝原告的起诉。

（二）"权利 – 救济"视角的诉权理论逻辑

从"权利 – 救济"的视角看待诉权，在德国表现为"私法诉权说"，在英美法系表现为"救济先于权利"的程序救济理念。它们都认为，诉权与（实体）权利密切相关，诉权是为救济实体权利而生的程序权利。

在德国，私法诉权说流行于19世纪中期公法理论尚未兴起的德国普通法时代，它源于罗马法上的"诉"的制度，但却是对"诉"的制度进行颠覆性改造的结果。在罗马法上，提起诉讼尚不被视为一项法律意义上权利，因为进行诉讼受到严格的"诉"的形式的限制；而且奉行"有诉才有救济"的理

---

❶ ［德］K.茨威格特、H.克茨：《比较法总论》，潘汉典等译，贵州人民出版社1992年版，第168页。

❷ 江伟、邵明、陈刚：《民事诉权研究》，法律出版社2002年版，第13页。

念,即通过诉讼生成实体权利、程序先于实体。萨维尼对罗马法上的"诉"的制度进行了初步改造,他在《现代罗马法体系》一书中认为现代罗马法是一个实体的私法体系和"权利自足体系",国家对权利受害之人必须提供诉权保护,但诉权不是实体权利之外的东西,而只是实体权利的一项救济性权能。❶ 温德雪德(Windscheid)对罗马法上"诉造就了权利"的逻辑不满意,进而对罗马法上的"诉"的制度进行了根本性的改造。他一方面创造了一个纯粹的实体"请求权"概念,认为请求权是"法律上有权提出的请求";另一方面认为,在法庭起诉的权利或曰诉权不是实体请求权本身,而是请求权的"影子"。❷ 换言之,每一项实体权利都有一项救济性的权能即请求权,基于这种请求权可以向他人要求为或者不为一定的行为,这完全是实体法领域内权利人自主的事、与诉讼无关;但当这种请求权不能得到满足时,为对这种请求权的实现提供法律救济,就派生了向法庭起诉的"诉权"。这完全颠覆了罗马法上"诉"的逻辑,即由罗马法上"先有诉权、由诉讼生成实体权利"的逻辑,被德国民法学家改造成了"先有实体权利、诉权为救济实体权利而生"的逻辑。

英美法系有没有诉权理论呢?考察英国普通法的发展历程可知,早期民众并不享有针对国王(或法官)的"诉权",允许公民提起诉讼被视为国王施予的恩惠和慈悲。在英美法上有一句古老的格言即"有权利,就有救济",这是否表明英美法系国家存在诉权理论呢?对此,英美学者认为这句格言并不正确,因为法院对有些权利并不提供救济。❸ 而且,英美法中"救济"一词直到19世纪末其含义并不十分清晰,可以指普通法诉讼中的"诉讼形式",也可以指与某一令状对应的"救济措施/责任承担方式"。在令状制度下,"有权利就有救济"这一格言更多是对英国司法的美化和矫饰,其真实

---

❶ 参见陈刚:《萨维尼实质诉讼法理论及其现实意义》,《法律科学》2016年第6期;江伟、邵明、陈刚:《民事诉权研究》,法律出版社2002年版,第7—8页。

❷ 参见金可可:《论温德沙伊德的请求权概念》,《比较法研究》2005年第3期;江伟、邵明、陈刚:《民事诉权研究》,法律出版社2002年版,第8页。

❸ 例如,马歇尔大法官在马伯里诉麦迪逊(Marbury v. Madison)(1803年)案中,法官在判决中确认马伯里有权获得被任命的职位,但却拒绝为他提供救济。See Douglas Laycock, How Remedies Became a Field: A History, 27 Review Litigation, 2008, p.168.

逻辑是"救济先于权利"或者"无令状则无权利",其实质是通过令状(及其载明的救济措施)对公民的诉权进行限制,❶这也是梅因说英美"实体法成长于诉讼程序的缝隙之中"❷的真正原因。后来,随着英国和美国相继合并了普通法院和衡平法院,并以统一的诉讼程序替代传统的令状制度,"救济"一词的含义才逐渐清晰。据考证,直到1876年才有英美学者第一次使用"救济权"这个词,并将其描述为"一个受害人用以弥补其损失的某一种或多种最终手段,或获得这些手段的权利"❸。1887年哈佛大学法学院院长兰代尔(Langdell)进一步澄清道,"'救济'一词可以指借以保护权利的诉讼,也可以指通过诉讼提供的救济方式"❹。时至今日,英美法上仍然缺乏明确的"诉权"概念,只有"救济权"概念。不过,在美国不少州的宪法中都存在这样一个条款,即"每个人就其人身、财产或人格所受到的一切伤害或冤屈,都有权获得法律上的救济"❺。在英美的法律体系和法学院课程体系中,也普遍存在"民事救济法"或"司法救济法",其定位是实体法与程序法的混合法或者中间法。❻综上可见,英美法上的"救济"概念兼有"实体法意义上的权利救济措施"和"通过诉讼获得这种救济措施"的双重意蕴,这与19世纪中期德国私权保护说下的"实体法上的请求权"及其派生的"保护请求权的诉权"的理论逻辑具有较大的相似性。

---

❶ 有学者指出:"在令状体制下,若欲求得法院之救济,则原告有义务选择适当之诉讼方式。否则,王室法院将不给予任何救济,如诉讼方式选择不当,则无救济可言。甚至不许再行起诉。"参见杨桢:《英美契约法论》,北京大学出版社1997年版,第360–361页。
❷ 参见郑云瑞:《英国普通法的令状制度》,《中外法学》1992年第6期。
❸ He said:"Remedial rights, or rights of remedy, are rights which an injured person has to avail himself of some one or more of these final means, or to obtain some one or more of these final equivalents."See John Norton Pomeroy, Remedies and Remedial Rights by the Civil Action, According to the Reformed American Procedure §1, 1876.p.1.
❹ Christopher C. Langdell, A Brief Survey of Equity Jurisdiction, 1 Harv. L. Rev., 1887, p.111.
❺ It's usually said, "Every person is entitled to a certain remedy in the law for all injuries or wrongs he may receive in his person, property or character …" See Douglas Laycock, How Remedies Became a Field: A History, 27 Review Litigation, 2008, p.168.
❻ Douglas Laycock, How Remedies Became a Field: A History, 27 Review Litigation, 2008, pp.179, 186, 198, 266.

第三章 诉权理论的重塑：基于新兴权利诉权保障的观察

（三）"宪法－人权"视角的诉权理论逻辑

第二次世界大战以后，出于对残酷的战争对人类伤害的反思，在联合国主持下形成了一系列的人权国际公约，拉开了从人权和宪法基本权利视角看待诉权理论的帷幕。1948年12月，联合国大会通过的《世界人权宣言》第8条规定："人人于其宪法或法律赋予的基本权利受侵害时，有权请求有管辖权的法院提供有效的救济。"1966年颁布的《公民权利和政治权利国际公约》第14条规定，任何人"因其权利义务涉讼须予判定时，有权受独立无私之法定管辖法庭公正公开的审问"。1950年《欧洲人权公约》第6条规定，"任何人，当判定其民事上权利义务或刑事责任之际，均有受独立而公平的法院为公正且公开的审判之权利"；这一公约不仅将"公正审判权"宣示为一项人权，而且建立了"一种超国家性的司法审查机制……允许个人直接向欧洲人权委员会提出诉讼"❶。

在此前后，一些国家陆续修改宪法，将诉权确认为本国人民的宪法基本权利。❷有人认为，日本学者斋腾秀夫是"宪法诉权说"的倡导者，他在1982年出版的《民事诉讼法概论》中主张将《日本宪法》第32条规定的"公民接受裁判权"与诉权理论结合起来，赋予了诉权新的内涵。❸但早在1971年于意大利的佛罗伦萨举行的国际法律科学协会大会上，意大利学者卡佩莱蒂（Cappelletti）就作了"民事诉讼中诉诸司法救济：宪法化、国际化和社会化潮流之比较"的总报告，讨论了当事人"诉诸司法救济"的权利宪法化、国际化问题。❹经由卡佩莱蒂的倡导，欧美国家从20世纪70年代起掀起了一场

---

❶ ［意］莫诺·卡佩莱蒂等．《当事人基本程序保障权与未来的民事诉讼》，徐昕译，法律出版社2000年版，第21页。

❷ 1946年11月公布的在麦克阿瑟（MacArthur）主导下修订的《日本宪法》第32条规定："不得剥夺任何人在法院接受裁判的权利。"1946年《意大利宪法》第24条规定："全体公民都有权自由地向法院提起诉讼。"1948年12月《德意志人民基本权利法》第19条第4款规定："如权利遭受公共机构侵犯，任何人有权向法院提起诉讼。"该法第103条第1款规定："任何人有请求法院裁判的权利。"

❸ 江伟、邵明、陈刚：《民事诉权研究》，法律出版社2002年版，第29页。

❹ ［意］莫诺·卡佩莱蒂：《比较法视野中的司法程序》，徐昕、王奕译，清华大学出版社2005年版，第293页。

名为"接近正义"的民事司法改革运动,大大强化了诉权保障的理念和措施。

也有美国学者认为,1868年《美国联邦宪法》第14条修正案关于正当程序、平等保护的条款中已经蕴含了诉权或司法救济权的宪法保障,"平等保护也不光是说权利遭到侵犯可以得到救济,它还意味着这种救济不能被限制性地否决"[1]。但仅就该条的文义看,无法得出这样的结论。正当程序是受理案件后的程序运行问题,平等保护也只是强调对每个人的诉讼权利不能差别对待,而不包含公民享有"诉权"或法院负有"受理、裁判义务"的内涵,[2]即便如此理解也只是一种扩张性推演的结果。

二、民事诉权理论的困境及其脱困路径

(一)诉权理论的困境

受苏联诉权理论的影响,我国传统教科书继受了"二元诉权说",认为诉权包括程序意义上的起诉权和实体意义上的胜诉权。[3]从1983年起,我国学术界围绕诉权二元说的合理性、诉权与民事权利的关系、诉权与诉讼权利的关系、诉权与审判权的关系、诉权的宪法化人权化等议题长期争论不休,出现了诉权理论争论热火朝天、诉权理论向制度和实践转化效果甚微的反差。具体来说,当前我国诉权理论面临三大困境。

1.诉权的内涵泛化

我国学者经常脱离诉权"具有开启司法程序功能的起诉权"这一核心议题,有意地或者不经意地给诉权附加了过多内涵,导致诉权内涵泛化。比如,关于诉权的主体,有的学者认为它不仅为原告所享有(起诉权),还为被告所享有(答辩权);关于诉权的内容,有的学者认为它不仅包含程序意义(起

---

[1] Louis Henkin, Albert J.Rosenthal, Constitutionalism and Rights: The Influence of the United Constitution Abroad, Columbia University Press, 1990, p.189.
[2] 在《美国联邦宪法》第3条中,只解决了"司法权归谁享有"和"法院管辖的案件范围"的问题,并没有关于公民诉权保障的明确规定。
[3] 柴发邦等:《民事诉讼法通论》,法律出版社1982年版,第195页。

诉权），还包括实体意义（胜诉权）；关于诉权与诉讼权利的关系，有的学者认为诉权不仅包括起诉权，还包括应诉权、反诉权、上诉权、再审请求权等，即凡属于启动和参加诉讼程序的权利都可以称为诉权；有的学者认为，当事人的"诉权"与法院的"审判权"是相对应的概念，当事人开始、推进、终止诉讼程序的各种权利都可称为诉权。

一般认为，概念越抽象、含义越宽泛，越具有通用性，但它的理论解释力也就越弱化。法国民事诉讼法规定诉权是原告、被告都享有的权利。但法国学者批评道，诉权的"双边化"看似符合逻辑、贯彻了当事人平等原则，但认为被告也享有诉权的观点却是值得商榷的：（1）对于被告而言，根本不需要借助于诉权理论来论证其拥有抗辩权，"尊重抗辩权"就足以提供合理的解释了；（2）缺乏诉权的后果是"不予受理"，这对被告来说根本不存在适用的空间；（3）过度追求理论的系统化，"对诉权的法定定义来看有人为之嫌"❶。同样道理，如果认为诉权是当事人所有的诉讼权利或者部分关键性诉讼权利的"概称"，则作为具体权利意义上的诉权也就失去了存在价值，诉权理论也就失去了问题聚焦，必然会导致诉权理论的混乱和实践中无用的现象。其实，诉权理论研究是以"人们为何可以起诉"和"法院为何不得拒绝受理起诉"为逻辑起点的，它应当是一项具体权利。当人们研究"当事人的诉讼权利包括哪些种类"，或者研究"当事人诉讼权与法院审判权的关系"，或者"原告为什么可以胜诉"，或者"被告为什么可以答辩"等问题时，完全可以借助其他理论或者其他概念来表达，而不必以牺牲"诉权"的科学内涵为代价。

2. 诉权的功能异化

诉权的功能决定着诉权的理论形态。一种广为流传的观点认为，诉权是为保护私权而生。基于这种功能性认识产生了两种代表性观点：一是诉权的私权保护说，认为诉权就是私权的一部分或者是请求权的诉讼影像；二是诉权的二元说，将"胜诉权"纳入诉权的含义之中。

---

❶ ［法］洛伊克·卡迪耶：《法国民事司法法》，杨艺宁译，中国政法大学出版社2004年版，第282页。

这类观点是"私法（私权）中心主义"思维方式的产物。它有两个不能成立的前提性假定：一是假定"原告有权利、权利受到侵害"，通过诉权理论来解释为什么要为其提供司法救济；二是假定"原告主张了一项法定实体权利"，以此来解释他为什么可以胜诉。从证成性权利理论看前述假定是不成立的：第一，原告不一定是权利的实际享有者，充其量是权利的主张者，私权保护诉权说不能解释原本无权利者也能享有诉权的现象（如"恶人先告状"），更不能解释原本有权利者在实践中败诉的现象。第二，原告主张的不一定是法定权利，也有可能是非法定的、有待证成的利益。特别是，实践中存在原告将法定权利按新兴权利主张的情形，如误将"健康权"按"亲吻权"加以主张❶；或者反之，将"胚胎权"按"继承权"加以主张❷。也就是说，诉权不见得是为了保护法定的民事权利。第三，在权利发生争议的情况下，诉讼的本质是通过法院的判决来证成原告主张的权利是否存在，而不是认为通过法院判决保护哪一方既存的权利。

笔者认为，诉权的基本功能应当是开启司法救济的大门，需要从公法关系明确原告的诉权和法院的受理义务。从逻辑上看，实体权利不是在诉讼之前就已经被假定存在的，而是需要通过诉讼来证成或验证的。谷口安平曾指出："通过判决来确认判决之前就已经存在的权利的想法其实并不正确，倒不如说权利是由判决创造出来的更符合逻辑"，或者说，"权利存在与否，并不仅仅在实体法这一层次上，而应该说主要是在诉讼法的层次中决定的"。❸ 只不过，谷口安平使用的表达是"判决创造了权利"，而笔者更倾向于是"通过判决来证成权利"。诉讼的结果可能是原告的主张不能被证成（原告败诉），也可能是证成了原告的一项法定权利主张存在，或者是证成了原告的一项新兴权利主张应受法律保护。

---

❶ 参见关切：《维权还是做秀，全国首例"亲吻权"索赔引争议》，https://news.sina.com.cn/s/2001-11-26/406722.html，2025年1月10日访问。

❷ 参见江苏省无锡市中级人民法院〔2014〕锡民终字第01235号判决书。

❸ 〔日〕谷口安平：《程序的正义与诉讼》，王亚新、刘荣军译，中国政法大学出版社2002年版，第66-67页。

3. 诉权的性质抽象化

诉权到底是一项什么性质的权利？如果认为诉权是一项具体权利，则它显然是一项诉讼法上的程序权利，能产生诉讼法上的效果，对应的是法院的受理义务。从理论与实践的互动关系看，如果一种诉权学说不能解决或者不是为了解决"法院受理或立案"的问题，那么这种学说的实践价值就要打折扣。

自20世纪50年代以来，诉权的宪法化、人权化、国际化讨论越来越热烈，我国学术界大约自1995年开始讨论诉权的人权属性问题。❶2002年，有宪法学者主张诉权是现代法治社会第一制度性权利，"诉权对抗的是国家权力，是一种宪法性的权利"。❷2004年"国家尊重和保障人权"条款入宪之后，又引发了诉权保障条款入宪的讨论，以及对诉权的人权属性和宪法基本权利属性的争论。❸

笔者认为，任何一种理论研究的态势，都是为了解决特定问题。诉权的人权化、宪法化的真正意义，除了作为一种宣示意义存在之外可能有两个应用价值，一是像《欧洲人权公约》那样建立一种超国家的诉讼机制，即公民起诉国家机制；二是建立宪法诉讼或者合宪性审查机制。如果不能在这些方向进行实践性突破，抽象化的研究就很难产生实践价值。在类比的意义上，"诉权"与生命权具有相似性，它首先是一项具体的诉讼权利，也是最为重要的诉讼权利；如果不能开启诉讼程序，当事人的其他诉讼权利也就不会产生，就此而言，将诉讼法上的诉权和民法上的生命权视为一项人权和宪法基本权利也未尝不可。但是，诉权的基本属性还是应当回归到一种具体诉讼权利的定位上。

---

❶ 杨荣新：《当前民事诉讼法理论与实践的几个重要问题——中国法学会诉讼法学研究会1995年年会综述之二》，《政法论坛》1996年第1期。

❷ 莫纪宏、张毓华：《诉权是现代法治社会第一制度性权利》，《法学杂志》2002年第4期。

❸ 参见汤维建：《诉权入宪与诉权的"四化"趋势》，《团结》2008年第5期；刘敏：《诉权保障研究——宪法与民事诉讼法视角的考察》，中国人民公安大学出版社2014年版；吴英姿：《论诉权的人权属性——以历史演进为视角》，《中国社会科学》2015年第6期。

（二）诉权的具体化

诉权理论研究应当聚焦其所具有的"开启诉讼程序、获得司法保护"的核心功能，为冗余的诉权内涵"减负"，如同"生命权"在民法领域是一项具体的、关键的和基础性的民事权利一样，"诉权"应当是诉讼法上一项具体的、关键的和基础性的权利。

1.诉权含义的具体化

诉权，是指国民诉诸法院，请求法院运用审判权对其主张的利益依法进行审理和裁判的权利。简言之，诉权就是诉诸法院的权利，是司法保护请求权或者说就是起诉权。

对于诉权，首先应将它置于人民与国家（法院）之间的公法关系之中来看待。诉权与法院的义务对应，与诉权对应的正是法院开启审判程序、通过审判保护人民权益的义务。从更宏观的视角看，诉权属于纠纷解决权，但只是纠纷解决权体系中的一种权利。民事主体发生权利义务争议后，法律禁止"同态复仇"式的私力救济方式，但允许通过自愿协商的方式解决（自力解决权），或者通过民间组织调解的方式解决（申请调解权），或者通过民间仲裁机构仲裁的方式裁决（申请仲裁权），也可以向法院提起诉讼（诉诸法院的权利）。在法治社会的逻辑中，诉讼（或司法）不一定是最优的权益保护方式，但却是最后的和最权威的方式，是实现社会公平正义的最后一道防线。从长期效果看，对诉权保障不力将导致人民丧失对法治的信仰，导致"同态复仇"式的私力救济死灰复燃，让社会进入一个法治失灵、秩序失控的混乱状态。正是在此意义上，才彰显了对诉权保障的根本性意义。

2.诉权的主体须有"当事人资格"

当事人资格，又称当事人能力，解决的是哪些主体具有成为民事诉讼当事人的法律资格问题。其法律意义在于，"只有存在这种资格的人进行起诉或者应诉，才可能发生法律规定的诉讼法后果；法律也只能对有能力或资格的人发生规定的后果"❶。一般情况下，有民法上权利能力者就有诉讼当事人的资格，此即"民事权利能力与诉讼当事人能力统一性原理"❷。根据我国《民法典》的规定，自然人、法人、非法人组织具有民事权利能力，他们相应地也都有抽象意义上的诉讼当事人资格和诉权主体资格。但在个案中，一个有当事人资格的"人"是否具有诉权，还要取决于他对诉讼请求是否具有诉的利益。

从诉讼角色的角度来看，诉权主体在一般情况下是发动诉讼的主体，即潜在的原告。在被告提起反诉、有独立请求权的第三人提起参加诉时，他们相对于所提起的诉而言也是诉权主体。反之，单纯应诉之人，不以争议解决为目的的非讼程序的申请人，不以审判为目的的执行程序申请人以及上诉人、再审申请人等，严格来讲都与"诉诸法院的权利"定位无关，不宜作为诉权主体。

3. 诉权的根据是"诉的利益"

从公法关系来看，受一国法院司法管辖的具有当事人资格的"人"都享有诉权。但这种意义上的诉权是抽象的，这种抽象的诉权必须在个案中转化为具体意义上的诉权才有意义。在个案中，向法院提起诉讼的人必须享有诉的利益才能具有诉权。诉的利益也称诉讼利益，是指通过诉讼能够为诉权主体带来的好处、益处或积极效用。正如法谚所云："无利益，则无诉权。"如果缺乏诉的利益，将无法产生一项具体的诉权，缺乏获得司法保护的正当性根据。"法院的使命，不是提供纯理论的咨询意见，也不是辩论学术问题。"❸司法作为一种相对稀缺的资源，对无利益诉求的诉讼，缺乏产生法院审判义务的正当性根据。

诉权与诉讼请求既有联系，又有区别。"诉权是诉诸法官的权利，而诉讼

---

❶ [奥] 凯尔森：《法与国家的一般理论》，沈宗灵译，中国大百科全书出版社1996年版，第101页。
❷ 王德新：《民法典与民事诉讼法协同实施研究》，中国社会科学出版社2022年版，第8页。
❸ [法] 洛伊克·卡迪耶：《法国民事司法法》，杨艺宁译，中国政法大学出版社2004年版，第299页。

请求是行使诉权的方式。"❶ 诉权是主体的权利，它潜在地存在于每一个主体，但主体行使诉权必须通过一定的诉讼行为表现出来，包括制作起诉状的行为、向法院提交起诉状的行为、在起诉状中向法院提出诉讼请求的行为等。诉权是主体享有的权利，如果他选择放弃行使诉权，也就无诉讼请求可言；如果他打算行使诉权，根据审判权"消极判断"的属性和"告什么理什么"的处分原则，他必须提出具体的诉讼请求，这些请求的内容即法院判断的对象，也构成对审判权作用范围的限定。诉讼请求的内容，一般是指诉权主体所选择的法定的权益救济方式（责任承担方式）。❷ 当然，在个案中，诉权主体还要对这些方式及其额度进行具体化，如赔偿损失的金额、赔礼道歉的具体方式等。但必须注意的是，诉讼请求是否明确、具体，不是诉权有无的问题，而是诉权行使方式是否合法的问题。

4. 诉权的类型具有多样性

我国学者对诉权主体、诉的利益讨论较多，但对诉权类型展开讨论的则比较鲜见。事实上，只有通过诉权的类型化讨论，才可以对诉权理论进行精细化建构，才能在学术研究与司法实践之间架起一座沟通和转化的桥梁。

从历史上看，罗马法上的"actio"各式各样，英国普通法形成时期的"writ"各式各样，都属于类型化的诉权。随着实体权利体系的丰富发展和诉讼程序的统一，这些"actio"或"writ"被整合进了实体权利救济方式和统一的诉讼程序之中，但诉权的类型化研究进路并没有消失。例如，在德国，学术界根据诉的目的不同把民事诉讼分为给付之诉、确认之诉和形成之诉三类，对三种诉之利益分别建立识别标准。❸ 在法国，学术界按照实体权利的性质将诉权划分为"债权诉权"（又称对人诉权）与"物权诉权"（又称对物诉权），

---

❶ ［法］洛伊克·卡迪耶：《法国民事司法法》，杨艺宁译，中国政法大学出版社2004年版，第284页。

❷ 我国《民法典》第179条规定："承担民事责任的方式主要有：（一）停止侵害；（二）排除妨碍；（三）消除危险；（四）返还财产；（五）恢复原状；（六）修理、重作、更换；（七）继续履行；（八）赔偿损失；（九）支付违约金；（十）消除影响、恢复名誉；（十一）赔礼道歉。""法律规定惩罚性赔偿的，依照其规定。"

❸ ［德］罗森贝克、施瓦布：《德国民事诉讼法（下）》，李大雪译，中国法制出版社2007年版，第646页以下。

"动产诉权"与"不动产诉权","占有诉权"与"本权诉权"。❶ 对具体民事权利类型对应的诉权(如撤销诉权、解除诉权、追索不动产诉权、财产分割诉权)的讨论,也为法国学者所重视。

我国有学者在20世纪90年代也注意到了法国诉权的类型化划分,并指出类型化划分"使得法国诉权理论具有了实用性"❷,但后续对诉权的类型化进行跟进研究的成果并不多见。进入21世纪以后,受德国民事诉讼理论的影响,我国对给付之诉、确认之诉和形成之诉分别讨论其诉的利益识别标准的研究逐渐兴起。

笔者认为,以"法定权利"与"新兴权利"的划分为基础,对诉权作"法定权利诉权"与"新兴权利诉权"的划分也是合理的。无论是法定权利还是新兴权利,在本质上都是实体法保护的利益;在进入诉讼程序之际,它们都表现为起诉者提出的"利益主张",都需要通过司法权的证成才能成为"实在权利"。但"法定权利诉权"与"新兴权利诉权"也存在明显的区别,最根本的区别就是起诉者主张的利益有没有明确的法律依据、是不是法定权利形态,由此也就产生了法院能否以起诉者主张的新兴权利不是法定权利为由,而否认诉权的存在的问题。

(三)新兴权利的诉权保障及其特殊性

将诉权作"法定权利诉权"与"新兴权利诉权"二元划分,目的是讨论新兴权利诉权保障的特殊性。这种特殊性在于,如果起诉者在起诉时主张的是"新兴权利",法院能否以其不属于"法定权利"为由不予受理?由这一根本性问题派生出以下三个具体问题。

第一,诉权与民法请求权的关系问题。自1856年温德雪德创设民法"请求权"概念之后,请求权已成为大陆法系民法上的核心概念。我国学者一般认为民法请求权有两种含义:一是特指债权请求权(参见我国《民法典》第

---

❶ [法]让·文森、塞尔日·金沙尔:《法国民事诉讼法要义(上)》,罗结珍译,中国法制出版社2001年版,第126–128页。
❷ 张卫平:《法国民事诉讼中的诉权制度及其理论》,《法学评论》1997年第4期。

118条关于"债权"的定义）；二是指救济权意义上的请求权，请求权（救济权）与基础权利（原权利，包括物权、债权、知识产权、人格权、身份权等）呈现一一对应关系，"一个请求权以一个权利（Recht）为前提"❶。温氏还明确指出，请求权是民法领域自足的概念，虽然可以作为权利人向法院诉请的内容，但请求权与可诉性无关。❷ 早在1900年，有德国"民事诉讼法学之父"美誉的赫尔维格（Hellwig）基于诉讼法与实体法分离的立场就提出了"民法基础权利—民法请求权—诉讼法请求权"三者分离的观点，"诉讼法请求权"（诉权）是起诉者在诉讼中提出的关于"民法请求权或民事法律关系主张"❸。按此理解，起诉者请求的"民法请求权或民事法律关系主张"是诉讼标的，亦即法院审判的对象。时至今日，这种观点仍被广为接受。罗森贝克（Rosenberg）等认为，"请求权的可诉性"和"法律保护需要"是诉讼的前提条件，❹也就是下述的诉权要件的问题。

第二，诉权要件问题。关于诉权要件，在法、德、美等国有不同的称谓和具体识别标准。我国学者总体上认为，"诉权要件不同于诉权的行使要件。前者是就'拥有'的层面来说的，而后者是从'行使'的层面来说的"❺。如果起诉者起诉时主张的一项权利不在"法定权利"范围之内，而是法律尚未明文规定的一项"新兴权利"，这时起诉者享有诉权吗？法国学术界普遍认为，"原告所援引的权利是否存在，这并不是其诉讼请求是否可以受理的一项条件"，因为这样就颠倒了诉讼受理与实体审理的逻辑关系；更为关键的一点是，除法定权利之外，"还有一个更不明确的区域，那就是'公共自由'或'私人自由'的领域，其中，某些自由正在逐步变成'真正的权利'；而当某

---

❶ ［德］温德萨伊德：《现代法律立场上罗马市民法的诉》；转引自李中华：《请求权基础的本质研究——一种基于德国学说史的考察》，《研究生法学》2011年第1期。
❷ 例如，所有权人可以直接向非法占有人请求返还原物，也可以请求侵权人向自己赔偿损失，这些均不涉及可诉性的问题。参见金可可：《论温德沙伊德的请求权概念》，《比较法研究》2005年第3期。
❸ 王锡三：《诉讼标的理论概述》，《现代法学》1987年第3期。
❹ ［德］罗森贝克、施瓦布、戈特瓦德：《德国民事诉讼法（下）》，李大雪译，中国法制出版社2007年版，第651-653页。
❺ 江伟、邵明、陈刚：《民事诉权研究》，法律出版社2002年版，第168页。

种自由受到侵害时，我们并不能真正地说就是'某种权利受到了侵害'；这时，诉权所制裁的是对某种义务的违反；由于有受到损害的利益，所以法律同意给予'进行补救的诉权'"。❶前述观点有针对性地回答了新兴权利主张应受诉权保障的问题。

第三，诉权要件的判断时机和程序机制。无论是对诉权的存在要件还是行使要件，对其判断的时机至关重要。如果将其判断时机放在法院受理案件之前，则意味着案件不经辩论程序，法院就独自作出了判断。人们经常误以为，对诉权存在要件的审查同时意味着要对诉的利益的合法性进行审查。但是，"诉权是中性的：是否享有诉权，取决于是否存在诉的利益。而一旦规定对诉权的可受理性的审查取决于对它的合法性审查，则不可避免地意味着要对权利进行实体审查"❷。如果将其放在受理之后的诉讼程序进行中，就有一个"参与者"的参与和正当程序保障的问题需要考虑。对于新兴权利的诉权保障而言，诉权要件的判断时机和程序机制至关重要，对该问题的错误理解有可能导致大量新兴权利诉讼案件被拒之于司法大门之外，第四章还将作进一步的讨论。

第二节 新兴权利诉权保障的实证分析

我国对于新兴权利的诉权保障机制设置是否合理呢？下面从法律规范、司法政策和新兴权利诉讼典型案例三个方面进行揭示，以期在透视实践场景的过程中聚焦存在的问题。

---

❶ [法]让·文森、塞尔日·金沙尔：《法国民事诉讼法要义（上）》，罗结珍译，中国法制出版社2001年版，第126-128页。

❷ [法]洛伊克·卡迪耶：《法国民事司法法》，杨艺宁译，中国政法大学出版社2004年版，第284页。

一、诉权保障的规范分析

（一）起诉与受理的条件

在我国民事诉讼立法规范中，没有明确使用"诉权"的表达，而是使用了"起诉"或"起诉权"的表达。对起诉权的保障，主要体现为立法上对起诉条件的设置。从起诉与受理规范的设置及其变动情况看，可划分为两个阶段。

第一个阶段：1982年《民事诉讼法（试行）》实施期间（1982年10月1日至1991年4月8日）。在《民事诉讼法（试行）》中，涉及起诉条件的主要有第81、83、84条等三个条文。其中，第81条规定了起诉的积极条件，即起诉必须具备三个条件：（1）原告是与本案有直接利害关系的个人、企业事业单位、机关、团体；（2）有明确的被告、具体的诉讼请求和事实根据；（3）属于人民法院管辖范围和受诉人民法院管辖。第83条规定了起诉状的记明事项要求。第84条规定了起诉的消极条件，主要涉及违反治安管理处罚条例的、依法应当由其他行政机关处理的、重复起诉的和在一定时期内或条件下不得起诉的等五种情形。

第二个阶段：1991年《民事诉讼法》实施以后的阶段。❶在1991年《民事诉讼法》中，涉及起诉条件的主要有第108、110、111条等三个条文。其中，第108条规定的起诉条件较之1982年《民事诉讼法（试行）》主要有两个变化，即将第一个条件中的起诉主体的类型描述作了改变，但"与本案有直接利害关系"的表述未变；将第二条件拆解为两个条件，"事实根据"修改为"事实、理由"。具体的起诉条件有四个：（1）原告是与本案有直接利害关系的公民、法人和其他组织；（2）有明确的被告；（3）有具体的诉讼请求

---

❶ 1991年《民事诉讼法》施行后，先后于2007、2012、2015、2021、2023年五次修改，在这五次修改中除了改变了1991年《民事诉讼法》关于起诉条件的条文序号外，对起诉条件的表述没有发生实质性改变。

和事实、理由；（4）属于人民法院受理民事诉讼的范围和受诉人民法院管辖。第 110 条规定了起诉状的记明事项要求。第 111 条规定了起诉的消极条件，与 1982 年《民事诉讼法（试行）》相比略有变化，主要涉及行政诉讼、仲裁协议、其他机关处理、重复起诉和在一定期限内或条件下不得起诉的等七种情形。除立法规范外，在最高人民法院的司法解释、批复中也有大量的起诉条件规范。通过对法律规范的梳理可以发现，我国立法和司法解释中并没有明确区分"诉权存在要件"和"诉权行使要件"，甚至也没有使用"诉权"和"诉权要件"这样的表达，而是笼统地规定在"起诉条件"之中；对于不符合起诉条件的，法院要么裁定不予受理，要么裁定驳回起诉。

我国学术界对起诉条件的关注大约始于 20 世纪 90 年代初期，早期着重从"解释论"视角展开讨论。如有的学者对"不予受理"、"驳回起诉"和"驳回诉讼请求"的区分进行了解读，认为"不予受理"与"驳回起诉"都解决的是程序意义上的诉权"不存在"、"不能行使"、"未依法行使"或者"法院无管辖权"问题，两者的区别有二：一是作出裁定的时间不同（受理前/受理后），二是不予受理的裁定允许上诉救济。❶ 有的学者指出，实践中各地法院对起诉条件掌握宽严不一，并坚持从法院审查起诉只解决"程序意义的诉权有无"的问题，因此对"原告与本案有直接的利害关系""有具体的诉讼请求""有事实、理由"只应当进行形式上的审查。❷

20 世纪 90 年代中期以后，关于起诉条件的讨论逐渐从"解释论"转向"立法论"。这些讨论侧重于保障一般意义上的诉权，偏重于比较法经验借鉴。如有学者认为，我国 1991 年《民事诉讼法》第 108 条规定的起诉条件过于苛刻，对"原告与案件有直接利害关系"的要求蕴含着实体审查的倾向。从比较法的经验看，诉讼开始之际的当事人只能是形式上的当事人，只要诉状符合法定的形式要件，法院就应当受理案件。❸ 有的学者认为，部分法院对起诉应当"有事实、理由"作严格理解，要求原告提供详细的证据、提交证据原

---

❶ 林城、张文双、王福华：《不予受理、驳回起诉与驳回诉讼请求》，《人民司法》1992 年第 7 期。
❷ 欧阳立范：《民诉法中的立案条件及相互关系》，《法学杂志》1994 年第 5 期。
❸ 参见张卫平：《民事诉讼法教程》，法律出版社 1997 年版，第 126–127 页。

件,甚至提供能够胜诉的证据,人为地提高了起诉的门槛。❶ 大约自 2002 年起诉讼法学界出现了修改民事诉讼法的呼声,出现了江伟教授牵头的《民事诉权研究》❷ 的专著。此后,要求改变我国立法中起诉条件的"高阶化",主张区分"诉之成立条件与诉之保护条件"或者区分"诉讼开始要件、诉讼要件和本案判决要件",逐渐成为学术界主流的声音。❸ 不过,除了 2015 年开始的立案登记制改革和最高人民法院在司法解释中明确了"重复起诉"的识别标准之外,迄今为止有关起诉条件的法律规范变动不大。

(二)新兴权利诉权保障的规范依据

1995—2005 年的十年间,我国民事诉讼学术研究才刚刚从抽象的诉权论向具体化的起诉条件转型;2005—2015 年的十年间,我国学术界对起诉条件的立法论研究终于推动了立案登记制改革。值得注意的是,同一时期正是我国司法实践中新兴权利争讼案件不断涌入法院的时期,但围绕新兴权利的诉权保障议题的研究并未得到应有的重视。

从新兴权利的诉权保障视角看,我国关于起诉条件的法律规范设置主要存在以下问题:

第一,在民事诉讼法律规范中,未能体现"诉权存在要件"和"诉权行使要件"的区分思想。无论是在一般意义上还是在类型化的案件意义上,立法和司法解释规范设置了一系列的起诉条件,它们有一个共同的法律后果就是"不予受理"或"驳回起诉"。在此意义上,不具备"诉权要件"和不合法地"行使诉权"的法律后果是一样的,对诉权的程序保障仅仅体现为"不予受理"的裁定可以上诉,但即便是上诉也没有引入程序辩论机制,无法保障当事人的程序参与权。

第二,在法定的起诉条件中,核心条款即要求"原告应当与本案有直接的利害关系"。对此,传统上主要存在两方面的质疑:(1)规范中"直接的"

---

❶ 徐国忠:《民事案件"起诉难"及其解决途径》,《上海市政法管理干部学院学报》1999 年第 5 期。
❷ 江伟、邵明、陈刚:《民事诉权研究》,法律出版社 2002 年版。
❸ 参见张卫平:《起诉条件与实体判决要件》,《法学研究》2004 年第 6 期。

这一表达，不合理地排除了"诉讼担当人"的诉权和"公益诉讼人"的诉权，❶这也直接导致了2012年修改《民事诉讼法》时增设了第55条公益诉讼的原告资格条款，作为一种法定的例外情形。（2）规范中"与本案有直接的利害关系"的表达，"使得法院受理阶段与本案审理阶段混同……因起诉条件的'过分苛刻'和法院受理的'门槛畸高'而制约了其对诉权的有效行使"❷。但是，起诉条件规范中"利害关系"的表达恰恰具有了包容性，它既能包括原告起诉时主张的"法定权利"的情形，也能包容非法定的"新兴权利"的情形，为将二者共同涵盖在"诉的利益"的范畴之下创造了模糊空间。至于规范中"直接的"这一限定，也完全不必去除，只需补充一个"法律另有规定的情形除外"的表述即可。对于新兴权利诉讼而言，真正的问题在于法院在实践中将"直接的利害关系"等同于"原告必须主张一项法定权利、必须是法定权利的权利人"，这样就彻底排斥了主张新兴权利的起诉者的诉权。所以，问题的关键不在于规范，而在于如何正确理解和应用。

第三，在司法解释规范中，隐藏了"不得根据原则证成新兴权利"或者"单纯根据法律原则主张新兴权利的不予受理"这一不当的思想。在2001年《最高人民法院关于适用〈中华人民共和国婚姻法〉若干问题的解释（一）》第3条和2020年《最高人民法院关于适用〈中华人民共和国民法典〉婚姻家庭编的解释（一）》第4条中，均规定仅以法律原则条款提起诉讼的，法院不予受理；已经受理的，裁定驳回起诉。这一规定暗含了"原告必须主张一项法定权利、必须是法定权利的权利人"的思维逻辑，关闭了新兴权利的生长路径。在司法实践中一些地方法院正是按此逻辑否定新兴权利诉权的，这是一个必须纠正的问题，否则新兴权利的诉权保障在一定程度上就将沦为空谈。

---

❶ 参见颜运秋、颜运夏：《质疑"直接利害关系人"制度》，《行政与法》2003年第6期。
❷ 占善刚、赵钢：《再论民事诉讼的起诉条件及其适用——以〈民事诉讼法〉之修订为背景》，陈光中、江伟主编：《诉讼法论丛（第9卷）》，法律出版社2004年版，第386页。

二、诉权保障的政策分析

(一)"起诉难"的现象与原因

从20世纪90年代末期开始,不少案件遭遇"起诉难"的问题,并逐渐成为一种社会舆论。其主要表现有:有的法院对"原告应当与本案有直接的利害关系"进行实体审查,立案庭未经实体审理就先行判断起诉者不是权利人,裁定不予受理;有的法院要求原告起诉时,要提供被告的户籍证明,否则裁定不予受理;有的法院要求当事人起诉时,必须提供能支持其胜诉的证据,否则裁定不予受理;有的法院对起诉材料审查后,对认为不符合起诉条件的当场口头告知不予受理,或者通知取回起诉材料,而拒绝作出不予受理的裁定,使得上诉也不可能。❶有的法院则是"官本位思想"作祟,立案"脸难看""事难办",起诉不便利。❷有些法院基于业绩考核的需要,每年进入12月份就不再受理新案。❸前述"起诉难""立案难"现象是各类案件普遍遭遇的共性问题,对于新兴权利的诉权保障来说也同样存在。

对于新兴权利诉讼案件来说还存在一些更为特殊的困难,即法院面对这些"新类型"的案件和"新兴权利"诉讼审理中的困难,常有不予受理的冲动。

在21世纪初期,多数新型民事纠纷无法获得司法救济。"大多数法院无论当事人主张是否具有诉讼保护的必要性,只要其不符合制定法中所规定的实体权利或法律关系,就一概以'不属于人民法院主管'为由而拒绝受理。"❹例如,"郑百文"债务重组案是我国资本市场早期遭遇的一起新型案件,1996年郑州百文股份有限公司(以下简称郑百文)在上海证券交易所上市交易,

---

❶ 徐国忠:《民事案件"起诉难"及其解决途径》,《上海市政法管理干部学院学报》1999年第5期。
❷ 参见申保珍:《农村人打官司方便了》,《农民日报》2003-10-08(004);吴兢:《打官司"立案难"基本解决》,《人民日报》2006-10-11(010)。
❸ 盛会:《杜绝"年底不收案"需破司法行政化之弊》,《民主与法制时报》2015-10-13(002)。
❹ 张芳芳:《关于新型民事纠纷"起诉难"的思考》,《广西社会科学》2004年第8期。

第三章 诉权理论的重塑：基于新兴权利诉权保障的观察

但 1998、1999 年连续两年亏损，2000 年 3 月中国信达资产管理公司向郑州市中级人民法院申请郑百文破产还债，但法院以申请材料不齐为由拒绝受理此案。2001 年 9 月，最高人民法院下发了《最高人民法院关于涉证券民事赔偿案件暂不予受理的通知》（法明传〔2001〕406 号），认为当时我国资本市场正处于不断规范和发展阶段，内幕交易、欺诈、操纵市场等行为损害了证券市场的公正，侵害了投资者的合法权益，但受当时立法及司法条件的局限，尚不具备受理及审理这类案件的条件。❶2002 年 1 月，最高人民法院又下发了《最高人民法院关于受理证券市场因虚假陈述引发的民事侵权纠纷案件有关问题的通知》（法明传〔2001〕43 号），对受理此类案件仍然持一种十分谨慎的态度。可见，案件新颖、案情敏感复杂、立法不健全、法院（法官）准备不足，成为法院当时拒绝受理新型案件的主要原因。

前述案例和文件并非个例，长期以来地方法院通过"红头文件"、会议纪要、座谈会记录等方式总结审判经验形成司法政策，是应对新兴权利纠纷案件和疑难复杂问题的重要方式。它体现了法院受理案件时"权衡利弊"的思维方式，缺乏诉权保护意识。例如，在 20 世纪 90 年代，房地产市场方兴未艾，出现了许多新型的房地产纠纷案件。最高人民法院的司法解释规定，对属于历史遗留的落实政策性质的房地产纠纷，因行政指令而调整划拨、机构撤并分合等引起的房地产纠纷，因单位内部建房、分房等而引起的占房、腾房等房地产纠纷，均不属于法院主管的范围，不予受理。❷前述房地产纠纷并不属于政治性问题，如果不属于民事案件也应该属于行政案件，即便是行政行为也可以进行行政诉讼，认为不属于法院主管范围显属不当。又如，2003 年，《广西壮族自治区高级人民法院关于当前暂不受理几类案件的通知》（桂高法〔2003〕180 号）发布，规定对"十三类案件"暂不受理。在不予受理的案件类型中，有些延续了最高人民法院既往的司法政策，如因政府行为引起的房地产纠纷、单位内部集资纠纷、因企业改制引发拖欠职工工资的纠纷、合作化运动引起的纠纷、内幕交易等证券违法侵权纠纷等不予受理；有些则

---

❶ 敏文：《郑百文重组等待司法介入》，《中国证券报》2001 年 10 月 17 日，第 1 版。
❷ 参见《最高人民法院关于房地产案件受理问题的通知》（法发〔1992〕38 号）第 3 条。

显然属于新兴权利纠纷,如葬坟纠纷案件(包括因争坟地、争风水等引发的各种纠纷)❶。

归纳来看,无论是前述的房地产纠纷案件(1992年前后)、证券民事赔偿案件(2001年前后),还是葬坟纠纷案件(2003年前后),在当时都可以说是"新兴权利"纠纷案件。法院以法律规定不健全、缺乏审判经验为由不受理案件,一方面,反映了法院受理案件时"权衡利弊"的思维定势,凸显了审判权的强势和诉权的弱势;另一方面,反映了法院和法官思想中根深蒂固的"机械司法"理念,"法院审理案件必须以法律有明确规定为前提"和"法院保护的权利必须是法定权利类型"隐藏在可观察到的法院行为中。这反映了法官的"风险防控"意识和"自保"意识,也体现了法院对待"新兴权利"司法证成的谨小慎微的态度,以及法官适用法律能力的不足。即便当今时代,这一思维方式和政策理念也没有消除。例如,我国《民法典》第1043条是婚姻家庭法基本原则条款,❷但司法解释认为,不得单纯依据基本原则条款提起诉讼,❸这在某种意义上等于否定了根据基本原则证成新兴权利的可能性。

(二)立案登记制改革与诉权保障

我国的立案登记制改革,既是基于司法实践中"立案难""立案工作不规范"问题的驱动,也是受学术界围绕"起诉与受理"制度持续进行理论反思的影响,最终由中央在制度顶层设计层面提出改革目标,全国法院系统遵循自上而下的逻辑进行改革部署。2014年10月召开的党的十八届四中全会提出:"改革法院案件受理制度,变立案审查制为立案登记制,对人民法院依法应该受理的案件,做到有案必立、有诉必理,保障当事人诉权。"2015年以后,立案登记制改革正式拉开帷幕。

---

❶ 在一些法院的裁判文书中明确援引了桂高法〔2003〕180号文件,如广西壮族自治区崇左市中级人民法院(2015)崇立民终字第10号民事判决书,广西壮族自治区上林县人民法院(2017)桂0125民初1318号民事判决书。

❷ 参见《民法典》第1043条:"家庭应当树立优良家风,弘扬家庭美德,重视家庭文明建设。夫妻应当互相忠实,互相尊重,互相关爱;家庭成员应当敬老爱幼,互相帮助,维护平等、和睦、文明的婚姻家庭关系。"

❸ 参见《最高人民法院关于适用〈中华人民共和国民法典〉婚姻家庭编的解释(一)》第4条。

第三章 诉权理论的重塑：基于新兴权利诉权保障的观察

在立案登记制改革前，法院在实践中多采取"立案审查制"。最高人民法院1997年4月印发的《关于人民法院立案工作的暂行规定》（法发〔1997〕7号）第4条规定："人民法院对当事人提起的诉讼，依法进行审查，符合受理条件的应当及时立案。"在实践中，当事人向法院提起诉讼首先要递交起诉状，不过，提交起诉状并不意味着诉讼程序的开始。法院收到起诉状后，不仅要对起诉状进行形式审查，还经常要对诉讼主体资格、法律关系、诉讼请求、诉讼证据、管辖权等进行实质审查，然后再决定是否受理。前述实践中的做法，被称为"立案审查制"。在立案审查制下，一方面，法院在起诉阶段提前对须经开庭实体审理的事项进行审查，事实上抬高了起诉门槛，造成了民众起诉难、立案难的感知；另一方面，法院作出受理或立案决定前尚未进入诉讼程序，当事人进行程序性和实体性辩论的权利无从得到程序保障，❶加之部分法院不立案也不签发不予受理的裁定的不规范做法，容易滋生侵害当事人诉权的现象。

司法实践中出现的"起诉难"问题，引起了学术界对"立案登记制"的关注。江伟教授从2003年着手组织起草《民事诉讼法典专家修改建议稿》，明确提出以"立案登记制"代替"立案审查制"；亦即，只要当事人提出符合法律要求的起诉状，法院就应当立案，立案之后再审查是否符合起诉条件。❷不过，在法院"案多人少"的总体背景下，也有司法界人士表示反对，认为如果实行立案登记制，可能诱发人们滥诉，导致诉讼案件数量激增，使法院不堪重负。❸由于存在争议，全国人大常委会在2007年和2012年两次对《民事诉讼法》修正时都没有对立案登记制作出明确回应。不过，在2012年修正《民事诉讼法》时除将第112条的条文序号修改为第123条之外还有两点值得关注：一是条文中增加了"人民法院应当保障当事人依照法律规定享有的起诉权利"的表述，二是对符合条件的起诉从"应当受理"改为"必须受理"。

---

❶ 江伟、杨剑：《民事诉讼法修改的若干问题》，《法学论坛》2005年第3期。
❷ 江伟：《民事诉讼法典专家修改建议稿及立法理由》，法律出版社2008年版，第213—216页。
❸ 姜启波：《人民法院立案审查制度的必要性与合理性》，《人民法院报》2005年9月21日第B01版。

但从这两个条文表述的变化来看，2012年《民事诉讼法》修正事实上采纳了反对者的意见，即认为对起诉难问题应着重从司法运行层面解决，无须改采立案登记制。

2014年10月，党的十八届四中全会在北京召开，这是党历史上第一次专门研究法治建设的中央全会。这次会议通过的《中共中央关于全面推进依法治国若干重大问题的决定》明确提出，"改革法院案件受理制度，变立案审查制为立案登记制，对人民法院依法应该受理的案件，做到有案必立、有诉必理，保障当事人诉权"。为贯彻落实党的十八届四中全会精神，最高人民法院于2015年1月30日发布了《最高人民法院关于适用〈中华人民共和国民事诉讼法〉的解释》，其中第208条规定：对符合起诉条件的，应当登记立案；当场不能判定是否符合起诉条件的，应当接收起诉材料。2015年4月1日，中央深化改革领导小组第十一次会议审议通过了《关于人民法院推行立案登记制改革的意见》（法发〔2015〕6号），对立案登记的范围、立案条件和流程作出了规定。2015年5月1日，立案登记制改革正式进入全面实施阶段，标志就是最高人民法院发布的《最高人民法院关于人民法院登记立案若干问题的规定》（法释〔2015〕8号），要求全国各地各级人民法院受理的一审民事起诉、行政起诉和刑事自诉，一律实行立案登记制，强调凡是符合法定起诉条件的，必须做到有案必立、有诉必理，充分保障当事人诉权。

对于我国的立案登记制改革，可从两个方面来评价：

一方面，立案登记制改革并没有改变《民事诉讼法》规定的起诉条件，也并非要取消法院对起诉的审查权。最高人民法院的课题组明确表示，立案登记制的核心是依法保障当事人的诉权，着重解决有案不立、有诉不理的情形，不能全盘否定立案审查在案件分流方面的重要意义。[1] 也就是说，改革的重点在于规范法院的立案工作程序，消除对起诉条件进行不当的实质审查，以及随意不受理案件的司法权滥用行为。立案登记制改革的最大意义在于形成了"不予立案"的清单，可将其分为三类理由：（1）起诉不合法，即违法

---

[1] 最高人民法院立案登记制改革课题组：《立案登记制改革问题研究》，《人民司法》2015年第9期。

起诉或者起诉不符合法律规定的;(2)危害国家利益的,具体包括危害国家主权和领土完整、危害国家安全、破坏国家统一和民族团结、破坏国家宗教政策等四种情形;(3)所诉事项不属于人民法院主管的。❶但是,新兴权利诉讼中,当事人主张的新兴权利是否一定是"起诉不合法"?我国的立案登记制改革并没有正面回答这个问题。

另一方面,我国实行的立案登记制与欧美国家传统的立案登记制仍存在根本性区别。对于我国民事诉讼法规定的起诉条件,在大陆法系国家一般分解为"起诉要件"和"诉讼要件"。所谓起诉要件,是指民事诉讼合法提起所必须具备的条件,一般仅为形式要件。在大陆法系国家,起诉要件通常包括三个方面:一是起诉符合法定形式;二是起诉状记载必要的事项;三是缴纳诉讼费用。所谓诉讼要件,是指法院在登记立案后,对本案实体争议问题进行审理并作出实体判决所需具备的前提条件和要件。❷诉讼要件一般包括当事人能力、诉的利益、法院管辖权等,"如果法官确认使(原告)所提起的诉不合法的理由存在,则他应当以所谓的诉讼判决的形式驳回诉;具有实体性质的判决,即所谓的实体判决根本就不会发生"❸。总体来看,区别的关键有两点:(1)诉讼开始的条件,是否仅限于形式合法性的审查;(2)对诉的实质合法性,是放在诉讼程序开始前,还是放在诉讼程序进行中进行审查。

三、诉权保障的案例分析

通过案例分析,能够更直观地把握司法实践中新兴权利诉权保障存在的问题。对所有类型的新兴权利都进行分析是不可能的,下面主要选择"祭奠权""个人信息""虚拟财产"三种类型的新兴权利,分别从风俗习惯、科技发展的视角分析其对新兴人格权和财产权生成的影响,以揭示法院不予受理的

---

❶ 参见《最高人民法院关于人民法院登记立案若干问题的规定》第10条。
❷ 耿宝建:《立案登记制改革的应对和完善——兼谈诉权、诉之利益与诉讼要件审查》,《人民司法(应用)》2016年第25期。
❸ [德]汉斯·约阿希姆·穆泽拉克:《德国民事诉讼法基础教程》,周翠译,中国政法大学出版社2005年版,第70页。

态度背后隐藏的司法理念。

(一)祭奠权诉讼的裁判文书分析

在中国裁判文书网以"祭奠权""不予受理"为检索词进行全文检索,截至2023年8月1日,可以检索到9个典型案例。其中,有2个案件,法院以"重复起诉"为由,裁定不予受理;有3个案件,法院以"起诉主体不适格"(缺乏证据证明起诉人与死者的身份关系)或"无明确的诉讼请求,没有事实依据"为由,裁定不予受理;有4个案件,法院以"起诉并非人民法院受理民事诉讼的范围"为由,裁定不予受理。除去因"重复起诉"而不予受理的2个案件无争议之外,下面着重对另外7个案件进行分析。

案例1:在福州市晋安区人民法院(2014)晋民初字第2935号民事裁定书中,起诉人陈A诉称,其胞兄陈B在父亲病逝后,强占父亲的遗像、死亡证明书、火化证、骨灰寄存证,请求法院判令陈B向其交付父亲遗像及火化证、骨灰寄存证复印件。一审法院在不予受理的裁定书中称:起诉人的诉讼请求不属于人民法院受理民事诉讼的范围。该案上诉后,二审法院在(2014)榕民终字第3772号裁定书中维持了一审裁定,理由相同。

案例2:在济南市槐荫区人民法院(2015)槐民初字第1283号民事判决书中,原告郑A诉称,弟、妹郑B、郑C、郑D办理父亲葬礼未通知其参加,在墓碑上亦未刻其名字,诉请赔礼道歉,并赔偿精神抚慰金。一审受理了起诉,但经审理认为:郑A与其父母之间存在复杂的家庭矛盾,三被告遵从母亲的意愿办理丧葬事宜、不通知原告,符合长幼有序的传统观念,有合理性,遂判决驳回原告诉讼请求。但在该案上诉后,二审法院在(2016)鲁01民终800号民事裁定书中认为:原告诉请的事项为社会风俗及习惯、道德规范所调整的范围,不应由法律调整,不属于人民法院受理民事诉讼的范围,遂裁定撤销原判,驳回起诉。

案例3:在南充市顺庆区人民法院(2017)川1302民初4955号民事裁定书中,起诉人杨A等5人诉称,其同胞杨B不顾起诉人的请求,将母亲的骨灰一直寄存在第三人南充市殡仪馆内,已2年未入土安葬,违反了民间老人离世入土为安的习俗，妨害和剥夺了原告祭奠的权利。请求法院判令杨B将母亲的骨灰从第三人处领回，由原、被告回乡安葬。一审法院在裁定书中认为：本案起诉是基于子女之间就母亲的安葬地点、安葬方式发生的争议，诉讼请求不属于人民法院受理民事案件的范围。该案上诉后，二审法院在（2017）川13民终3369号民事裁定书中认为：骨灰安置权在法律意义上是人格权，属于祭奠权的内容，是死者人身权益的延续，指令原审法院受理。

案例4：在上海市静安区人民法院（2019）沪0106民初22598号民事裁定书中，起诉人刘a诉称，其父亲刘A的再婚妻子许某在刘A去世后办理了后事，骨灰盒至今存放于上海市宝兴殡仪馆。起诉人刘a已认购墓地，打算将其父亲的骨灰盒安葬，但许某拒不配合。起诉人请求：判令许某交付骨灰盒寄存凭证，以便向殡仪馆提取骨灰盒进行安葬。法院裁定认为：对于死者骨灰盒寄存凭证的权属问题，相关法律并无明确规定，因此起诉内容不属于人民法院受理民事诉讼的范围。该案上诉后，二审法院在（2019）沪02民终6342号民事裁定书中认为：虽然法律没有明确规定"祭奠权"，但诉请将父亲入土为安的孝道符合公序良俗，指令原审法院受理。

案例5、6：在广西象州县人民法院（2020）桂1322民初530号和（2020）桂1322民初529号民事裁定书中：两案原告分别为死者的子女和孙子女，向法院诉称，被告将死者的坟墓夷为平地，请求判令赔偿经济损失、精神损失。法院在裁定书中认为：起诉的基本条件之一是"原告是与本案有直接利害关系的公民、法人和其他组织"，起诉人提交的证据无法确定坟主的身份以及起诉人与坟主之间的身份关系，故起诉人的诉讼主体不适格，依法应不予受理。该两案截至2023年8月1日，未查询到上诉的信息。

案例7：在保定市莲池区人民法院（2017）冀0606民初4621号民事裁定书中，起诉人程A诉称，其同胞三姐妹程B、程C、程D均已出嫁，将其父母的身份证、社保卡、房屋所有权证、工资卡等所有证件全部拿走，将父母二人也接走，不许起诉人探望；在父亲去世后，扣留了父亲的火化证、死亡证明。前述行为侵害了起诉人对母亲的监护权、赡养权、探望权，以及对父亲的祭奠权，请求法院责令被起诉人依法赔偿因侵犯起诉人前述权利造成的精神损失3万元；责令被起诉人依法赔偿因诉讼给起诉人造成的一切经济损失。法院在不予受理的裁定中认为：起诉人没有明确的诉讼请求。但该案上诉后，二审法院在（2017）冀06民终6868号民事裁定书中认为：该案符合起诉条件，指令原审法院受理。

综上可见，法院在审判实践中仍然存在对诉权预先实体审理的现象。在案例1—4中，虽然起诉人诉请的内容存在一定的差异，但不同法院所作的差异性裁判的实质在于，是否承认起诉人对基于风俗习惯而主张的"祭奠（悼念）利益"享有诉权。案例1、3、4的一审法院和案例2的二审法院认为，"祭奠（悼念）利益"属于社会风俗及习惯、道德规范所调整的范围，不归法律调整或法律无明文规定，所以以"不属于法院受理范围"为由否认起诉人享有"诉权"。在案例5、6中，法院找了一个更加"技术性"的处理方法，要求原告首先"证明他与案件有直接利害关系"，如果起诉人能够证明的话，那么法院在受理的同时就应当作出原告胜诉的判决。在案例7中，法院同样找了一个"技术性"的处理方法，认为原告"没有明确的诉讼请求"（诉权行使方式不合法），这显然是为了掩饰法院有关原告不享有"诉权"的真实想法，但这与原告已经提出具体请求的事实不符，幸得二审法院纠正。

（二）个人信息诉讼的裁判文书分析

在中国裁判文书网以"个人信息""不予受理""民事案由""裁定书"为检索词进行检索，截至2023年8月10日，可以检索到85个裁判文书。对85个裁判文书进行分析整理，其中涉及"个人信息权益"保护的共有15个案例、22份各审级裁判文书（见表2）。

第三章　诉权理论的重塑：基于新兴权利诉权保障的观察

表2　2000—2023年法院对个人信息诉讼裁定不予受理的典型案例

序号	裁判文书号	起诉人利益诉求	一审法院不予受理的理由	二审法院的裁判态度
1	湖南省郴州市北湖区人民法院（2018）湘1002民初586号民事裁定书	文某诉称，其不服发生生效裁判向某检察院提出抗诉申请，袁某作为承办检察官，将1980年发生的与本案毫无关联的事情写入不支持监督申请决定书，泄露起诉人个人信息，侵犯了起诉人的隐私权	湖南省郴州市北湖区人民法院认为：袁某是职务行为，本案不属于人民法院管辖范围，不予受理	—
2	广东省深圳市龙华区人民法院（2018）粤0309民初2343号民事裁定书	王某向某区人民政府申请国家赔偿未果，以该区政府侵犯其名誉、个人信息和个人隐私权为由，要求赔礼道歉、恢复名誉	广东省深圳市龙华区人民法院认为：不属于人民法院受理民事案件的范围，不予受理	广东省深圳市中级人民法院（2018）粤03民终15531号民事裁定书：原审裁定不予受理，并无不当
3	北京市丰台区人民法院（2020）京0106民初8519号民事判决书	罗某诉称，某鉴定中心在进行鉴定时故意涂抹检材上指印、调换了样本，破坏了其个人材料信息；故意作出的错误鉴定结果侵犯再审申请人罗某的姓名权及荣誉权	北京市丰台区人民法院判决认为：本案不属于民事诉讼受案范围，判决驳回诉讼请求	北京市第二中级人民法院（2021）京02民终3409号民事判决书：以相同理由维持原判。北京市高级人民法院（2021）京民申6916号民事裁定书认为：未就其主张提供证据证明，驳回再审申请
4	浙江省杭州市滨江区人民法院（2020）浙0108民初2319号民事裁定书	黄某诉称，所在公司人力资源部以其"不能胜任工作""诋毁领导"为由，将解除劳动关系的信息通过电子邮件发送给人力资源部所有人员，导致个人信息泄露，侵害名誉权	浙江省杭州市滨江区人民法院认为：根据《最高人民法院关于审理名誉权案件若干问题的解释》第4条的规定，"国家机关、社会团体、企事业单位等部门对其管理的人员作出的结论或者处理决定，当事人以其侵害名誉权向人民法院提起诉讼的，人民法院不予受理"	浙江省杭州市中级人民法院（2020）浙01民终7414号民事裁定书：一审法院据此认定本案不属于人民法院受理民事诉讼的范围并无不当

97

续表

序号	裁判文书号	起诉人利益诉求	一审法院不予受理的理由	二审法院的裁判态度
5	广东省广州市黄埔区人民法院（2018）粤0112民初4459号民事裁定书	王某诉称，被告某医院未经其本人及法定监护人同意，将个人病历（住院志）复印给1个冒充人民警察的身份不明人员，侵犯其合法权益和人格尊严	广东省广州市黄埔区人民法院认为：王某与某医院的医疗纠纷案已诉至一审法院［（2018）粤0112民初1212号］，本案属于重复起诉	广东省广州市中级人民法院（2019）粤01民终3331号民事裁定书：构成重复起诉，一审法院予以驳回并无不当
6	辽宁省沈阳市沈河区人民法院（2017）辽0103民初10294号民事裁定书	闻某诉称，某旅游公司盗用其个人信息获利10万元	辽宁省沈阳市沈河区人民法院认为：曾因劳动争议纠纷起诉至一审法院［（2016）辽0103民初9644号］，本案属于重复起诉	辽宁省沈阳市中级人民法院（2018）辽01民终5420号民事裁定书：一审裁定认定事实清楚，适用法律正确
7	天津市南开区人民法院（2022）津0104民初13816号民事裁定书	徐某诉称，栾某为报复自己，实名举报其大吃大喝、腐败行为，组织3000多人泄露其个人信息，对其精神造成很大影响	天津市南开区人民法院认为：徐某曾起诉被告等五人因泄露其个人信息隐私及侮辱行为承担责任［（2019）津0104民初5891号］，因属于公司管理层会议形成的决议未获支持；本案属于重复起诉	—
8	天津市南开区人民法院（2022）津0104民初12358号民事裁定书	马某诉称，栾某为报复自己，实名举报其大吃大喝、腐败行为，组织3000多人泄露其个人信息，对其精神造成很大影响	天津市南开区人民法院认为：马某曾起诉被告等五人因泄露其个人信息、隐私及侮辱行为承担责任［（2018）津0104民初10482号］，因属于公司管理层会议形成的决议未获支持；本案属于重复起诉	—

续表

序号	裁判文书号	起诉人利益诉求	一审法院不予受理的理由	二审法院的裁判态度
9	广西壮族自治区南宁市良庆区人民法院（2018）桂0108民初2880号民事裁定书	韦某诉称，因交通事故，何某心生不满，将原告的车牌号、驾驶证照片发到其微信朋友圈，附有"讨厌的加塞族""磨死这人渣"字样	广西壮族自治区南宁市良庆区人民法院认为：本案因隐私权纠纷已作过生效裁判[（2018）桂0108民初1564号]，构成重复起诉，不予受理	—
10	湖北省武汉市黄陂区人民法院（2022）鄂0116民初8659号民事裁定书	高某诉称，其2022年5月在唯品会下过一笔购物订单，但被拒；后查询个人征信发现有查询消费金融贷款的记录。被告唯品会公司辩称，《唯品花服务合同》约定了仲裁条款	湖北省武汉市黄陂区人民法院认为：本案为个人信息保护纠纷，双方纠纷主要是基于《唯品花服务合同》产生的个人信息使用和查询纠纷，有仲裁协议，裁定驳回起诉	—
11	四川省达州市渠县人民法院（2016）川1725民初1829号民事裁定书	原告张某诉称，被告"林夕秋"在"幸福渠县"（幸福渠县微信号）未经核实发表了（福建女到渠县找老公与"第三者"，如有知情者请告知），公布了原告的真实照片和个人信息，造成原告名誉权受到了严重损害	四川省达州市渠县人民法院认为："林夕秋"系申请微信公众号时使用的网名，不属于公民的真实姓名，属于不明确的被告，裁定驳回起诉	—
12	辽宁省鞍山市铁东区人民法院（2017）辽0302民初1710号民事裁定书	张某、马某母子二人诉称，因不满意杨某的跆拳道学习班教学质量要求退费，杨某在微信朋友圈发布信息，对原告的个人信息进行了披露，侵犯了隐私	辽宁省鞍山市铁东区人民法院认为：本案杨某无法联系到，属于被告不明确，裁定驳回起诉	—

续表

序号	裁判文书号	起诉人利益诉求	一审法院不予受理的理由	二审法院的裁判态度
13	福建省福州市鼓楼区人民法院（2017）闽0102民初8082号民事裁定书	原告陈某诉称，被告小区业主委员会、工作人员陈B明知原告对加装电梯持反对意见，冒名签字、伪造、变造的资料，侵犯了原告的姓名权等权利	福建省福州市鼓楼区人民法院认为：原告起诉状中载明的被告身份证号码、出生日期等信息，业主委员会的名称等信息均错误，未提供准确详细的被告个人信息，不符合起诉条件，裁定驳回起诉	—
14	广西壮族自治区钦州市钦北区人民法院（2021）桂0703民初4130号民事裁定书	黄某诉称，某街道办事处、某居委会、某民政局、某民政厅为了送达涉嫌违法的告知书，多次到家里拍照骚扰，侵犯了《民法典》第1039条规定的个人信息权，以及人格尊严及生活安宁（隐私权）	广西壮族自治区钦州市钦北区人民法院裁定：未能提供证据证明被起诉人存在侵犯其人格尊严权的事实与理由，不予受理	广西壮族自治区钦州市中级人民法院（2021）桂07民终1540号民事裁定书：驳回上诉，维持原裁定。与一审理由同；且根据《最高人民法院关于人民法院登记立案若干问题的规定》第1、2、9条，不符合法律规定的立案条件的起诉裁定不予受理，而不是有诉必然立案受理❶
15	广东省东莞市第三人民法院（2020）粤1973民初7804号民事裁定书	廖某、胡某诉称，袁某利用其物业管理法人的便利，在电梯群内公开发布二起诉人的个人身份证号码、住址、电话的详细信息，属于故意泄露个人信息	广东省东莞市第三人民法院认为：本案并非必要的共同诉讼，无合并审理必要，经释明二人不同意分开起诉，裁定不予受理	广东省东莞市中级人民法院（2020）粤19民终5894号民事裁定书：一审法院依法裁定不予受理正确

在上述15个案例中，案例1—4，被认为不属于法院受理的民事案件范

---

❶ 可对照分析：广东省佛山市三水区人民法院（2021）粤0607民初873号民事判决书和广东省佛山市中级人民法院（2021）粤06民终10600号民事判决书，该案中，原告诉被告某合作社社长在村公布栏张贴公布带有其身份信息的判决书，侵犯其个人信息权益；但法院受理了案件，经实体审理后，判决驳回原告的诉讼请求。

围。其中，案例 1、2、4 涉及职务行为的可诉性问题，法院直接裁定不予受理；且不论这些案件中起诉人有没有诉权，法院直接裁定驳回起诉从实质上剥夺了当事人的程序保障权，即便上诉（通常不开庭审理）也不足以弥补这种程序瑕疵。案例 3 则涉及鉴定人员是否实施了在鉴定中"抹去其指印、调换鉴定样本"的侵权行为，法院受理了案件，但认为不属于法院受理民事案件的范围，不过，法院却以判决的方式驳回起诉。

案例 5—9，法院认为构成重复起诉，属于诉权消灭的情形。

案例 10，原告认为网络服务商非法收集和滥用消费者的个人信息，法院则是认为应受消费者与网络服务商的服务协议约定的"仲裁条款"的约束，法院无主管的权力，受理后裁定驳回起诉。

案例 11—13，法院均以"被告不明确"为由，而裁定不予受理。但在案例 12 中，法院在裁定书中认为，本案被告杨某无法联系到，属于被告不明确，显然属于对民事诉讼法规定的"有明确的被告"的错误解读；❶ 被告无法联系到，只要能识别，完全可以公告送达和缺席判决的方式进行审理。

案例 14，法院以起诉人未能提供证据证明被起诉人存在侵犯其人格尊严权的事实与理由，裁定不予受理；这等于诉讼还没有开始，法院就进行了实体审理，剥夺了当事人的诉权。

案例 15，法院认为本案并非必要的共同诉讼，无合并审理必要，经释明二人不同意分开起诉，遂裁定不予受理。这一做法，也是最高人民法院认可的做法。❷ 但是，是否分别起诉，属于诉权的行使方式，普通的共同诉讼合并审理要求当事人同意、法院认可，如果法院不认可，则依法作分案处理即可，没有必要以"不予受理"的方式从根本上否定当事人的诉权。正如必要共同诉讼一样，当事人没有追加，法院认为需要追加的，完全可以依职权通知追加。

---

❶ 《最高人民法院关于适用〈中华人民共和国民事诉讼法〉的解释》第 209 条："原告提供被告的姓名或者名称、住所等信息具体明确，足以使被告与他人相区别的，可以认定为有明确的被告。"
❷ 参见最高人民法院（2019）最高法民终 77 号民事裁定书，原告的多项请求非基于同一事实，应分别起诉，经释明后不分别起诉的，法院可裁定驳回起诉。

（三）虚拟财产诉讼的裁判文书分析

在中国裁判文书网以"虚拟财产""不予受理""民事案由""裁定书"为检索词进行检索，截至2023年8月15日，可以检索到36份裁判文书。对36个裁判文书进行分析整理，发现其中真正涉及"虚拟财产权益"保护的共有18个案例（见表3）。

表3 2000—2023年法院对虚拟财产诉讼裁定不予受理的典型案例

序号	裁判文书号	起诉人利益诉求	一审法院不予受理的理由	二审法院的裁判态度
1	吉林省白山市浑江区人民法院（2021）吉0602民初848号民事判决书	刘A诉称，被告刘B、万某系夫妻，2019年6月向原告借用比特币2枚兑换为现金后用于购房，万某2020年4月死亡。请求：判令刘B偿还刘A比特币2枚或折价赔偿	吉林省白山市浑江区人民法院认为：本案为借用合同纠纷。比特币虽不具有货币属性，但可以作为商品自由买卖，我国法律、行政法规并未禁止比特币的持有和合法流转。因比特币系"虚拟货币"，如无法返还，赔偿损失	吉林省白山市中级人民法院（2022）吉06民终236号民事裁定：被告上诉称，比特币属于"虚拟货币"，不是法定货币，不能用于夫妻共同生活、共同生产经营。本院认为：案涉主张返还比特币的纠纷，不属于人民法院受理民事诉讼的范围，应驳回起诉
2	江苏省徐州市泉山区人民法院（2021）苏0311民初6799号民事裁定书	孙某诉称，其将VENERC20糖果币交换为VET主网币，交给被告马某保管。请求判令马某返还其代为保管的VET主网币500万个	江苏省徐州市泉山区人民法院认为：本案属于保管合同纠纷。案涉争议系因虚拟货币的交易、流转行为产生，根据《关于进一步防范和处置虚拟货币交易炒作风险的通知》的要求，虚拟货币不具有法偿性，不属于民事诉讼案件受案范围，驳回起诉	江苏省徐州市中级人民法院（2021）苏03民终10698号民事裁定书：《关于进一步防范和处置虚拟货币交易炒作风险的通知》已经对虚拟货币作出明确定性，属于非法金融活动。一审裁定驳回起诉，并无不当

续表

序号	裁判文书号	起诉人利益诉求	一审法院不予受理的理由	二审法院的裁判态度
3	吉林省白城市大安县人民法院（2021）吉0882民初1970号	王某诉称，孙某2019年11月借比特币3个（市值约15万）。❶请求判令返还1.5402个比特币（8.7万元）。孙某辩称，本案属于民间借贷，自己向王某借款15万元用于购买矿机、矿机产生的孳息	吉林省白城市大安县人民法院：本案属于返还原物纠纷。比特币的市场流通及交易行为在我国不受法律保护，所造成的后果应风险自担。起诉不符合相关法律规定，依法应予以驳回	吉林省白城市中级人民法院（2021）吉08民终1014号民事裁定书：比特币具备虚拟财产、虚拟商品的属性，应受到法律的保护。撤销原判，指令受理
4	北京市朝阳区人民法院（2021）京0105民初78237号之一	周某诉称，被告借用5个比特币和100个以太坊，请求返还。被告辩称：比特币不属于合法的投资、交易、分红、借贷标的物	北京市朝阳区人民法院认为：本案为借用合同纠纷。案涉主张返还比特币、以太坊的纠纷，不属于人民法院受理民事诉讼的范围。❷应驳回起诉，不予受理	—
5	江苏省淮安市淮安区人民法院（2020）苏0803民初5179号之一	任某诉称，判令被告广东时代互联科技有限公司清偿原告在其管理的网站账户中虚拟财产5比特币，目前价值80万元	江苏省淮安市淮安区人民法院认为：本案为损害赔偿纠纷。但先前判决[（2020）粤0402民初5606号民事判决]已经生效，原告败诉。构成重复起诉，驳回起诉	—

❶ 2013年中国人民银行等部委曾发布《关于防范比特币风险的通知》，虽然否定了此类"虚拟货币"作为货币的法律地位，但提及"从性质上看，比特币应当是一种特定的虚拟商品"。《民法典》第127条规定："法律对数据、网络虚拟财产的保护有规定的，依照其规定。"

❷ 规范性文件已禁止比特币与法定货币的兑换业务，比特币等作为所谓"虚拟货币"的货币两大属性交换价值尺度和流通手段均被限制，即比特币等作为一种虚拟财产缺乏合法经济评价标准。详见2013年12月3日中国人民银行等五部委作出的《关于防范比特币风险的通知》、2017年9月4日中国人民银行等部门发布的《关于防范代币发行融资风险的公告》以及2021年9月15日最高人民法院、最高人民检察院、中国人民银行等部门作出的《关于进一步防范和处置虚拟货币交易炒作风险的通知》。

续表

序号	裁判文书号	起诉人利益诉求	一审法院不予受理的理由	二审法院的裁判态度
6	湖南省湘潭市雨湖区人民法院（2020）湘0302民初1348号	宋某诉称，被告借款4万元未还，请求返还借款。被告辩称，该4万元是原告投资虚拟数字货币的款项	湖南省湘潭市雨湖区人民法院认为：案涉虚拟数字货币是由未经批准的平台（联盟社区，前身九九社区）控制或发行，数量由平台自由投放，存在着巨大的风险和隐患。虚拟货币既非货币，亦不具备虚拟财产的商品属性，本质上是一种未经批准非法从事代币发行融资的行为。驳回起诉	—
7	湖南省湘潭市雨湖区人民法院（2020）湘0302民初1123号	尹某诉称，自2019年6月起，原告陆续从支付宝中转账给被告左某22284元，用于在网上投资UN（虚拟货币）业务。被告收到钱后没有为原告办理代购UN产品，亦不退款，请求返还22284元	湖南省湘潭市雨湖区人民法院认为：本案系原告、被告通过UNGlobal的App平台购买UN虚拟数字货币所引发的纠纷。案涉UN虚拟数字货币既非货币，亦不具备虚拟财产的商品属性，本质上是一种未经批准非法从事代币发行融资的行为。驳回起诉	—
8	上海市浦东新区人民法院（2021）沪0115民初99142号	杭某诉称，其在W网络公司注册《魔兽世界》网游账号，被无故作出"取消暗影国度PvP第1赛季奖励结算资格、收回相应奖励并禁止暗影国度PvP第1赛季排名赛"的处理措施，请求恢复原告的相应虚拟财产并赔偿损失	上海市浦东新区人民法院认为：本案属于网络服务合同纠纷。用户协议已经明确约定仲裁条款。原告不能通过选择请求权基础来规避仲裁条款。驳回起诉	—

第三章　诉权理论的重塑：基于新兴权利诉权保障的观察

续表

序号	裁判文书号	起诉人利益诉求	一审法院不予受理的理由	二审法院的裁判态度
9	上海市浦东新区人民法院（2021）沪0115民初12570号民事裁定书	刘某诉称，其为SL公司运营的《冒险岛online》网络游戏的玩家，被告封停其账号，造成游戏道具"台风成长秘药"×10瓶，"核心宝石"×1000个，"角色位"×10个等虚拟财产损失，请求解封游戏账号，恢复相应的虚拟财产	上海市浦东新区人民法院认为：本案为网络服务合同纠纷。"《冒险岛online》最终用户使用许可协议"约定了仲裁条款。驳回起诉	—
10	上海市浦东新区人民法院（2016）沪0115民初70344号民事裁定书	洪某诉称，2016年8月被告网游公司封停了其《守望先锋》的网游账号，价值2142元的游戏虚拟财产受损，请求赔偿虚拟财产损失	上海市浦东新区人民法院认为：战网使用条款约定仲裁条款，被告首次开庭前提出管辖权异议。驳回起诉	—
11	安徽省宿州市萧县人民法院（2018）皖1322民初3039号民事裁定书	叶某诉称，被告网游公司将其游戏账号封停，账号内合法的虚拟财产（1500龙币、14万金币）受到侵害，请求赔偿虚拟财产损失	安徽省宿州市萧县人民法院认为：该游戏最终用户使用许可协议约定仲裁条款，被告首次开庭前提出管辖权异议。驳回起诉	
12	山东省济南市槐荫区人民法院（2022）鲁0104民初653号民事裁定书	李某诉称，S公司对其名下的三个游戏账号采取封停。所采取的处罚措施，侵犯了卜诉人对游戏账户及账户内虚拟财产所拥有的权利，请求解封账号，赔偿虚拟财产损失	山东省济南市槐荫区人民法院认为：本案属于网络服务合同纠纷。盛趣游戏用户使用许可协议系用户与上海数龙公司之间《永恒之塔》游戏使用的法律协议，有仲裁条款	山东省济南市中级人民法院（2022）鲁01民终3384号民事裁定书：原审裁定对上诉人的起诉不予受理，并无不当

105

续表

序号	裁判文书号	起诉人利益诉求	一审法院不予受理的理由	二审法院的裁判态度
13	陕西省西安市碑林区人民法院（2020）陕0103民初7553号民事裁定书	田某诉称，其在D网络平台的作品点赞数量200多，可以兑换虚拟财产，被告未经原告许可，故意删除原告之作品，侵害了信息网络传播权，请求赔偿虚拟财产损失	陕西省西安市碑林区人民法院认为：本案属于服务合同纠纷。"抖音"用户服务协议第14.2条约定，管辖法院为北京海淀区法院。裁定不予受理	陕西省西安市中级人民法院（2020）陕01民终12339号民事裁定书：当事人起诉的法律关系与实际诉争的法律关系不一致的，人民法院应当根据当事人之间存在的法律关系的性质确定案由。一审裁定不予受理正确
14	黑龙江省齐齐哈尔市拜泉县人民法院（2018）黑0231民初947号民事裁定书	鞠某诉称，其在拜泉县，在TX公司的《地下城与勇士》注册了网游账号。被告封停其游戏账号，造成游戏中的虚拟货币、游戏装备、道具等虚拟财产损失，请求赔偿虚拟财产损失	黑龙江省齐齐哈尔市拜泉县人民法院认为：原告在注册《地下城与勇士》游戏时，与腾讯公司签订一份腾讯游戏许可及服务协议，约定合同任何争议提交深圳市南山区法院审理。裁定不予受理	黑龙江省齐齐哈尔市中级人民法院（2018）黑02民终1311号民事裁定书：双方之间属于网络服务合同关系，协议管辖具体明确且合法有效，一审裁定不予受理并无不当
15	北京市密云区人民法院（2022）京0118民初7123号民事裁定书	许某诉称，2022年6月与被告签订虚拟财产转让合同，交易物品为网易公司旗下梦幻西游游戏的虚拟财产，约定原告支付52000元来收购被告名下虚拟财产。被告以不明手段盗取了原本交易给原告的虚拟财产，网易通行证账号原告现已无法控制，请求赔偿虚拟财产损失	北京市密云区人民法院认为：双方签订虚拟财产转让合同虽约定本院管辖，但密云区既非上述被告住所地、合同履行地、合同签订地、原告住所地、标的物所在地之一，亦无证据证明系与争议有其他实际联系的地点，故双方管辖协议应属无效。本院不予受理	—

第三章 诉权理论的重塑：基于新兴权利诉权保障的观察

续表

序号	裁判文书号	起诉人利益诉求	一审法院不予受理的理由	二审法院的裁判态度
16	广东省深圳市南山区人民法院（2019）粤0305民初10094号民事裁定书	詹某诉称，其名下的QQ号87×××82下属的QQ三国游戏账号在2016年4月28日被腾讯官方封停，期限为10年，侵犯其虚拟财产权，请求解封其游戏账号	广东省深圳市南山区人民法院：经审理查明，涉案QQ号码87×××82的注册信息是年龄为53岁的成年人，该游戏账号于2016年4月28日被被告封停，原因为转移赃物。原告无法证明其是与本案有直接利害关系的公民，驳回起诉	—
17	上海市杨浦区人民法院（2022）沪0110民初3554号民事裁定书	D公司诉称，五被起诉人的"三支花"抖音平台账号的网络账号的所有权、使用权和管理权归属于起诉人，网络账号上发布的全部短视频的著作权归属于起诉人	上海市杨浦区人民法院认为：本案与一审法院审理的（2021）沪0110民初5447号案件，实际上系同一争议，诉讼请求也存在重合。构成重复起诉，不予受理	上海知识产权法院（2022）沪73民终255号民事裁定书：一审法院据此认定本案构成重复诉讼，裁定驳回上诉人的起诉，并无不当
18	甘肃省张掖市甘州区人民法院（2019）甘0702民初5147号民事判决书	王某诉称，2018年5月向刘某转款191万余元。12月，刘某通过签订M粉丝俱乐部户口转让协议的方式，向王某支付39万元。王某主张"MBI-MFC"游戏理财涉嫌刑事犯罪，要求将该案件移送公安机关，未予刑事立案。请求判令被告向原告退还现金152万元	甘肃省张掖市甘州区人民法院认为：本案属于委托合同纠纷。双方的委托合同涉嫌传销行为，委托事项不具有合法基础，双方的合同关系应当认定为无效。合同无效后，王某基于委托事项交付刘某的款项，刘某应当予以返还。故刘某应向王某返还现金1524277元	甘肃省张掖市中级人民法院（2020）甘07民终966号民事裁定书：刘某提交的MFC电脑账号截图，证据来源不清，也不能确定目前账户内虚拟财产的数额。MFC理财已被国家工商行政管理总局认定为传销，这类案件不属于人民法院受理民事诉讼案件的范围。裁定撤销原判，驳回起诉

在上述18个案例中，案例1—7涉及学术界讨论的新兴权利现象，即"虚拟货币"（多数为比特币）纠纷。在此类案件中，多数法院以"非法律或司法解释文件"（2013年中国人民银行等五部委作出的《关于防范比特币风险

107

的通知》、2017年中国人民银行等部门发布的《关于防范代币发行融资风险的公告》以及2021年最高人民法院等部门作出的《关于进一步防范和处置虚拟货币交易炒作风险的通知》)为根据,认定比特币等虚拟货币属于非法金融活动,从而认为起诉人不具备合法的诉权,裁定不予受理。但也有例外,比如,在案例1即吉林省白山市浑江区人民法院(2021)吉0602民初848号民事判决中,法院就认为比特币虽不具有货币属性,但可以作为商品自由买卖,我国法律、行政法规并未禁止比特币的持有和合法流转,不仅承认原告的诉权,而且判决原告胜诉。在案例3即吉林省白城市中级人民法院(2021)吉08民终1014号民事裁定书中,法院也认为,比特币具备虚拟财产、虚拟商品的属性,应受到法律的保护,承认原告的诉权,指令一审法院受理案件。法院在实践中的这些认识差异,说明了一个道理,即法院不宜以"诉称的权利主张不合法"而不经辩论程序就直接裁定不予受理。

案例8—16均涉及网络游戏装备等虚拟财产权益的争议。其中,在案例8—12中,法院均以存在仲裁条款为由,裁定不予受理或驳回起诉;在案例13—15中,法院均以存在协议管辖条款为由,裁定不予受理或驳回起诉;在案例16中,法院以原告无法举证证明其是与本案有直接利害关系的公民,以原告不适格为由,裁定驳回起诉,这显然是在诉讼开始之际法院就进行了实体审理,原告是不是所主张的利益主体不应作为剥夺其诉权的理由。

案例17、18比较特殊,案例17涉及网络账号所有权和网络账号上发布作品的著作权归属争议,法院以重复起诉为由,裁定不予受理。案例18则涉及以传销的方式进行网络理财,法院认为,MFC理财已被国家工商行政管理总局认定为传销,这类案件不属于人民法院受理民事诉讼案件的范围。这一裁判逻辑,与前述比特币等虚拟货币案件一样,实际上可以解读为原告主张的实体权利不合法的则不享有诉权。

(四)经由实证分析产生的几点疑问

基于本章第一节有关诉权诸说的形成逻辑和诉权理论的发展困境的讨论,形成了为冗余的诉权内涵"减负",将"诉权"界定为诉诸法院的权利的结

第三章 诉权理论的重塑：基于新兴权利诉权保障的观察

论。但在规范分析、政策分析和典型案例分析的基础上，又产生了几个待解决的疑问：

第一，诉权与法院主管制度是什么关系？在实践中，大量案件是因为不属于法院主管范围而被裁定不予受理的。❶ 我国传统的教科书一般认为，主管是基于国家机关职权范围视角的一个概念，"法院在民事诉讼中的主管，是指法院受理民事案件的权限范围"❷。从权力的分工视角，对民事纠纷，除了法院之外，还有行政机关、社会组织享有的一定范围的主管权力。这就产生了两个问题：法院的主管权力范围是否构成了对诉权的当然限制？谁来确定法院主管的范围？

第二，是否应区分诉权的存在要件和行使要件？无论从规范分析还是在司法实践中，在我国民事诉讼领域并不存在诉权存在要件与行使要件之分，而是笼统地以"起诉条件"来概括。凡不符合起诉条件的，法院有权紧闭司法大门，不提供程序保障（除了不予受理的裁定可以上诉外）。那么，"有没有诉权"和"是否合法地行使诉权"到底是不是一个问题？对二者进行区分有何实际意义？

第三，如果有必要对诉权要件进行审查，什么样的审查程序机制才是正当的？对民众提起的任何民事诉讼都予以受理，是否合适？如果要对诉讼案件进行程序过滤，应当建立一种什么样的程序过滤机制？

对于前述第一个和第二个问题，在下面的第三节中将进一步予以讨论，对于程序过滤机制则在第四章进行专门讨论。

---

❶ 在前述 40 个案例中，共有 20 个案例（占 50%）是法院以缺乏主管的权力而裁定不予受理的。其中，涉及祭奠权诉讼的 7 个案例中有 4 个，涉及个人信息的 15 个案例中有 4 个，涉及虚拟财产的 18 个案例中有 12 个。

❷ 江伟：《民事诉讼法（第四版）》，高等教育出版社 2013 年版，第 138 页。

第三节　新兴权利的诉权要件

一、新兴权利诉权要件的特殊性

我国主流理论认为，"民事诉权要件不同于民事诉权行使要件。前者是就'拥有'的层面来说的，后者是从'行使'的层面来说的。从时序上说，先'拥有'，后'行使'"❶。这一观点的形成逻辑是：遵循法理学上关于"法规权利"与"现实权利"关系的原理，民事诉权也有"法规诉权"与"现实诉权"之分，法规诉权潜在地存在于每一个人，现实诉权却并非任何人都无条件地享有，法规诉权向现实诉权转化须满足一定的条件，即诉权要件。诉权要件主要是由学者发展出来一套阐释性理论，目的是为诉权保障提供更合理的解释，当然它也会对一国的立法或者司法实践产生影响。从比较法来看，关于诉权要件主要存在三种典型的理论模式。

（一）诉权要件的三种理论模式

1. 美国的"权利救济要件"模式

考察美国的司法制度，可以发现并不存在"国民诉权－法院裁判义务"的认知逻辑。英美法上有一句古老的法律格言，即"有权利，就有救济"。这一格言在现代英美法上演化成了"权利救济原则"，兼有"法院为侵权受害人提供救济的权力"和"民众寻求法院救济的权利"的双重意蕴。❷但美国法院并非对原告提起的任何诉讼都予以受理，而是基于"权力－权利"的视角发

---

❶ 江伟、邵明、陈刚：《民事诉权研究》，法律出版社2002年版，第168页。
❷ Seth Davis & Christopher A. Whytock, State Remedies For Human Rights, 98 Boston University Law Review, 2018, p.427.

展出了一套寻求司法救济的条件规则体系。

美国对司法救济条件的设定，综合考量了司法权的范围、原告资格、救济的必要性等多种因素，主要包括以下五项规则：

第一，"案件或争议"规则。这是美国联邦最高法院根据《美国联邦宪法》第3条的规定，对法院权力所作的自我限定性规则。❶根据这一规则，法院的宪法定位是提供司法救济的机关，司法权的范围仅限于真实的、有争议的诉讼案件；法院不是法律咨询机关，不在诉讼争议解决之外就法律提供一般性咨询意见。

第二，原告资格规则。这是对原告诉权资格的基本要求，这一规则要求原告对案件要有足够的利益，即其"个人利益"已受到"事实损害"，否则一个人就不具有原告资格，除非制定法另有规定（如1972年美国国会制定的《清洁水法》规定的公民诉讼条款，公民基于这类条款具有提起公益诉讼的原告资格）。

第三，案件成熟性规则。这是对案件可救济性的基本要求，它要求案件适合于法院审判，且为受害人提供司法救济的时机已经成熟。❷设定这一规则的根据是政策考量性质的，即"禁止法院审理抽象性、假设性或者近期不会发生的（remote）问题，以保证司法资源用于真正的、现存的或者立即发生损害的案件"❸。

第四，审判实益规则。这是在"案件或争端"规则基础上，于1963年通过判例衍生出来的一项规则，用于判断一个案件有没有审判的实际价值、效用。所谓无审判实益的案件（moot case），是指案件中的争议已经不存在，或

---

❶ 在华盛顿担任总统时，曾请求联邦最高法院就美国缔结的一项国际条约提供法律意见。联邦最高法院第一任首席大法官杰伊（Jay）回复说：宪法赋予法官的权力仅限于"在真实的案件或争议中"，无权提供一般性的法律咨询意见。但这一规则对州法院没有约束力，有许多州的法院经常会提供一般性的法律咨询建议。参见密苏里大学堪萨斯分校法学院网站：http://law2.umkc.edu/faculty/projects/ftrials/conlaw/caseorcontroversy.htm。

❷ 1967年，美国联邦最高法院在审理Abbott Laboratories v.Gardner一案时首次提出判断案件成熟的两个条件：一是争议问题是否适宜司法裁决；二是推迟司法救济是否会造成当事人困难。参见黄先雄：《司法谦抑论——以美国司法审查为视角》，法律出版社2008年版，第83页。

❸ [美]理查德·J.皮尔斯：《行政法》，苏苗罕译，中国人民大学出版社2016年版，第1024页。

者原告仅提出了"缺乏现有事实和权利基础"的"抽象问题"的案件。❶根据这一规则,法院不会就一个不真正存在事实上争议的案件作出判决;在法院审理和判决时,诉请事项必须仍然存在实际意义。

第五,政治问题排除规则。所谓政治问题,就是涉及由政府的立法机构或行政机构自由裁量的事项。❷这是一项由美国联邦最高法院自设的司法权范围规则,它要求法院应当拒绝受理涉及政府的立法机构或行政机构自由裁量的争议事项。❸

2. 德国、日本"淡化诉权要件"模式

德国和日本的诉权理论异常发达,自19世纪中期以后私法诉权说、公法诉权说(抽象诉权说、具体诉权说、宪法诉权说、本案判决请求权说)等此起彼伏。但私法诉权说早已被历史遗弃,各种公法诉权说对诉权要件的认识差异很大。其中,具体诉权说认为,诉权要件包括"起诉形式要件"和"权利保护要件",权利保护要件又包括"实体的权利保护要件"和"诉讼的权利保护要件";本案判决请求权说则认为,应将"实体的权利保护要件"从诉权要件中剔除。❹学术界的一般判断是,本案判决请求权说是日本的通说,司法行为请求权说是德国的通说。

但是,诉权要件理论在德国和日本似乎已成了历史,目前很少有人再讨论。例如,在德国学者的民事诉讼法教科书中,一般并不讨论"诉权"或"诉权要件"问题,而更关注"诉讼实施权"和"诉讼要件"。"如果诉讼实施权涉及原告,则人们可称之为诉权(Klagebefugnis)。不过,'诉权'这一概念

---

❶ Bryan A. Gerner, Black's Law Dictionary (9th edition), West Group, 2009, pp.1099-1010.

❷ Bryan A. Gerner, Black's Law Dictionary (9th edition), West Group, 2009, p.1277.

❸ 该规则最早见于马歇尔(Marshall)大法官在1803年审理马伯里诉麦迪逊(Marbury v. Madison)一案的判决书中,他认为法院的职能定位应当限于审理"个人争议和合宪性问题",而不包括政治问题。1849年,首席大法官罗杰·特尼(Roger Taney)做了扩展,他认为适合政治性救济的问题不属于司法权的范围。在判例中,政治问题主要包括外交事务、军事事务。但在1972年的"水门事件"中,法院裁定总统不能违抗国会的传票,应当交出证据,这是对传统上的政治问题规则的突破。

❹ 江伟、邵明、陈刚:《民事诉权研究》,法律出版社2002年版,第167页。

第三章 诉权理论的重塑：基于新兴权利诉权保障的观察

在民事诉讼中——与在行政诉讼中不同——不普遍；因此应当避免该概念。"❶ 在日本民事诉讼法教科书中，也较少谈及"诉权"和"诉权要件"问题，而更加关注"起诉形式要件"和"诉讼要件"，"诉是原告向裁判所请求本案判决的申请……裁判所将诉状送达于被告时，发生诉讼系属"，"于具备诉讼要件时，裁判所负有作出本案判决的义务"。❷ 所谓起诉形式要件，一般包括合格的诉状、缴纳诉讼费用和送达三个要素，满足三个要素发生诉讼系属的效力，诉讼程序就正式开始了。所谓诉讼要件，又称实体判决要件，解决的是诉的合法性问题，同时也被视为法院进行实体审理的前提条件。❸ 德日这种淡化诉权要件的趋势与美国的权利救济理论尽管形式上有异，但在理论逻辑上却具有相似性。

淡化诉权要件的发展动向，并不意味着德国、日本不重视民事诉权的法律保障，只不过是采用了一种更加技术化的方法来保障诉权。亦即，以低门槛的"起诉形式要件"让起诉尽可能进入诉讼程序，然后依据细密的"诉讼要件"规则对诉的合法性进行程序过滤，只让那些有审理实益的案件进入实体审理和裁判阶段。

3. 法国的"诉权要件二分"模式

法国的诉权理论异常发达，甚至可以说法国的民事法都是围绕诉权保障这一红线展开的。这不仅体现在《法国民法典》第4条明文规定了"法官不得拒绝裁判原则"，《法国民事诉讼法典》第30条又给"诉权"下了一个法定

---

❶ [德] 汉斯·约阿希姆·穆泽拉克：《德国民事诉讼法基础教程》，周翠译，中国政法大学出版社2005年版，第74页。

❷ [日] 伊藤真：《民事诉讼法》（第四版），曹云吉译，北京大学出版社2019年版，第117页。

❸ 在德国，起诉形式要件的满足经历如下三个步骤：（1）原告撰写合格的诉状，须包括双方当事人的信息（姓名或名称，身份或职业，住所地，当事人的诉讼地位），拟诉法院的名称，请求权标的，诉讼理由，明确的诉讼请求（据此区分为给付之诉、确认之诉和形成之诉），当事人亲笔签名。（2）法院书记处收到诉状，原告预交诉讼费用，法院即将诉状送达被告。（3）诉讼送达被告，即产生诉讼系属的效力，诉讼程序正式开始，并进入审前准备阶段。诉讼要件一般包括四个方面，即涉及法院的诉讼要件（德国法院裁判权和受诉法院管辖权）、涉及当事人的诉讼要件（当事人资格、诉讼能力、诉讼实施权）、涉及诉讼标的的诉讼要件（所主张权利的可诉性、起诉的合法性、诉讼系属、既判效力、权利保护的必要性）和涉及特殊程序的要件。参见[德] 汉斯·约阿希姆·穆泽拉克：《德国民事诉讼法基础教程》，周翠译，中国政法大学出版社2005年版，第34—45、70—71页。

的定义，而且表现为法国学者对诉权理论连篇累牍的细致分析，形成了颇具特色的"诉权存在要件"（或称诉权享有要件）和"诉权行使要件"的理论。

诉权存在要件，解决的是"诉权有无"的问题。法国学者一般认为，诉权存在要件有两个：一是诉讼利益，二是诉讼资格。这两个要件是从《法国民事诉讼法典》第30条直接得出来的，❶但二者所起的作用不同，"诉讼利益始终是诉权存在的必要前提；而诉讼资格只是在某些情况下才是诉权存在的必要前提"❷。但也有学者认为包括三个方面：一是与诉讼主体人身有关的条件，即前述的诉讼利益、诉讼资格；二是与诉讼标的有关的条件，这主要是诉权的消极要件，包括"既决事项"（已为生效判决所遮蔽）和"与法律和善良风俗相抵触"；三是其他要件，包括诉讼时效、诉权处分、诉权转移、诉权消灭等。❸

诉权行使要件，解决的是"诉权行使是否合法"的问题。当事人享有诉权是一回事，诉权行使是否合法是另一回事。诉权行使要件包括：诉权主体有诉讼能力；有诉讼权力。诉权存在要件与诉权行使要件的区分不是毫无意义的，二者的法律后果有显著的差异。（1）如果欠缺诉权存在要件，后果是法院不予受理。《法国民事诉讼法典》第32条规定："不具有诉权的人提起或被提起的任何请求，均不予受理。"（2）如果欠缺诉权行使要件，将导致诉讼行为无效。在实践中，诉权总是通过"诉讼请求"来实施的，或者说"诉讼请求"是诉权的行使方式。"诉讼请求"是指一个人"据以向法官提出某种诉讼主张的法律行为"，它可以是原告的"提起诉讼的请求"，也可以是诉讼中提出的"附带请求"（如反诉、追加之诉、参加之诉）。❹法国学者认为，"如果诉权要件不具备，那么诉权就不予受理；如果诉权行使要件不具备，则诉

---

❶ 《法国民事诉讼法典》第30条规定："反对请求受到支持或者驳回具有合法利益的人，诉权均向其敞开，但法律将诉权仅赋予法律认定的具有提出或抗辩请求权或者保护特定利益的人时除外。"
❷ ［法］洛伊克·卡迪耶：《法国民事司法法》，杨艺宁译，中国政法大学出版社2004年版，第299页。
❸ ［法］让·文森、塞尔日·金沙尔：《法国民事诉讼法要义（上）》，罗结珍译，中国法制出版社2001年版，第150-191页。
❹ ［法］让·文森、塞尔日·金沙尔：《法国民事诉讼法要义（上）》，罗结珍译，中国法制出版社2001年版，第193页。

讼请求就不合规，并导致作为工具的诉讼行为无效"❶。此外，即便有诉权，在行使过程中也不能滥用，滥用诉权可能导致两种后果即民事罚款和损害赔偿。❷

（二）新兴权利诉权要件的特殊性

通过考察美、德、日、法四国的三种代表性诉权要件理论，可以发现每个国家都十分重视诉权保障问题，但技术进路存在差异。每个国家都宣示诉权保障的重要性，但都不允许无条件地提起诉讼，事实上都有诉权要件的法律要求。问题是，我国应否承认诉权要件，我们应构建什么样的诉权要件理论？新兴权利的诉权要件具有哪些特殊性？

1. 诉权存在要件与行使要件划分的合理性

诉权，在本质上是一种请求权，只不过与民法请求权不同，它是一种程序性的请求权（诉诸法院、获得司法救济的请求权）。无论是哪一种请求权，都具有要求他人为或不为一定行为的内涵，这决定了请求权必然存在要件问题。民法上的请求权都有构成要件，如违约责任请求权的构成要件、侵权责任请求权的构成要求。诉权，作为一项要求法院开启审判程序的程序请求权，也必然要具备一些要件。所以，关键不是是否承认诉权要件，而是我们打算构建什么样的诉权要件理论。

"有没有诉权"和"如何合法地行使诉权"是两个本质上不同的问题。有没有诉权，以及在有诉权的情况下法院不得随意剥夺诉权，是民事诉讼中诉权保障的核心议题。在承认诉权是一项具体权利的前提下，在以诉权制约审判权的理论逻辑下，法国学术界对"诉权存在要件"和"诉权行使要件"进行区分的做法是有合理性的，对我国诉权理论的重塑有极大的启发意义。但是，具体的要件包括什么，学术界的认识不尽一致。

---

❶ ［法］洛伊克·卡迪耶：《法国民事司法法》，杨艺宁译，中国政法大学出版社2004年版，第342、346页。

❷ 《法国民事诉讼法典》第32条规定："拖延诉讼，滥用诉权的，可处100—10000法郎的民事罚款，且不影响对方当事人对其提出损害赔偿请求的权利。"

笔者认为，诉权存在要件主要包括三个方面的要求，即诉讼利益、诉讼资格和法院主管范围。诉权行使要件比较复杂，但从新兴权利诉权保障的视角来看，这涉及诉权行使的程序合法性问题，与其他类型诉权的行使要件大体一致，无须赘述，可简要将其梳理归纳为以下三种情况：（1）关于法院的要件，主要是指"法院有管辖权"。诉权是诉诸法院的权利，基于级别管辖、地域管辖、专门管辖制度的要求，起诉时选择有管辖权的法院是诉讼合法性的基本要求；（2）关于当事人的要件，主要是指"具备诉讼行为能力"，无诉讼行为能力人必须由法定代理人代理实施诉讼行为；（3）关于诉讼请求的要件，主要涉及起诉形式合法（诉状合法）和不曾诉讼系属（一案不二诉）两个方面。

2. 新兴权利诉权存在要件的特殊性

从诉权的类型划分角度，"新兴权利诉权"与"法定权利诉权"是对应的范畴，"新兴权利诉权"存在要件的特殊性主要是与"法定权利诉权"存在要件相对照的意义上来说的。下面，将从新兴权利诉权的三个存在要件着手，分别进行分析。❶

二、新兴权利的诉权存在要件之一：诉讼利益

（一）诉权的根据：有诉讼利益

我国《民事诉讼法》第122条规定起诉必须符合的条件之一，即"原告是与本案有直接利害关系的公民、法人和其他组织"。对于这一法定起诉条件，有的学者侧重于关注"直接利害关系"，从诉讼利益理论解读；有的学者侧重于关注"原告与案件的关系"，从当事人适格理论解读。大陆法系学者一般认为，可以将"诉讼利益"和"当事人适格"分别置于诉权的客观利益和

---

❶ 需要说明的是，鉴于我国传统诉权要件理论的混乱，对新兴权利诉权的存在要件的讨论在某种意义上也是对一般诉权要件理论的重塑。

诉权的主观利益地位看待。❶ 对于当事人适格问题后文还将专门讨论，此处仅讨论诉讼利益问题。从诉权保障的视角看，对诉讼利益有两个关键问题值得讨论。

1. 诉权的根据：法定权利，抑或诉讼利益

在司法实践中，法院能否以原告的起诉缺乏实体法依据或者原告主张的不是"法定权利"为由，而裁定不受理案件？这涉及诉权的根据究竟是"法定权利"，还是诉讼利益的问题。从诉权理论的发展史看，经历了"开放性—封闭性—开放性"的发展过程。在罗马法上，"诉"的制度体现的是法定权利的诉权观，而公元前 3 世纪中叶以后出现的裁判官法之诉体现了诉讼利益的诉权观。在英国普通法形成时期，普通法诉讼中的"令状"体现了法定权利的诉权观，14 世纪以后枢密院大法官发展出的衡平法诉讼则体现了诉讼利益的诉权观。这一时期，法定权利的诉权是主流，诉讼利益的诉权规则保持了诉权的开放性，诉权对于非法定权利保持有限的开放性。

19 世纪，"无法定权利、无诉权"的观念十分流行。自 1651 年霍布斯（Hobbes）在《利维坦》一书中提出"法律即主权者的命令"的观点之后，特别是受 18 世纪边沁关于"法律是权利的唯一来源"的观点的影响，在 19 世纪的英美法系产生了以奥斯丁（Austin）为代表的规范分析法学派，在大陆法系的德国产生了以普赫塔（Puchta）为代表的概念法学派，在法国产生了以布格纳特（Bugnet）为代表的注释法学派，他们将实体法视为一个封闭完美的体系，否认法律之外存在权利。在这种理论氛围下，法定权利被视为诉权的唯一正当性根据。

20 世纪以后，"无诉讼利益、无诉权"的观念回归，诉讼利益重新成为诉权的根据，法定权利不再被视为诉权的唯一根据。这一转变趋势在美、德、法等国总体上相似，但具体转变过程有所差异。

在德国，这一转变始于利益法学对概念法学的权利观的批判。耶林早期是概念法学者，后期转向了目的法学（利益法学）。耶林在 1884 年完成的

---

❶ ［日］高桥宏志：《民事诉讼法：制度与理论的深层分析》，林剑锋译，法律出版社 2003 年版，第 207 页。

《法律的目的》一书中主张：目的是法律的创造者，而目的就是利益；利益是权利的核心，权利是法律保护的利益；目的是理解和解释法律的最高原则。❶继耶林之后，黑克（Heck）在1932年更加明确地提出："与大量生活中出现的问题相比，我们的制定法是有缺陷的"，"法官应受法律约束。法官也要像立法者一样界定利益，并对利益冲突进行判决。诉讼两造的争端使他必须面对利益冲突"，"法官不仅要适用既有的法律规范，而且要自己创造规范……现代的法官绝不是一台法律机器，而是在很大程度上充当立法者的助手"。❷从利益法学特别是黑克的思想中很容易得出一个结论：法官不应受法定权利的限制，受理新兴权利诉讼和证成新兴权利是现代法官的使命；新兴权利主张缺乏法律依据时，法官可以像立法者那样创制权利。

在美国，原告资格理论的转型是以庞德、霍姆斯和卡多佐为代表的社会法学（或现实主义法学）推动的结果。英美的司法传统是有"法律权利"才有救济。马歇尔大法官在1803年的马伯里诉麦迪逊一案中阐明了司法救济限于"既得法律权利"的原则，这被称为"法律权利说"的原告资格理论。但是，这种理论在20世纪初受到社会法学派的挑战。例如，深受利益法学影响的法学家庞德指出，通过法律实现社会控制，需要通过立法和司法按照公认的程序承认特定的利益；不管法律规则多么详尽总会存在漏洞，法官在无法时仍然要作出裁判。❸受此影响，美国法院在20世纪40年代以后逐渐把"法律权利说"修正为"法律利益规则"。亦即，即使原告无法主张一项法律权利受到侵害，但他只要主张"受法律保护的利益"受到侵害，就拥有诉诸法院的救济权。❹在1970年的数据处理服务组织协会诉坎普案中，联邦最高法院在法律利益规则的基础上首次提出了"事实损害"的判断标准，即"只要原告主张被控行为对其产生了事实上的伤害，不论经济的或其他"，就满足了起

---

❶ 吴从周：《概念法学、利益法学与价值法学：探索一部民法方法论的演变史》，中国法制出版社2011年版，第11、103页。
❷ ［德］菲利普·黑克：《利益法学》，傅广宇译，商务印书馆2016年版，第39、31页。
❸ 转引自梁上上：《利益衡量论》，法律出版社2013年版，第32、36页。
❹ 巩固：《美国原告资格演变及对公民诉讼的影响解析》，《法制与社会发展》2017年第4期。

第三章 诉权理论的重塑：基于新兴权利诉权保障的观察

诉资格的要求。❶ 这意味着，受害方在任何情况下基于受到事实损害的事实，都有寻求司法救济的原告资格，而不管他的诉请是否缺乏法律权利或明确的法律规定。❷ 这一理论确认了权利是一个开放的体系，也为新兴权利的司法救济奠定了理论基础。

在法国，19世纪的学者普遍认为"诉权就是权利本身"，赋予诉权就意味着承认权利。❸ 但20世纪以后法国学术界逐渐扭转了这种认识，认为诉讼利益才是诉权的首要要件。"原告所援引的权利是否存在，这并不是其诉讼请求是否可以受理的一项条件"，这是因为，在实体法律规范调整的法律关系之外，还存在一个不甚明确的公共自由或者私人自由的领域，"其中，某些自由正在逐步转变成'真正的权利'……在这种从'单纯的自由'向'真正的权利'过渡之前，法律对此也不能置之不问，不能听任（侵害自由的行为）不受制裁"，所以，诉权的逻辑是，"由于有受到损害的利益，所以法律同意给予'进行补救的诉权'"。❹ 更为重要的是，即便不讨论新兴权利或者"自由向权利转化"的情形，在传统法律领域诉权、法定权利也是彼此独立的，"存在无权利的诉权，也存在无诉权的权利"。❺ 关于无权利的诉权，典型的情形包括公益诉讼、诉讼担当；关于无诉权的权利，典型的情形是自然之债，如因婚姻居间而约定的报酬、赌债、限定继承的债务以及超过诉讼时效的债务。

我国学术界存在将"法定权利"与"诉权"挂钩的问题。例如，传统的教科书认为，"所谓'与本案有直接的利害关系'，是指原告必须是发生争议的法民事法律关系的双方主体"，换言之，原告必须是"民事权利主体"或者

---

❶ See Association of Data Processing Service Organizations v. Camp, 397 U.S. 150(1970).
❷ Antonin Scalia, The Doctrine of Standing as an Essential Element of the Separation of Powers, Suffolk University Law Review, Vol.17, No.4(Winter, 1983), p.888.
❸ 转引自［法］洛伊克·卡迪耶：《法国民事司法法》，杨艺宁译，中国政法人学出版社2004年版，第280页。
❹ ［法］让·文森、塞尔日·金沙尔：《法国民事诉讼法要义（上）》，罗结珍译，中国法制出版社2001年版，第152-153页。
❺ ［法］洛伊克·卡迪耶：《法国民事司法法》，杨艺宁译，中国政法大学出版社2004年版，第281页。

至少他认为自己是"民事权利主体"。❶ 在国家法官学院编写的法官培训教材中，也认为"与本案有直接的利害关系"是与诉讼标的有直接关系，诉讼标的即民事法律规定的权利义务关系。❷ 在我国司法实践中，虽然早在1987年天津市高级人民法院在请示最高人民法院后，在缺乏法律明确规定的情况下审理了"天津荷花女案"，确立了近亲属对死者利益享有诉权规则；但不容否认的是，由于主流理论长期将"法定权利"与"诉权"挂钩，至今有些地方法院还仍然认为原告起诉主张的不是法定权利的就没有诉权，应当裁定不予受理。

综上所述，各国特别是法国的诉权理论清晰地论证了这样一个命题：原告起诉时主张一项法定权利，不见得他一定有诉权；原告起诉时主张一项非法定权利的利益，不见得他一定没有诉权；法院不得因原告主张了一项非法定权利的利益，就一概地不予受理。这一命题表明新兴权利的诉权根据是"诉讼利益"，可广泛适用于非新兴权利诉讼案件，"诉讼利益"的诉权观具有从整体上重塑我国民事诉权理论的作用。

2. 诉讼利益：诉权存在要件，抑或诉权行使要件

诉讼利益是一个至关重要的诉讼要件问题，但它究竟属于诉权存在要件、抑或是诉权行使要件？目前，在理论上仍存在分歧。

在法国，诉讼利益是诉权存在要件。法国流行这样一句法谚，"利益是衡量诉权的标尺，无利益则无诉权"。❸ 但在德、日，主流观点是将诉讼利益视为"诉讼要件"（诉的合法性要件）。如日本学者认为，诉讼利益是"具体请求的内容是否具有本案判决之必要性以及实际上的效果（实效性）"❹，欠缺此种利益时，法院将以诉讼要件不合法为由驳回起诉。德国学者又有两种认识：

---

❶ 江伟：《民事诉讼法》（第四版），高等教育出版社2013年版，第301页。虽然该书也承认，"非权利主体"根据法律规定的管理权也有诉权，但并没有承认"法律权利之外的利益"的诉权问题。

❷ 国家法官学院编：《法院立案工作及改革探索》，中国政法大学出版社2000年版，第107页。

❸ ［法］让·文森、塞尔日·金沙尔：《法国民事诉讼法要义（上）》，罗结珍译，中国法制出版社2001年版，第151页。

❹ ［日］高桥宏志：《民事诉讼法：制度与理论的深层分析》，林剑锋译，法律出版社2003年版，第281页。

一种观点认为，诉讼利益是诉讼要件，起诉缺乏诉讼利益，法院将以"诉不合法"为由驳回起诉；另一种观点认为，诉讼利益是权利保护要件，缺乏诉讼利益，法院将以"诉无理由"为由作出实体判决原告败诉。❶

产生上述分歧的根本原因，在于对诉的利益的内涵及其识别标准的认识不同。如果把诉的利益视为诉讼要件（诉权行使的合法性要件或诉讼的合法性要件），则显然就会赋予法官几乎不受限制的裁量权。在诉讼中会形成这样的局面：原告诉称自己有诉的利益，被告称原告没有诉的利益，法院还会从自身工作负担加重、司法资源浪费等角度权衡，如此，则会出现法院能不受理的尽量不受理的裁量结果。对这一点，赞同诉讼要件说的学者也承认，"诉讼的利益取决于原告、被告、法院三者之立场及利害的平衡关系"❷。更为关键的问题是，这种利益权衡本质上是"实体审理"，本应由法院在开庭审理结束后以判决的方式解决，却提前以诉讼不合法为由否定了原告的诉权和接受审理的权利。这样，诉权保障将彻底置于法官的自由裁量权之下，成为空谈。

如果承认法定权利的本质是一种受法律保护的利益，新兴权利的本质是一种法律暂未明确但应当受法律保护的利益，那么，就应该否定诉讼利益是本案判决的"必要性"这一观点。新兴权利和法定权利一样本质上都是一种实体利益，区别无非前者"有待司法证成"、后者"已为法律明定"。有学者认为，诉讼利益是通过诉讼能够为当事人带来的益处、效用或者惠益，如果行使诉权、进行诉讼可以为其受到的损害带来救济，则其就应当具有诉权。❸这一定义是较为妥当的。从诉讼过程来看，对于诉讼利益的识别宜采取两段制：

第一阶段：在起诉时，原告只要主张其"正当利益"受到"事实上的损害"即可。这里的"正当利益"，只需要原告在诉状中自认为是"正当的"即可。这里的"事实上的损害"，也只需要原告在诉状中"表明事实、理由"即

---

❶ 邵明：《论诉的利益》，《中国人民大学学报》2000年第4期。
❷ ［日］高桥宏志：《民事诉讼法：制度与理论的深层分析》，林剑锋译，法律出版社2003年版，第283页。
❸ ［法］洛伊克·卡迪耶：《法国民事司法法》，杨艺宁译，中国政法大学出版社2004年版，第299页。

可。这里的正当性是指法院无须也不得进行实体审查，但可以进行形式审查。

第二阶段：法院只有通过实体审理，才能对原告主张的利益"是否正当"作出权威判定。这种判定要受到证据调查、法庭辩论等正当程序保障，正当性的判断标准应当是法官把自己放在立法者的地位，综合考察法律精神和利益权衡作出最后的判断。未经这种正当程序保障，法官不得以无诉权或者诉讼不合法为由不予受理或驳回起诉。

（二）诉讼利益的识别标准

虽然从诉权保障的视角强调对所有具有诉讼利益的起诉，都应承认原告享有诉权，但这并不意味着原告可以基于一项"随口而说"的利益而获得诉权，任何国家的法院也不会没有限制地认可原告在任何情况下都有诉权。不过，界定"何时"或者"何种条件下"才算具有诉权是一项艰巨的任务，可从两个方面进行分析。

1.诉讼利益是可予法律保护的生活利益

诉讼利益首先是一种生活利益，其次才是一种法律利益。对新兴权利诉讼而言，诉讼利益是一种应受法律保护的生活利益，或者正在从生活利益成长为法律利益的利益形态，或者说是有待司法证成的法律利益。

诉讼利益并不要求是法定的或者合法的利益，只要根据原告的诉讼请求从形式上判断其不为法律所明令禁止即可。而且，其表现形式也不限于经济利益。耶林认为，从表现形式上看，利益"不仅包含经济上的利益，也包括人格、自由、名誉、家庭关系等伦理形式的利益——没有这些利益，外部可见的利益将根本毫无价值"❶。黑克认为，法官不能将利益局限于法律明确保护的利益范围之内，"与大量生活中出现的问题相比，我们的制定法是有缺陷的……现代立法者意识到制定法的这种缺陷，因此期待法官不是依循字句，而是根据利益的要求来服从法律"，当法律对某种利益保护缺乏明确规定时，"他应当考察，法律是否以其他事实构成的形式决定了同样的利益冲突"，❷ 也

---

❶ 转引自彭诚信：《现代权利理论研究》，法律出版社2017年版，第67-68页。
❷ ［德］菲利普·黑克：《利益法学》，傅广宇译，商务印书馆2016年版，第29、30页。

第三章 诉权理论的重塑：基于新兴权利诉权保障的观察

就是法官要根据"类推适用"的方法判断诉讼利益。西班牙学者同样认为，"诉讼程序的实质目的，并不是事后去实现法律规范所首要保护的利益，而是首要实现那些相同规范所欲调节的生活利益"❶。从司法实践看，精神损害赔偿请求权所依据的精神利益，正是北京市海淀区人民法院在1996年的个案审理中得以确立的❷；同样，对于公益诉讼而言，生态利益、审美利益等是在1966年被美国法院在个案中获得认可的诉讼利益形态。❸

2. 诉讼利益是已经产生的、现存的利益

法院只对现实中已经发生的利益争议行使审判权，对过去的、尚未发生的、只存在于个人想象中的利益，不能产生司法救济的正当性，也不可能产生诉权。在法国，要求作为诉权根据的诉讼利益必须是"产生的、现存的利益"。❹ 在美国，产生了审判实益规则，即如果案件中的争议已经不存在，或者原告仅提出了"缺乏现有事实和权利基础"的"抽象问题"，法院不予受理和裁判。❺ 根据前述规则，原告在起诉之际，必须已经产生了诉讼利益；在法院判决作出之际，这种利益状态始终保持存在的状态；如果诉讼进行中丧失诉讼利益，也属于无诉权的情形。

根据这一识别标准，以下情形应视为起诉无诉讼利益、无诉权：

（1）假想的、不成熟的利益。

作为诉权存在要件的诉讼利益，必须属于现实中的、已经成熟的利益。这就要求，首先存在一项生活利益，其次这项利益已经受到损害或者已经产生争议，造成了利益的减损或利益支配的不自由状态。美国联邦最高法院在1970年的数据处理服务组织协会诉坎普案中，在"法律利益规则"的基础上首次提出了利益的"事实损害"判断标准，即"只要原告主张被控行为对其

---

❶ 王福华：《两大法系中诉之利益理论的程序价值》，《法律科学》2000年第5期。
❷ 参见"贾某诉北京市海淀区某餐厅人身侵权案"，《最高人民法院公报》1997年第2期。
❸ 美国联邦第二巡回法院1965年哈德森风景保护协会一案中指出：经济损害并不是起诉者获得原告资格的必要条件，如果能证明其在美学利益、环保利益、娱乐利益上的特殊利益受到损害，则可获得原告资格。参见354 F. 2d.608（2d. Cir. 1965），cert.denied.384 U. S. 941（1966）.
❹ ［法］让·文森、塞尔日·金沙尔：《法国民事诉讼法要义（上）》，罗结珍译，中国法制出版社2001年版，第157页。
❺ Bryan A. Gerner, Black's Law Dictionary（9th edition）, West Group, 2009, pp.1099–1010.

产生了事实上的伤害，不论经济的或其他"，就满足了起诉资格的要求。❶ 这意味着，"受害方在任何情况下基于受到事实损害的事实，都有寻求司法救济的原告资格，而不管他的诉请是否缺乏法律权利或明确的法律规定"。❷ 这一理论，确认了权利是一个开放的体系，也为法律未规定的新兴权利的司法救济奠定了理论基础。

如果事实上未发生利益冲突或争议，纯属杞人忧天式的、个人想象中的利益受损，则不产生诉讼利益，也无诉权可言。例如，2015 年上海浦东新区法院遇到了一起原告起诉演员赵薇在电视剧中对自己"瞪眼"、要求精神损害赔偿案，❸ 即属于此种情形。但是，不以争议解决为目的的非讼案件，法律另有规定的除外。

如果生活利益极度轻微受损、尚不具有法律意义，或者产生了争议、尚未造成实际上的影响，也无诉讼利益可言。例如，一个人让另一个人"闭嘴"，单位或小区"保安"盘查可以进入人员耽误了时间等。在某种共同体秩序下，这种情形更容易发生，例如，夫妻发生矛盾，一方不起诉离婚但起诉要求判决某项家庭财产供自己专用；一方因家庭"冷暴力"不起诉离婚，但请求损害赔偿等。

前述情形在不同国家的司法实践中具有认识上的共识。例如，在法国，通常认为诉讼利益应当是"确实的"和"具体的"利益，否则无诉权。❹ 在美国，根据案件成熟性规则，"禁止法院审理抽象性、假设性或者近期不会发生的（remote）问题，以保证司法资源用于真正的、现存的或者立即发生损害的案件"❺。从这个意义上说，这一规则的根据是政策考量性质的。

---

❶ See Association of Data Processing Service Organizations v. Camp, 397 U.S.150 (1970).
❷ Antonin Scalia, "The Doctrine of Standing as an Essential Element of the Separation of Powers", Suffolk University Law Review, Vol. 17, No. 4 (Winter, 1983), p.888
❸ 陈伊萍：《上海高院回应赵薇被诉"瞪眼"：未立案》，https://www.whb.cn/zhuzhan/kandian/20150612/31970.html，2025 年 1 月 10 日访问。
❹ ［法］让·文森、塞尔日·金沙尔：《法国民事诉讼法要义（上）》，罗结珍译，中国法制出版社 2001 年版，第 154 页。
❺ ［美］理查德·J.皮尔斯：《行政法》，苏苗罕译，中国人民大学出版社 2016 年版，第 1024 页。

第三章 诉权理论的重塑：基于新兴权利诉权保障的观察

（2）尚未发生的、期待性利益。

不属于可予以司法救济的诉讼利益，不应承认其诉权。其典型表现形式包括：

其一，尚未发生任何利益冲突或争议，诉讼目的仅仅是要求法院对自己的权利或利益状态进行宣告性确认。例如，某人持自己房产的产权证，向法院起诉确认自己是房产的所有权人。

其二，预防性诉讼，如合同约定的解除条件、成就条件或者选择条件尚未满足之际，就提起迫使对方提前进行选择的诉讼；违约行为尚未发生，即提起违约责任诉讼；侵权行为尚未发生，即提起侵权责任诉讼等。对于预防性诉讼，法律另有规定可以诉讼的除外。❶

（3）过去存在的，但已经消灭的利益。

如果一项利益过去存在、具有可诉性，但截止到起诉之际，其诉讼利益已经不存在或者消失的，则应当认为不存在诉讼利益，不应有诉权。典型的情况有：

其一，过了除斥期间的权益。所谓除斥期间，是指法律规定或者当事人约定对于某种权利的存在期间。除斥期间是一种法律事实，期间届满意味着权利消灭。已经消灭的权利，不可能再产生诉讼利益。需要说明的是，诉讼时效期间与此不同，诉讼时效制度是为了结束请求权关系的不确定性，而不是消灭权利本身；❷ 诉讼时效期间届满，权利人丧失了受法律强制保护的权利，这属于妨害权利实现的实体抗辩事由，不影响权利人的诉权存在。

其二，受生效裁判拘束的利益。在罗马法上，存在"一案不二讼"和"一事不再理"两个规则，前者要求一个诉权只能行使一次，后者要求法院对生效裁判决定的事项不得再行审理，两者共同的基础是"诉权消耗理论"。❸ 在我国司法解释中，关于禁止重复诉讼的规定与罗马法的精神具有高度的吻

---

❶ 例如，我国《民法典》第578条关于"预期违约"的规定，以"当事人一方明确表示或者以自己的行为表明不履行合同义务"为前提；2010年施行的《最高人民法院关于审理侵犯专利权纠纷案件应用法律若干问题的解释》第18条规定的"专利不侵权之诉"，但以"权利人向他人发出侵犯专利权的警告"又不及时起诉为前提。

❷ 最高人民法院民法典贯彻实施工作领导小组：《中华人民共和国民法典总则编理解与适用（下）》，人民法院出版社2020年版，第1004页。

❸ 王福华：《民事判决既判力：由传统到现代的嬗变》，《法学论坛》2001年第6期。

合性。❶ 但在大陆法系则演化出"诉讼系属"和"既判力"两个相对独立的理论分支。诉讼系属,在德国、日本被认为是起诉不合法的"诉讼要件",而不被认为是诉权存在要件。既判力,虽然各国对其含义及其具体效力规则存在认识差异,但都承认既判力具有禁止就同一诉讼利益重复起诉的效力。日本学者认为:"如果说诉权论是关于诉讼的出发点的话,那么,既判力可以说是关于诉讼终结点的理论。"❷ 既判力为何具有禁止重复起诉的效力?实体法说认为,既判力具有创设实体法效果的功能,即以判决效果取代原有争议的权利义务关系,原有权利义务不再存在;诉讼法说认为,既判力仅产生诉讼法上的效力,本质上是禁止法院作出前后矛盾的判决,以维护司法权威;权利实化说认为,当事人争议的权利不过是权利假象,正是通过生效裁判才使得权利主张被实在化,当事人应尊重这种实在化的权利而不得再行诉讼。大陆法系的前述区分有其合理性,因为诉讼系属和既判力虽然都导致不得重复起诉的后果,但二者的本质是有区别的,既判力约束导致同一诉讼标的彻底丧失诉权,除了通过审判监督程序撤销原判之外无法补正;但诉讼系属只是诉权行使不合法,当事人仍享有诉权,只是由于在其他法院诉讼系属期间不能向本院重复起诉而已,通过向其他法院撤诉或者本院裁定移送管辖可以补正这种不合法行为。

三、新兴权利的诉权存在要件之二:诉讼资格

(一)诉权(主体)资格的理论纷争

法哲学理论认为,主体是整个法律理论体系的核心,"法律世界不仅是有

---

❶ 《最高人民法院关于适用〈中华人民共和国民事诉讼法〉的解释》第247条规定:"当事人就已经提起诉讼的事项在诉讼过程中或者裁判生效后再次起诉,同时符合下列条件的,构成重复诉讼:(一)后诉与前诉的当事人相同;(二)后诉与前诉的诉讼标的相同;(三)后诉与前诉的诉讼请求相同,或者后诉的诉讼请求实质上否定前诉裁判结果。当事人重复诉讼的,裁定不予受理;已经受理的,裁定驳回起诉,但法律、司法解释另有规定的除外。"

❷ [日]兼子一、竹下守夫:《民事诉讼法》,白绿铉译,法律出版社1995年版,第156页。

第三章 诉权理论的重塑：基于新兴权利诉权保障的观察

权利的世界，……法律真正的目的，不在权利这里，而是在被授权者那里"❶。新兴权利诉权与法定权利诉权一样，归根结底要解决"诉权是谁的权利"的问题，这在法国被称为"诉讼资格"，在美国被称为"原告资格"或"起诉资格"，在德国被称为"诉讼实施权"，在中国和日本习惯称之为"当事人适格"。在不同理论命题的背后，隐藏着诉权保护的差异化逻辑。

法国学者通常认为，起诉主体欲在法院进行诉讼，仅仅表明其主张的诉讼利益是"确实的""具体的""已经发生的""现存的"利益仍然不够，他还必须表明其具有"诉讼资格"。所谓诉讼资格，是指具备要求法官审查其提出的诉讼请求的实体理由的法律身份。❷ 从《法国民事诉讼法典》第30条的规定来看，诉讼资格就是某一主体"对一项诉讼请求之胜诉或败诉具有正当利益"。根据《法国民事诉讼法典》第122条的规定，在诉讼不受理的情形中既包括"无利益"，也包括"无资格"，因此，"诉讼资格是作为享有诉权的独立条件"。❸ 在实践中，诉权有两种实现方式：一种是以诉讼利益主体本人的名义实施，另一种是以其他身份实施。如果"以本人的名义进行诉讼"，诉讼资格就被"本人的直接利益"所吸收，所以诉讼资格不过是诉讼利益的另一个观察角度。但如果诉讼目的不是保护请求人个人直接的利益，比如在公益诉讼中，诉讼资格理论将发挥作用。

在美国，原告资格是指当事人的一项权利，据此可以提出一项法律请求或者寻求司法强制实现某种权利或义务。如果一个人向联邦法院起诉，原告必须表明：（1）他所诉称的行为已经给自己造成"事实损害"；（2）他寻求保护的利益在制定法或宪法保护的"利益区间"。❹ 值得注意的是，原告资格并不是英美法上的固有概念。美国学者约瑟夫·维宁（Joseph Vining）在其1978年的著作中指出，"'资格'（Standing）作为一个司法领域的术语是新近的事，

---

❶ 龙卫球：《法律主体概念的基础性分析（下）——兼论法律的主体预定理论》，《学术界》2000年第4期。
❷ ［法］洛伊克·卡迪耶：《法国民事司法法》，杨艺宁译，中国政法大学出版社2004年版，第312页。
❸ ［法］让·文森、塞尔日·金沙尔：《法国民事诉讼法要义（上）》，罗结珍译，中国法制出版社2001年版，第161页。
❹ Bryan A. Garner, Black's Law Dictionary (9th edition), West Group, 2009, p.1564.

直到 20 世纪中期还没有被普遍运用。迄今为止，我没有发现这个词被用作'谁可以获得法院庭审权'的权威出处。也没有发现这个词被默许突然地采用，这个词被随意地使用，缓慢地传播，没有明显的模式。使用这个词的法官和律师从来不问为什么使用这个词，以及它从何处来？"❶可以说，这是一个在司法实践中经由判例形成的概念。

我国学者受日本、德国的影响，通常使用"当事人适格"或"正当当事人"的表达，是指"在具体的诉讼中，对于作为诉讼标的的民事权利或法律关系有实施诉讼的权能，也即能够以自己的名义起诉或应诉的资格"❷。日本学者认为，诉讼标的的利害关系人接受诉讼请求存在与否的判决的资格即当事人适格，又被称为正当当事人或诉讼实施权；并强调，在德国，"这一概念似乎多被表述为诉讼实施权"❸。德国学者一般认为，诉讼实施权是指以自己的名义作为原告或者被告对以诉的形式主张的权利实施诉讼的权利。这一权限通常由主张权利的原告或者被主张某权利的被告拥有。如果诉讼实施权限涉及原告，则人们称之为诉权。不过，诉权这一概念在民事诉讼法中不普遍。❹我国民事诉讼法并没有明确"当事人适格"是诉权要件还是诉权行使要件，但在德、日被归于诉权行使要件之中。

综上可见，法国将"诉讼资格"定位为诉权存在要件，德国、日本则将"当事人适格"或"诉讼实施权"定位为诉讼要件（诉的合法性要件），我国和美国民事诉讼法仅表明它是法院受理或者不予受理的条件。从切实加强诉权保障的视角，笔者倾向于以"诉讼资格"作为诉权存在的第二个要件。

（二）前提要件：具备当事人资格

当事人资格，又称当事人能力、诉讼权利能力，是指一个主体可以作为

---

❶ Joseph Vining, Legal identity: the coming of age of public law, Yale University Press, 1978, p.55.
❷ 李龙：《民事诉讼当事人适格刍论》，《现代法学》2000 年第 4 期；肖建华：《正当当事人理论的现代阐释》，《比较法研究》2000 年第 4 期。
❸ ［日］高桥宏志：《民事诉讼法：制度与理论的深层分析》，林剑锋译，法律出版社 2003 年版，第 206 页。
❹ ［德］汉斯·约阿希姆·穆泽拉克：《德国民事诉讼法基础教程》，周翠译，中国政法大学出版社 2005 年版，第 70 页。

民事诉讼当事人的资格。❶诉讼中"当事人能力"的法律意义在于,"只有存在这种资格的人进行起诉或应诉,才可能发生法律规定的诉讼法律后果;法律也只对有能力或有资格的人发生规定的后果"❷。从逻辑上看,民事主体因发生权利纠纷进入诉讼程序而成为诉讼当事人,民事主体与诉讼当事人的资格本应完全对应,这就产生了民事主体资格(民事权利能力)与当事人资格(诉讼能力)统一性原理。根据我国《民法典》的规定,"自然人、法人、非法人组织"有民事主体资格,他们原则上也都有诉讼中的当事人资格。❸

当事人资格应否成为诉权要件?这几乎是一个不应有疑问的问题。因为只要谈论权利,就必然涉及权利主体的合法性问题;如果主体资格都不被法律认可,也就谈不上存在法律意义上的权利。讨论民事权利存在与否,前提是要看权利主体是否为"自然人、法人、非法人组织"。同样,讨论诉权存在与否,前提也是要看诉权主体是否具有当事人资格。当事人资格是一个抽象的法律问题,不涉及具体案件的诉讼利益,但构成了判断诉讼利益归属于哪一主体的前提性问题。

讨论当事人资格主要是为了解决两个问题:其一,自然人、法人、非法人组织之外的主体,能否成为法定民事权利或应受保护的法律利益的主体。其二,这类主体,能否成为诉权(诉讼利益)主体。在我国近年来的新兴权利研究中,出现了将动物、植物、生态环境、人工智能等作为新兴权利主体的讨论,也出现了一些典型的诉讼案例。❹从强化对动物、植物、生态环境的保护或者对人工智能致害的损害赔偿研究视角,这些讨论有助于激发人们对人类赖以生存的自然要素和生态环境保护的关注,但这与是否赋予其权利

---

❶ 肖建华:《民事诉讼当事人研究》,中国政法大学出版社2002年版,第40页。
❷ [奥]凯尔森:《法与国家的一般理论》,沈宗灵译,中国大百科全书出版社1996年版,第101页。
❸ 关于民事主体资格与诉讼当事人资格的分离与统一,详见王德新:《民法典与民事诉讼法协同实施研究》,中国社会科学出版社2022年版,第一章。
❹ 2005年11月,位于吉林省吉林市的某石化公司生产车间发生爆炸,造成松花江遭受严重污染。北京大学6位师生与"鲟鳇鱼、松花江、太阳岛"一起作为原告,向黑龙江省高级人民法院提起民事诉讼,法院未予受理。参见王德新:《民事诉讼法学》,中国政法大学出版社2013年版,第132页。

主体地位完全是两回事。如果认可此类新兴权利，最主要的困难不是在实体法进行宣示权利的存在，而是诉讼中会出现大量的"动物起诉人""植物起诉人""环境起诉人""人起诉人工智能"等难以解释的现象，诉讼的目的其实还是为了保护"人"的利益。因此，从抽象的意义上看，不宜承认"自然人、法人、非法人组织"之外的主体的诉权资格。

（三）本案要件：具有诉讼实施权

我国《民事诉讼法》第122条规定的首要起诉条件就是，"原告是与本案有直接利害关系的公民、法人、其他组织"。前文已经指出，对于这一起诉条件可以从"诉讼利益"的角度解读（具有"利害关系"），也可以从"原告与案件的关系"角度解读，后一角度的解读就形成了"当事人适格"理论。但是，鉴于我国司法界和学术界长期以来对"当事人适格"的错误解读，造成了人们对这一概念的理解极其混乱。因此，从诉权保障的视角，应改采程序意义更加强烈的"诉讼实施权"概念，来指代起诉主体对诉讼利益享有的本案利益和本案诉权现象。如此解读，可以解决以下两个问题。

1. 纠正"当事人适格"的实体审查偏差，澄清其程序属性

"当事人适格"这一概念引入我国的时间并不太长，大约自2000年起陆续有专题研究论文发表。当时有学者指出，"我国民事诉讼理论界始终没有弄清当事人适格概念的内涵，对适格当事人的条件也缺乏深入研究"[1]。

在此之前，我国主流的民事诉讼法教科书和法官培训用书大多使用当事人的概念，通常认为民事诉讼当事人是指"民事权益被侵犯或者发生争议的直接利害关系人"[2]。这一概念大体上继承了苏联教科书的观点，即"并不是一切有权利能力的人都能成为具体案件的原告，而是对提起这项诉讼有法律利

---

[1] 李龙：《民事诉讼当事人适格刍论》，《现代法学》2000年第4期。
[2] 参见江伟：《中国民事诉讼法教程》，中国人民大学出版社1989年版，第115页；杨荣新：《民事诉讼法学》，中国政法大学出版社1990年版，第113页；柴发邦：《民事诉讼法学新编》，法律出版社1992年版，第147页；国家法官学院编：《法院立案工作及改革探索》，中国政法大学出版社2000年版，第107页。

益的人"❶,才能成为原告;没有直接利害关系的人不能成为原告,如果受理后才发现的,应驳回非正当原告的起诉。❷但这一观点有一个致命的逻辑问题:原告或被告与案件有没有"直接利害关系"是一个经实体审理直到作出判决之际才能解决的问题,而在起诉之际将此作为"起诉条件",岂不是"未审先定"吗?如果受理之际就能识别谁是"直接利害关系人",后续诉讼审理程序还有什么意义呢?

出于对传统理论的反思,20世纪末出现了两个理论发展动向:一个是倡导"程序当事人"概念,即当事人只是以自己的名义进行诉讼的人,无须从实体上查明其与讼争实体权益(诉讼标的)的关系。❸另一个动向就是借鉴域外诉讼理论,自2000年以后出现了"当事人适格"理论的讨论。但在早期学者的讨论中,只是借鉴了域外"当事人适格"或"正当当事人"的概念,实际上仍然认为"正当当事人通常就是作为诉讼标的的争议的民事实体法律关系的主体"❹,这与传统理论的认识并无本质的区别,问题仍然没有得到解决。

笔者认为,"当事人适格"这一概念中的"适格",以及"正当当事人"这一概念中的"正当",在司法实践中都容易产生误导,让法院产生对原告、被告的诉讼资格进行"实体审查"的冲动,以及未经正当程序保障就轻率地"不予受理"或"驳回起诉",从而侵害当事人诉权。在本章第二节的案例分析中,7个祭奠权案例中有2个案例(案例5、案例6),法院均要求原告首先"证明他与案件有直接利害关系",否则裁定不予受理;在15个个人信息的案例中有1个案例(案例14),法院以起诉人未能提供证据证明被起诉人存在侵犯其人格尊严权的事实与理由,裁定不予受理。如果改采"诉讼资格"术语,将诉讼资格作为诉权的要件,在具体内涵上除了要求起诉人具备当事人资格外,还应当具有"诉讼实施权",则能更加凸显程序意义和诉权保障意义。具体来说,如果是利益主体以本人名义进行诉讼,只需要向法院表明他是某项

---

❶ [苏联]顾尔维奇:《诉权》,康宝田、沈其昌译,中国人民大学出版社1958年版,第210页。
❷ [苏联]阿·阿·多勃罗沃里斯基等:《苏维埃民事诉讼》,李衍译,法律出版社1985年版,第67页。
❸ 江伟:《民事诉讼法学原理》,中国人民大学出版社1999年版,第377页。
❹ 李龙:《民事诉讼当事人适格刍论》,《现代法学》2000年第4期。

争议的权利的主体（针对法定权利诉讼而言），或者向法院表明他是某项诉讼利益的主体（针对新兴权利诉讼而言），就足以表明他具有"诉讼实施权"和"诉权"。至于他的诉讼请求根据事实和实体法能否成立，属于法院实体审理和实体判决事项，案件受理之际无须进行实体审查。

2. 对"直接利害关系人"之外的诉权主体，更具包容性

采用"诉讼实施权"这一概念还有一个好处，即它能用一个概念涵摄各种诉权主体的情形。从法律规定和实践来看，能以自己的名义进行诉讼的诉权主体既包括直接利害关系人，也包括根据法律规定或者当事人约定以自己的名义起诉但保护他人诉讼利益的情形（我国传统理论上所谓的"诉讼担当"）。诉讼担当这一概念更加侧重于解释担当人以自己名义提起诉讼的正当性依据，侧重于权利主体与担当人之间关系的解读；而诉讼实施权更加侧重于担当人与法院之间的关系，更加强调诉讼担当人起诉依据的"诉权"属性。因此，从诉权保障的视角看，诉讼实施权是一个更优的理论阐释方案。

四、新兴权利的诉权存在要件之三：审判权范围

（一）法院审判权：诉权存在的前提

在我国民事诉讼法学理论上存在一个较为特殊的用语，即"法院主管"。但关于诉权与法院主管范围的关系，至今仍存在一些模糊的认识。如果认为诉权是"诉诸法院的权利"，法院主管代表着"法院审判权的范围"，那么公民（诉讼利益主体）对于不属于法院审判权范围的事项显然不存在诉权。或者说，法院审判权的范围界定了诉权的最大范围，是诉权存在的前提条件。从前文对新兴权利诉讼不予受理的案例分析来看，在样本范围内，法院以不属于法院受理的民事诉讼范围（主管范围）为由裁定不予受理的大约占50%，这在实践中已成为最为主要的妨碍新兴权利诉权实现的事由，有必要进一步讨论。

有学者认为，法院主管是中国或者社会主义国家的一个特有现象，这种

说法未必符合事实。事实上,每个国家都有司法权或审判权的范围问题。

中国的法院主管制度在早期深受苏联法律理论的影响。新中国成立后,法学理论和法律制度建设百废待兴,聘用苏联专家、翻译苏联教材培养法律人才是当时唯一可行的路径。苏联的理论认为,解决权利纠纷并非法院的专利,"除了是法院的权限以外,也是其他国家机关的权限……划分法院和其他机关(行政机关、国家公断处等)活动的范围,就是关于主管范围"❶。在我国法官培训教材中是这样看待法院主管问题的,即法院受理民事诉讼的范围就是法院主管的范围,"主管是人民法院和其他国家机关行使职权分工与权限的规定……人民法院不是万能的,不能包打天下,应严格按照法律的规定行使审判权。另外,在法院内部,也有不同的业务分工"❷。按此理解,法院主管既包括外部分工(法院、行政机关等),也包括系统分工(专门法院)、部门分工(民事、刑事和行政审判庭);实践中,法院通常采用正反列举的方法,分别规定哪些类型的案件可以受理、哪些类型的案件不予受理。有学者认为,这样的主管制度带有浓郁的国家本位主义色彩,方便对社会的控制,但是否有利于诉权保障不是立法者首要关注的目标。❸

欧美国家大多确立了立法权、行政权、司法权"三权分立"的政治原则,司法权专属于法院,但也存在类似的主管(权力分工)问题。

在美国,存在司法权和管辖权两个概念,管辖权是司法权的基础和前提,司法权通过管辖权分配而特别授予。❹ 美国法上的管辖权解决三个层面的问题:一是国家与社会的关系,即法院把什么样的利益冲突纳入审理的范围,由此产生了"The right-remedy principle",直译为"权利救济原则"或"司法救济

---

❶ [苏联] A. 克列曼:《苏维埃民事诉讼》,法律出版社 1957 年版,第 183 页。
❷ 国家法官学院编:《法院立案工作及改革探索》,中国政法大学出版社 2000 年版,第 109 页。
❸ 江伟、廖永安:《我国民事诉讼主管之概念检讨与理念批判》,《中国法学》2004 年第 4 期。
❹ [美] 彼得·G. 伦斯特洛姆:《美国法律辞典》,贺卫方译,中国政法大学出版社 1998 年版,第 62 页。

原则"。❶ 二是国家机构之间的关系，如前文讨论过的"政治问题排除规则"，将属于立法权和行政权的外交、军事等议题排除在法院管辖权之外。三是法院之间的关系，由于美国实行联邦制，联邦法院系统和50个州的法院系统各自独立，因此美国民事诉讼法教科书大都大篇幅地讨论法院之间复杂的管辖规则问题。

在德国，除了联邦宪法法院之外，还并列存在普通法院、行政法院、财政法院、劳动法院以及社会法院等五个平行的法院系统。五个法院系统各有其专属管辖的案件范围，这被称为"诉讼途径管辖权"。❷《德国法院组织法》第13条规定：所有的民事诉讼属于民事法院（普通法院的民庭分支）。比较而言，德国的"诉讼途径管辖权"类似于我国的专门管辖，普通法院的民庭、刑庭的分工类似于我国法院的部门分工。

在法国，明确区分审判权和管辖权两个概念。审判权是指一个从审判机构自身考量的依法裁判纠纷的权能，不涉及两个以上司法机构的权力分工问题。管辖权则被定义为"某一裁判机构优于另一裁判机构对案件行使审判权的权能"❸。就管辖权而言，"普通法院的管辖权不以法有明示为必要条件，而以法无禁止为充分条件"❹。也就是说，专门法院仅对法律专门授予的案件行使管辖权，普通法院（大审法院）负责审理除此之外的一切案件。就审判权而言，法国根据自由主义原则允许当事人合意选择非诉讼的纠纷解决方式、排

---

❶ 我国学者所谓的"司法最终解决原则"就源自这一法律原则（参见夏勇等：《走向权利的时代》，中国政法大学出版社1995年版，第2页；常怡：《民事诉讼法学》，中国政法大学出版社1999年版，第33页；张晓茹：《浅议司法最终解决原则》，《河南大学学报（社会科学版）》2000年第2期）。不过，美国学者认为，"权利救济原则"并不保证个人遭受的每一种伤害都有机会获得救济，毋宁说，"权利救济原则"反映的是人们"对每一项权利都能获得救济"的美好愿望（See Seth Davis & Christopher A. Whytock, State Remedies For Human Rights, 98 Boston University Law Review, 2018, p.427）。事实上，英美法上的"权利救济原则"并不包含与其他纠纷解决机制相比较产生的"司法最终解决"的意义，而是兼有"法院为侵权受害人提供救济的权力"和"民众寻求法院救济的权利"的双重意蕴，将其译为"司法最终解决原则"也许是一个美丽的误会。
❷ ［德］汉斯·约阿希姆·穆泽拉克：《德国民事诉讼法基础教程》，周翠译，中国政法大学出版社2005年版，第18页。
❸ ［法］洛伊克·卡迪耶：《法国民事司法法》，杨艺宁译，中国政法大学出版社2004年版，第161页。
❹ ［法］洛伊克·卡迪耶：《法国民事司法法》，杨艺宁译，中国政法大学出版社2004年版，第65页。

除审判权（同时也是消灭诉权），如达成仲裁协议、诉讼外的和解❶、诉讼外的调解❷等。二者的后果截然不同：对于缺乏管辖权的，被告仅可提出程序抗辩；对于缺乏审判权的，也被视为无诉权，被告可以提出不予受理的抗辩。

（二）法院主管范围：只能依法设定

新中国成立以来，法院主管在政策层面已经存在70余年，已经深深嵌入实体法和诉讼法之中，无法轻言废弃，但对法院主管范围及其设定权限则有讨论的空间。

确定法院主管的范围，一方面要防范司法万能主义，司法权在任何一个国家的政治架构中都是相对弱小的权力，任何纠纷都推给司法解决是法院不能承受之重；另一方面要警惕司法权的滥用，"一切有权力的人都容易滥用权力，这是万古不易的一条经验。有权力的人们使用权力一直到遇有界限的地方才休止"❸。在我国当前情况下，化解前一问题的根本对策在于，大力发展非诉讼纠纷解决机制，同时弱化法院内部以"绩效考核"为代表的行政化管理色彩；对于后者，则需要针对实践中法院主管范围的泛化、随意化现象，坚持主管范围法定的思想。

在司法实践中，法院主管范围的泛化、随意化主要有以下表现：

第一，法院行使"主管范围的确定权"呈现随意化态势。从本章第二节的政策分析和案例分析可知，在我国，除了在全国人大及其常委会的立法中将部分民事案件的主管权力交给行政机关（如《土地管理法》第14条，《森林法》第22条）之外，还存在以下几种主管范围的划定方法：最高人民法院的司法解释；地方各级法院的"红头文件"；审判法官在个案中的任意解释。这些立法以外的主管范围的确定存在随意化的现象，无论是证券民事赔偿案件（2001年前后）、房地产纠纷案件（1992年前后）、葬坟纠纷案件（2003年

---

❶ 《法国民事诉讼法典》第1141-4条规定：诉讼外和解协议的一方当事人，可以向大审法院院长提出申请，要求赋予该和解协议强制执行的效力。

❷ 1978年3月20日法国颁布的第78-381号法令第9条：在起诉前，经司法调解人调解达成和解协议的，一方当事人可以申请小审法院赋予和解协议强制执行的效力。

❸ [法]孟德斯鸠：《论法的精神（上册）》，张雁深译，商务印书馆1982年版，第155页。

前后），都是特定历史时期出现的"新兴权利"纠纷案件，以法律规定不健全、法院缺乏审判经验而长期不受理或者暂时不受理特定类型案件，反映了"司法自由裁量受理案件"的恣意，凸显了审判权的强势和诉权的弱势。

第二，法院对"主管范围的理解"存在泛化的态势。例如，法院认为缺乏审判经验，还没有做好应对准备工作的新类型民事案件（如2001年证券民事赔偿案件），可以暂不予受理；涉及政策性改革产生的民事案件（如单位集资建房、分房纠纷），可以不予受理；涉及群体性、敏感性、容易引发信访和群体性事件的民事纠纷（如集资纠纷、传销纠纷），可以暂不予受理；涉及自由、道德、习俗、习惯、科技发展带来的前沿性案件（如葬坟、祭奠权纠纷），可以暂不予受理。特别是最后一种情形，其实是"诉讼利益"问题，而不是法院主管范围或者不同机关之间的权限分工问题。

第三，对于法院主管制度，法院或法官更多的是站在权力者工作方便的角度，把特定类型案件特别是新兴权利案件排除在自己的工作职责之外。与此同时，我国法律过于强调行政机关对民事纠纷解决的介入，淡化了当事人合意排除审判权的制度设计，没有确立"除非法定或者合意排除，法院或法官不得拒绝裁判义务"的基本司法原则。

综上，从诉权保障的视角，对法院主管范围的确定应坚持以下几个基本思路：第一，法院主管范围法定，原则上只能由全国人大及其常委会通过立法排除法院对特定民事案件的主管权力；第二，最高人民法院可以根据立法的精神，谨慎、统一地制定法院主管范围的司法政策，但要接受全国人大常委会的合宪性审查；第三，有必要在人民法院组织法或者民事诉讼法中，明确法院或法官负有不得拒绝裁判的义务。

（三）法官不得拒绝裁判：诉权的根本保障

法官不得拒绝裁判原则最早确立于1804年《法国民法典》的第4条。该条规定："法官若以法律无规定、不明了、不完备为借口而拒绝裁判时，应负拒绝裁判之责，而受到追诉。"该规定不仅是一个民法条款，还是一个效力波及民法、诉讼法、刑法等多领域的宪法性条款。对这一原则，可以从以下三

第三章 诉权理论的重塑：基于新兴权利诉权保障的观察

个方面进行厘清。

1. "法官不得拒绝裁判原则"的功能

法官不得拒绝裁判原则具有两大功能：（1）明确了法官负有受理起诉的义务，在"权利-义务"逻辑中反向证成诉权，并为诉权提供有力的保障。（2）明确法官在"法律无规定、不明了、不完备"的情形下仍然负有审理义务和裁判义务，间接承认了法官进行法律解释、法律续造的权力。有"法国民法典之父"之称的波塔利斯就曾明确指出，制定法和权利都不可能是封闭完美的体系，"许多事项必须交由习惯、有教养的人士讨论和法官的裁断去处理"❶。

根据法国宪法和最高法院的"判例"❷，法国在司法实践中形成了一套较为清晰的"拒绝裁判"识别规则：

第一，依据1958年《法国宪法》第64条至第66条规定的"司法职能"，司法权是"国家裁判权"。如果当事人寻求国家强制力解决纠纷，则属于法院（法官）❸的专有权力，也是义务，法官不得拒绝行使（或履行）这种权力（义务）。

第二，拒绝裁判包括明示的拒绝和不作为两种行为方式。巴黎大审法院1994年7月6日作出判定，法官拒绝受理、拒绝审理和拒绝裁判，都属于法官拒绝裁判。❹因此，不得拒绝受理案件，是"法官不得拒绝裁判原则"的首要内涵。

第三，从诉权保障的视角看，法官不得拒绝裁判原则有以下具体要求：（1）当事人起诉时未说明、错列、漏列诉讼请求的法律依据的，不得拒绝

---

❶ Portalis, Discours Préliminaire Sur le Projet de Code Civil, Centre de Philosophie Politique et Juridique, 1989, p.8；转引自石佳友：《民法典与法官裁量权》，《法学家》2007年第6期。

❷ 在法国的国内司法方面，判例主要是指最高法院民二庭所作的判决；在法国的国际司法方面，主要是指最高法院民三庭所作的判决。参见［法］洛伊克·卡迪耶：《法国民事司法法》，杨艺宁译，中国政法大学出版社2004年版，第30页。

❸ 在法国法上，"法官"与"法院"同义，法官办案中独立，相互间无集体领导或请示指示关系。参见罗结珍译：《法国新民事诉讼法典》，法律出版社1999年版，第3页，脚注2。

❹ 范伟：《"法官不得拒绝裁判"原则的历史演进与发展脉络》，《学海》2020年第6期。

受理（法国最高法院民二庭 1993 年 1 月 21 日判例），因为推定法官知法。❶（2）诉讼证据不足的，法官不得拒绝受理，亦不得拒绝作出判决（法国最高法院民二庭 1993 年判例）。（3）法官怠于履行证据审查职责的，视为拒绝裁判。❷（4）法官确认存在损害事实，但不对赔偿数额作评估的，属于拒绝裁判。❸（5）法官违反《法国新民事诉讼法典》第 3 条（诉讼推进义务），导致不合理的延迟审理、延迟判决的，视为拒绝裁判。

2. 法官拒绝裁判的法律责任

在法国，法官拒绝裁判可能面临三个方面责任：

第一，法官拒绝裁判是一种犯罪行为，可追究刑事责任。《法国刑法典》第 434-7 条规定："法官及其他在法庭上负责裁判的人员，或者所有行政职权机关，在收到请求后拒绝裁判的，或者在收到上级警告或命令后仍继续拒绝裁判的"，可处以 7500 欧元罚金，以及 5 至 20 年禁止履行公职。❹

第二，法官拒绝裁判造成损害的，可能承担过错赔偿责任。在 1979 年以前，如果法官拒绝裁判，经上诉法院院长批准，当事人可以个人名义向上诉法院发起"法官控告程序"（旧的《法国民事诉讼法典》第 505—516 条）。但 1979 年 1 月 18 日的新法令废除了这一程序，个人不得再提起此类诉讼；司法官仅对其职务过错承担责任，且仅得由检察官向最高法院民庭提起追偿之诉。这意味着，法官的职务行为造成损害的，首先由国家承担赔偿责任，然后由国家追偿，但只有在"法官拒绝裁判"或者存在"故意过错"时才予以

---

❶ 《法国新民事诉讼法法典》第 12 条第 3 款规定："无论当事人援用的法律依据如何，法官得依职权指出纯属法律上的理由。但是，在诸当事人依据明文协议，就其可以自由处分的权利，以拟予限制辩论的定性及法律问题约束法官时，法官不得改变当事人提出的名称及法律上的依据。"

❷ 法国最高法院民一庭 1981 年 10 月 13 日判定："上诉法院一方面并不否认某些科学问题的重要性，并且它本身可以就这些问题咨询专家的意见，但却拒绝审查这些问题，其所做判决也就不可能有法律基础，此种情形亦属于拒绝裁判。"

❸ 法国最高法院民二庭 1993 年 3 月 17 日判定："上诉法院一方面确认原则上存在损害，但拒绝对损害的数额作出评估，即是违反民法典第 1382 条之规定。"

❹ 施鹏鹏、谢鹏程：《法国有一套严格的司法官惩戒程序》，《检察日报》2015 年 1 月 20 日，第 3 版。

追究。❶

第三，司法官在履行职责时存在"个人过错"的，应予以纪律惩戒。根据《法国司法官身份法》的规定，纪律惩戒的方式包括训诫、调任、降级、停薪、撤职、强制退休等。

3. 其他大陆法系国家对该原则的继受

其他大陆法系国家是否继受了"法官不得拒绝裁判原则"呢？如果从制定法依据看，较为少见。❷ 但德国、日本法律界都明确表示，"法官不得拒绝裁判"是法律常识，无须在法律规范中作专门规定。❸ 从以下几个方面，也能间接印证这一判断。

第一，以1804年《法国民法典》为分水岭，各国民法典大多设置了开放性的"法源"条款。在法国民法典制定之前，欧洲国家的民法典大多认为制定法是唯一的裁判依据，否定风俗习惯、道德原则的法源地位。受《法国民法典》及其第4条的影响，其他大陆法系国家也陆续采纳开放式的法源立法技术，制定法不再是唯一的裁判依据。如1889年《西班牙民法典》第1条（法律渊源包括法律、习惯和法律的基本原则），1896年《德国民法典》❹，1912年《瑞士民法典》第1条（本法无相应规定时，法官应依据惯例；如无惯例时，依据自己作为立法人所提出的规则裁判），1942年《意大利民法典》第1条（法律渊源包括法律、条例、行业规则、惯例）等。开放式的"法源"，等于间接承认原告即便起诉时未主张"法定权利"或者"无明确法律依据"，法院也应当受理、审理和裁判，与"法官不得拒绝裁判原则"的精神暗合。

第二，19世纪70年代以后，德国兴起公法诉权说，其基本观点就是，诉权是个人对国家的自由权，它不依赖于民法上的请求权。也就是说，原告起

---

❶ ［法］洛伊克·卡迪耶：《法国民事司法法》，杨艺宁译，中国政法大学出版社2004年版，第117—118页。
❷ 《阿根廷民法典》第15条规定："法官不得借口法律未作规定、不明确或者不完备而拒绝裁判。"
❸ 范伟：《"法官不得拒绝裁判"原则的历史演进与发展脉络》，《学海》2020年第6期。
❹ 在《德国民法典》编纂过程中，习惯法等其他规范的地位得到承认，"其结果是，习惯法的效力让给学说解决，法典对此不设任何规定"。参见［日］我妻荣：《我妻荣民法讲I：新订民法总则》，于敏译，中国法制出版社2008年版，第16—17页。

诉时是否主张一项"法定权利"或者是否有"明确的法律依据",不是否定原告诉权的理由,法院应当从保护公民权利的视角看待诉权问题。这种理论逻辑等于客观上为国家(法院)设定了法律上的义务,即"受理诉讼的义务",这与"法官不得拒绝裁判原则"的逻辑完全一致。至于20世纪中期以后出现的"宪法诉权说""人权诉权说",更是强化了这种国家义务。只不过,多数国家并没有像法国那样为法官设定民事责任或刑事责任,而是交由程序救济(上诉)机制来保障诉权而已。

第三,大陆法系国家一般都设置了"低门槛"的起诉条件,满足一些基本形式要求诉讼程序就正式开始。例如,在法国,法院受理案件有两种模式:(1)原告向法院秘书处提出合格的诉状、司法执达员签发传票,原告向被告送达传票;(2)双方当事人共同向法官提交"合并请求书",即以诉讼协议的方式将纠纷直接提交给法官。在德国,原告完成起诉行为(提交合格的诉状),诉讼程序就正式开始了。在日本,原告向法院提交诉状,即与法院建立诉讼法律关系,审判长审查诉状,认为诉状合格就把副本送达被告,此时法院与被告建立诉讼法律关系,发生诉讼系属的法律效果,诉讼程序正式开始。❶

第四,"法官不得拒绝裁判原则"不仅表现为法律适用问题,还表现为事实无法查清时的判决义务问题。罗森贝克(Rosenberg)认为,在法院审理案件时,几乎每天都会遭遇案件事实真伪不明的情况;在案件事实真伪不明时,法官仍然负有不得拒绝裁判的义务,证明责任的功能就是为法官提供了分配不利诉讼后果的法律适用方法。❷

长期以来,我国学术界将"法官不得拒绝裁判"视为一项公理性的原则,在诉权保障、能动司法、法律漏洞填补等方面广泛引用。在司法实践中,当

---

❶ [日]伊藤真:《民事诉讼法(第四版)》,曹云吉译,北京大学出版社2019年版,第155页。
❷ [德]莱奥·罗森贝克:《证明责任论》,庄敬华译,中国法制出版社2002年版,第2页。

事人和法官也经常援引这一原则,❶但对该原则的确切内涵较少深究。从本质上讲,法官不得拒绝裁判原则或者法官不得拒绝裁判义务,不是一种单纯的理念宣示,而是对诉权最根本、最有力的保障。

---

❶ 在中国裁判文书网,以"不得拒绝裁判"进行检索,截至2023年6月1日可检索到628份裁判文书。其中,大部分是在当事人及其代理人的辩论意见中出现(用于说明法院应当受理起诉、上诉或再审申请),也有法官在判决说理部分援引。例如,在最高人民法院(2019)最高法民申1148号民事裁定书中,法院认为,"在无法鉴定的情况下,二审法院基于不得拒绝裁判的规则,根据双方提交的证据,得出了裁判结果,其方式方法并无不当";在贵州省高级人民法院(2014)黔高民终字第25号民事判决书中,法院认为,"责任损害数额因客观无法确定,为保护受害人南星酒店的合法权益,人民法院不得拒绝裁判,一审法院综合考虑案件全部情况,酌情确定15万元的赔偿责任数额,该酌情认定并无不当";在河南省信阳市中级人民法院(2022)豫15民终574号民事裁定书中,法院认为,"原判决认定基本事实不清,同时,对当事人在第一审中已经提出的诉讼请求,原审人民法院未作审理,违反了人民法院不得拒绝裁判的原则"。

第四章　诉讼的程序过滤：新兴权利诉讼的冗余排解机制

保障司法公平正义与提高诉讼效率，或者就本书研究主题来说，在"保障诉权"与"排解冗余的诉讼"之间保持平衡，是构建科学的民事诉讼程序的永恒主题。我国目前的民事诉讼程序设计在总体上呈现"起诉与受理—审前准备—开庭审理"三段式结构。从诉讼运行实践看，当事人提起的新兴权利诉讼要么容易被挡在"立案之前"和"诉讼之外"，要么一旦被法院立案就一律进入开庭审理和实体判决阶段，致使立案审查、诉讼审理与实体审理混为一谈，对诉权要件的审查缺乏正当程序保障。为此，有必要导入"立案登记—诉讼审理—实体审理"的程序过滤司法理念，对起诉要件、诉权要件和本案判决要件的审查程序机制进行整体优化。

第一节　比较法视野下的诉讼程序过滤机制

一、民事诉讼程序过滤的比较考察

民事诉讼是什么？这是诉讼法学研究中的根本性命题。通常认为，民事诉讼是法院、当事人和其他诉讼参与人的"诉讼活动和诉讼关系的总和"❶。这一概念既描述了诉讼的行为属性（诉讼活动），又揭示了诉讼的关系属性（诉讼关系），但由于太过抽象，对诉权保障的解释力不强。如果从诉讼运行的动力系统来看，在个案中没有原告的起诉就没有法官，没有诉权就没有审判权，则可以认为"民事诉讼是审判权与诉权的集合物"❷。或者说，民事诉讼就是以"诉权及其行使"为动力、为对象、为中心的审理过程，甚至可以说民事诉讼法就是诉权法。

在理想状态下，诉权与审判权的互动体现为"一个登记＋两个审理"的相互作用过程。其中，"一个登记"是关于民事诉讼起点或端点的描述，即原告基于其（自认为）享有的诉权，通过提交诉状的形式向法院提出诉讼请求并要求法院对其诉讼请求提供审判救济（这是行使诉权的行为），法院进行形式审查后进行立案登记（这是法院行使审判权的行为，表现为法院对起诉要件的审查），民事诉讼程序由此正式开始，在这里诉权与审判权出现了第一次交互作用。"两个审理"，是指法院受理案件后不仅要对诉权存在与否及其行使的合法性进行诉讼审理（性质为程序性审理），还要对原告的诉讼请求进行实体审理。在"两个审理"的关系上，诉讼审理是实体审理的前提，如果原告不享有诉权或者诉讼不合法，就没有必要继续推进到实体审理阶段；只有原告享有诉权且行使诉权的行为合法，诉讼程序才有必要推进到实体审理阶段。在前述诉讼运行过程中，法院对起诉要件的审查，特别是在诉讼程序开始后对诉权要件和诉讼要件的诉讼审理，构成了诉讼程序过滤的主要内容。对域外民事诉讼程序的考察，能够直观地印证上述观点。

（一）美国

在美国的联邦地区法院提起民事诉讼，存在一个极为简易的"立案登记程序"和一个十分复杂的"诉讼审理程序"，它们共同发挥着程序过滤的功能。

---

❶ 宋朝武等：《民事诉讼法学》，高等教育出版社2022年版，第21页。
❷ 王锡山：《民事诉讼法研究》，重庆大学出版社1996年版，第1页。

首先，诉讼程序启动的标志，是原告向法院提交了起诉状。❶起诉状的内容包括诉讼性质（案由）、法院的管辖权、双方当事人的信息、案件背景（事实经过）、救济请求等。起诉状由法院的书记官（而不是法官）进行审查，审查仅限于文书格式问题，但不得仅因起诉状不符合法院规则或习惯而拒收。书记官认为起诉状格式无误就会在起诉状上注明"美国地区法院已收到并归档"，给该案分配一个"案号"，诉讼即告开始。❷此际，原告可申请法院签发传票，❸由当事人自己送达或者申请由执法官送达给被告。

其次，开庭审理之前存在两个程序阶段：一是诉答与申请，二是陈述与证据发现。❹在诉答阶段，除了双方当事人通过诉答文书明确本案"争议点"外，另一个主要功能就是允许被告通过答辩、抗辩的方式提出妨诉抗辩，发挥着程序过滤、排除不合法的起诉的功能。此外，在诉讼进行中，被告可以随时申请撤销案件，法院在必要时也可依职权撤销案件，具体表现为以下三种程序机制。

第一，根据《美国联邦民事诉讼规则》第8条的规定，被告在收到起诉状之后（原则上20日之内），应当在答辩状中对原告的请求和事实理由逐一回应。被告的答辩一般有三种情形：（1）全部或部分承认。（2）全部或部分否认，不否认的即视为自认。（3）提出各种积极抗辩理由，既包括诉讼时效、市场风险、已清偿、义务免除、共同过失、缺乏对价、欺诈胁迫等实体抗辩理由，也包括"仲裁和裁决"、"既判力"、"禁反言"等妨碍诉权的抗辩理由。

第二，根据《美国联邦民事诉讼规则》第12条第（b）款的规定，被告可以向法院提出撤销案件的申请（类似于我国的"裁定驳回起诉"）。申请撤

---

❶ Federal Rules of Civil Procedure（FRCP），Rule3: A civil action is commenced by filing a complaint with the court.

❷ Josephen W. Glannon, Civil Procedure（注译本），孙邦清等注，中国方正出版社2004年版，第555页。

❸ 传票应当由书记官签名，加盖法院印章，并载明以下信息：受诉法院，当事人名称，注明致被告某人，注明被告应诉和答辩的期间，告知如果不在规定的期间内应诉和答辩的后果（将根据原告起诉状中请求的救济作出对被告的缺席判决）。

❹ 在美国，起诉是形式上的，不是一个独立的诉讼阶段。"诉答程序"与"发现程序"是起诉之后两个前后相继的程序，在诉答程序结束之后，如果没有发现诉讼的非法性，诉讼才会进入发现程序阶段。

销案件的理由包括：（1）法院缺乏事物管辖权❶；（2）法院缺乏对人管辖权❷；（3）不适当法院❸；（4）程序不合法❹；（5）起诉状送达程序不合法❺；（6）原告在诉状中未陈述可予司法救济的请求❻；（7）对必要共同诉讼人没有按本规则第19条规定合并当事人❼。

第三，法院可依申请或者依职权随时撤销案件。具体情形包括：（1）根据《美国联邦民事诉讼规则》第12条第（h）(3)款的规定，法院发现自己对本案缺乏诉讼标的管辖权的；（2）根据《美国联邦民事诉讼规则》第25条第（a）(1)款的规定，如果诉讼中因一方当事人死亡导致请求权消灭的，在法院发出当事人死亡的通知后90日内无人申请确定诉讼承受人的，法院将依职权撤销案件；（3）根据《美国联邦民事诉讼规则》第37条第（b）款的规定，如果原告不遵守法院签发的"证据发现命令"，法院可以依职权撤销案件；（4）根据《美国联邦民事诉讼规则》第41条第（b）款的规定，如果原告的起诉或其他诉讼行为不遵守诉讼法或法院的命令，被告可以申请撤销案

---

❶ 例如，联邦地区法院对专利诉讼享有专属管辖权，若原告向州法院起诉，被告可以此为由申请法院撤销案件。
❷ 例如，无证据显示被告在受诉法院辖区内持续从事规律性的活动，被告可以此为由申请法院撤销案件。
❸ 虽然受诉法院具备事物管辖权及对人管辖权，但如果被告并非美国企业且在美国并无任何分支机构，或者原告主张的侵权行为地或被告企业通常的商业行为并非在该法院之辖区内时，可申请撤销案件。
❹ 被告收到原告送达的起诉状或传票副本后，如发现无书记官签名、法院印章，违反《美国联邦民事诉讼规则》第3条第（a）(b)款；或者起诉状无当事人本人签名，内容不符合《美国联邦民事诉讼规则》第10条、第11条的要求等，可以程序不合法为由申请撤销案件。
❺ 根据《美国联邦民事诉讼规则》第4条第（m）款的规定，如原告在向法院起诉后的120天内，未能将起诉状及传票送达给被告时，被告可以此为由申请法院撤销案件。
❻ 例如，在1803年的马伯里诉麦迪逊案中，马歇尔大法官虽然认为原告马伯里有权获得委任的法官职位，但认为这属于"政治问题"，无法提供司法救济。
❼ 根据《美国联邦民事诉讼规则》第19条第（b）款的规定，应当追加的必要共同诉讼当事人如果不能作为本案当事人，法院应当以衡平和良心决定，诉讼是在原有诉讼当事人之间继续进行，还是因被认为必不可少的当事人缺席而撤销案件。

件，或者对由此造成的损害提出索赔❶。

(二) 法国

法国的民事诉讼程序可以划分为四个阶段：诉讼启动阶段、案件预审阶段、当事人辩论阶段和案件判决阶段。

诉讼程序的启动，始于原告提出的"初始请求"，即"原告用来启动诉讼程序，以便将自己的主张提交给法官的诉讼请求"(《法国新民事诉讼法典》第53条)。原告的初始请求，应当以书面形式提出。❷ 在非讼案件中，法院秘书处接受申请书的行为，就意味着法官受理了案件；在争讼案件中，秘书处接受当事人的"合并请求书"❸也意味着法官受理了案件；但在原告单方提出诉讼请求时，还需要在秘书处完成"登记"，然后由法院签发"传票"❹，才意味着法官受理了案件。

被告收到传票之后，可以提出实体抗辩、程序抗辩和不予受理抗辩。其中，程序抗辩和不予受理抗辩，在功能上都属于诉讼审理或者程序过滤机制。

程序抗辩，是指被告提出任何旨在使诉讼程序被宣布为不合法，或者已消灭，或者中止诉讼程序的抗辩理由。需要注意的是：程序抗辩既不否认原告的诉权，也不对诉讼请求在实体上是否成立提出异议，而是以非实质性的方式仅对程序的合法性提出异议。典型的程序抗辩理由包括：(1) 受诉法院

---

❶ 但是，对未以真正的利害关系人的名义起诉的案件，被告提出异议后，真正的利害关系人有一个合理的期间进行批准、加入诉讼或者取代原告，在此期间内，法院不得撤销案件，参见《美国联邦民事诉讼规则》第17条第(a)(3)款。此外，在诉讼任何阶段，法院均有权依申请或依职权增加或减少一方当事人，错误的添加或减少不是撤销案件的正当理由，参见《美国联邦民事诉讼规则》第21条。

❷ 受诉法院不同，初始请求的形式也会有所差异。例如，在大审法院，此类请求可以申请法院"传票"、向法院秘书处提交"合并请求书"或者"声明"的形式提出；在商事法院，可以传票、合并请求书或者当事人主动到庭的方式提出。参见 [法] 洛伊克·卡迪耶：《法国民事司法法》，杨艺宁译，中国政法大学出版社2004年版，第351、452页。

❸ 合并请求书，是指当事人双方共同向法院提交的文书，应当载明各方当事人的诉讼请求、当事人之间的争点，以及诉讼请求所依据的理由 (《法国民事诉讼法典》第57条第1款)。

❹ 传票，是由法院执达员作出的、原告赖以通知被告出庭的文书。须载明以下内容：受诉法院的性质和住所；请求标的，并附简要的事实和法律理由；后果说明，即如果被告不出庭，法院将仅根据原告的资料作出判决。传票包括它的附件，主要是指经法院分配了"案号"的当事人的起诉状，即载有诉讼请求的文书 (《法国民事诉讼法典》第648条)。

无管辖权；（2）诉讼程序不合法或者程序无效，如原告欠缺诉讼行为能力等；（3）诉讼程序应当中止，如继承类案件需要先行清点遗产、请求他人与自己共担债务等。法国对程序抗辩的提出时机有严格的要求，原则性的要求是"程序抗辩应于诉讼程序开始之时，在一切实体抗辩或者不受理的抗辩之间提出，否则不被法院接受"（《法国新民事诉讼法典》第74条第1款）。不予受理抗辩是针对不具备诉权存在要件的抗辩，在本质上是对缺乏诉权存在要件而开始的诉讼的惩罚，也是一种立法政策工具。《法国新民事诉讼法典》第32条规定："不具有诉权的人提起或者被提起的任何诉讼请求，均不予受理。"不予受理抗辩不同于实体抗辩，它并没有触及民事权利的实体审查，它针对的是诉权有无。不予受理抗辩也不同于程序抗辩，它使得原告的诉讼请求被终局地、无可弥补地被法院驳回，而且在诉讼的任何阶段都可以提出不予受理的抗辩。归纳来看，被告提出不予受理抗辩的理由包括：（1）缺乏诉讼资格；（2）缺乏诉讼利益；（3）违反"既判事项"原则；（4）约定仲裁，或者约定和解、调解前置；（5）超过除斥期间；（6）超过诉讼时效❶等。此外，在诉讼违反公共秩序或者缺乏诉讼利益（特指公共利益）❷时，法官可依职权作出不予受理的决定。

（三）德国和日本

德国学者认为，诉权即司法保障请求权，即公民针对国家享有的受基本法（宪法）保障的请求法院提供保护的请求权，这是对国家"禁止私力救济"的平衡。❸这一权利如果受到侵害，可依据《德国基本法》第101条或第103条向联邦宪法法院提出抗告。

在德国，民事诉讼程序开始的标志是起诉状送达被告之时。具体程序是：

---

❶ 这一点与我国不同，我国将其作为实体抗辩事由。

❷ 原告对其提起的诉讼缺乏私人利益的，不允许法官依职权裁定不予受理，只能由享有抗辩利益的被告才可以提出。参见［法］洛伊克·卡迪耶：《法国民事司法法》，杨艺宁译，中国政法大学出版社2004年版，第362页。

❸ ［德］汉斯·约阿希姆·穆泽拉克：《德国民事诉讼法基础教程》，周翠译，中国政法大学出版社2005年版，第7页。

原告将起诉状寄交法院，法院的收信处收到后加盖"到达印章"，然后转交书记处；书记处的书记官对起诉状进行登记，安排缴纳诉讼费用，然后将起诉状移交"法官处"。法官在向被告送达起诉状副本之前，须审查以下起诉要件：（1）诉状内容是否合规；❶（2）原告是否已缴诉讼费用；（3）是否实施了州法要求的诉前调解。如果没有问题，法官将向被告送达起诉状副本，可以同时送达首次言词辩论期日的通知。起诉状送达被告后，发生"诉讼系属"❷的效力。

诉讼开始后，法院在实体审理和作出判决前应首先对诉讼合法性进行审查，包括对诉讼要件的审查和对诉讼障碍的审查两个方面。所谓诉讼要件，又称诉的合法性要件、实体判决前提要件，在日本称为本案判决要件，解决的是原告提起的诉讼是否合法的问题。❸如果法院确认原告提起的诉讼不合法，在给予补正机会之后仍不能消除时，应以诉讼判决的形式驳回诉求，使诉讼在进行实体判决前停止下来。❹诉讼要件包括三个方面：（1）关于法院的诉讼要件，包括德国裁判权、诉讼途径合法性（专门管辖）和管辖权；（2）关于当事人的诉讼要件，包括当事人能力、诉讼能力、诉讼实施权；（3）关于诉讼标的的诉讼要件，包括所主张权利的可诉性、依法起诉、不曾诉讼系属、不受既判力羁束、权利保护需求。德国学者认为对于诉讼要件的审查有一定

---

❶ 诉状的强制性要求包括：必须载明双方当事人；载明收件法院；载明请求权标的（原告以诉的形式主张的权利）和理由（事实过程）；载明具体的诉讼请求（Antrag，又译为"诉的声明"）。对于起诉状的瑕疵，可以通过原告的补正或者法官行使阐明权予以消除。如果法官释明后拒不补正，则视为起诉不合法，以诉讼判决驳回。

❷ 诉讼系属是一个逐步完成的过程，始于起诉（这时原告与法院建立了联系），完成于起诉状副本向被告送达之时。如果原告在送达前"收回"了诉，则诉讼系属不存在。诉讼系属产生四个效力：（1）受诉法院取得本案审判权，产生阻止当事人就同一案件向其他法院另诉的效力；（2）诉讼系属之后地域管辖权发生变化的，对诉讼合法性没有影响，这叫管辖恒定；（3）诉讼系属之后不允许进行诉的变更，除非被告同意或者法院认为适当；（4）诉讼时效停止，这是实体法上的效力。参见［德］汉斯·约阿希姆·穆泽拉克：《德国民事诉讼法基础教程》，周翠译，中国政法大学出版社2005年版，第78—79页。

❸ 值得注意的是，德国并不区分诉权存在要件和诉权行使要件，而是统称为"诉讼要件"。

❹ ［德］汉斯·约阿希姆·穆泽拉克：《德国民事诉讼法基础教程》，周翠译，中国政法大学出版社2005年版，第70页。

第四章 诉讼的程序过滤：新兴权利诉讼的冗余排解机制

的顺序❶，但实践中似乎没有什么顺序，只要有一个要件不合法就会以诉讼判决驳回诉求。所谓"诉讼障碍"，也涉及诉讼的合法性。德国对"诉讼要件"和"诉讼障碍"进行区别对待：对于诉讼要件，当事人不可以处分，而应当由法官依职权（根据诉讼材料）进行审查，因为"诉讼要件的满足通常情况下体现了公共利益"❷；但仲裁条款、管辖协议等被视为诉讼障碍，仅涉及当事人的私人利益，必须由被告提出抗辩理由，法院不予主动审查。

日本的民事诉讼学理论和制度与德国具有相似性。在日本，法律对原告的起诉规定了几个要件（起诉要件）：一是起诉的方式，原则上应提交书面的起诉状（但在简易法院的起诉除外）；二是起诉状应载明必要记载事项，并由原告本人或其代理人签字；三是应缴纳诉讼费，即在诉状上粘贴申请手续费的印花；四是准备向被告送达的起诉状副本。诉讼开始后，法院要对诉讼要件的合法性进行审查。诉讼要件包括：（1）作为诉讼系属的前提行为合法，即起诉行为合法❸，审判长送达诉状的行为合法；（2）当事人实际存在，且具有当事人能力；（3）具备诉讼能力及诉讼代理权；（4）法院对本案具有裁判权和管辖权；（5）缴纳诉讼费用；（6）诉讼利益与当事人适格；（7）不存在不起诉合意和仲裁合意；（8）不存在重复起诉。诉讼要件合法时，法院负有作出本案判决的义务。

---

❶ 德国学者认为，审查诉的合法性可以依下列顺序进行：（1）起诉符合法律规定；（2）德国法院有裁判权；（3）诉讼途径合法；（4）有管辖权，包括国际管辖权、事务管辖权、地域管辖权和职能管辖权；（5）有当事人能力；（6）有诉讼能力或法定代理；（7）有诉讼实施权；（8）所主张的权利具有可诉性；（9）不曾诉讼系属；（10）不受既判力羁束；（11）有权利保护需求；（12）不存在诉讼障碍；（13）其他特殊的诉讼要件。参见［德］汉斯·约阿希姆·穆泽拉克：《德国民事诉讼法基础教程》，周翠译，中国政法大学出版社2005年版，第84页。

❷ ［德］汉斯·约阿希姆·穆泽拉克：《德国民事诉讼法基础教程》，周翠译，中国政法大学出版社2005年版，第81页。

❸ 对于起诉状的必要记载事项，由审判长予以审查，如果涉诉的本质部分（表明原告、表明被告、表明诉讼标的）缺失，起诉将被驳回；涉诉的非本质部分（诉讼请求的原因事实、诉讼证据等）欠缺的，不得驳回起诉，但当事人有补正的程序义务。参见［日］伊藤真：《民事诉讼法》（第四版），曹云吉译，北京大学出版社2019年版，第138页。

二、我国构建诉讼程序过滤机制的必要性

所谓诉讼程序过滤机制，是指基于诉权保障理念所构建的一套由诉讼审理与实体审理二元衔接的审理程序机制；在这套机制中，实体审理应当以诉讼审理为前提，通过诉讼审理过滤掉没有实体审理价值的案件，集中司法资源提升有实体审理价值的案件的审判质量。其中，无实体审理价值的案件，包括无诉权的案件，也包括部分诉讼不合法的案件。这里看似存在一个矛盾：通过程序过滤机制排除无诉权的案件进入实体审理，是有利于诉权保障，还是不利于诉权保障？

对于这一疑问，可以通过把民事诉讼程序划分为三种模型来具体分析：

模型Ⅰ：先定后审，程序过滤机制缺失。具体有两种表现形式：（1）先定后受理。法院在收到起诉材料后，在排除当事人参与的情况下，首先由法官独自进行实体审理，根据审理结果来决定是否受理案件。（2）先定后开庭。法院在受理案件后，在排除当事人参与的情况下，首先由法官独自进行实体审理，根据这种审理结果来决定是否开庭审理。前述第（1）种情形不为任何国家的民事诉讼制度所采纳，但在我国司法实践中部分法院的法官事实上存在这种做法。❶在这种情形下，事实上是在没有诉讼程序过滤机制的情况下将当事人阻挡在司法大门之外。前述第（2）种情形是我国1991年《民事诉讼法》施行前各地法院审判实践中普遍存在的现象，在这种情形下事实上也不存在诉讼程序过滤机制，因为诉讼的合法性审查与实体审理合二为一了。

---

❶ 本书第三章第二节的案例分析显示：在福建省福州市晋安区人民法院（2014）晋民初字第2935号不予受理裁定书和四川省南充市顺庆区人民法院（2017）川1302民初4955号不予受理裁定书中，法院均认为"祭奠（悼念）利益"属于社会风俗及习惯、道德规范所调整的范围，不归法律调整或法律无明文规定，不予受理。在广西壮族自治区来宾市象州县人民法院（2020）桂1322民初530号和（2020）桂1322民初529号不予受理裁定书中，法院均认为起诉人提交的证据无法确定坟主的身份以及起诉人与坟主之间的身份关系，故起诉人的诉讼主体不适格，依法应不予受理。在广西壮族自治区钦州市钦北区人民法院（2021）桂0703民初4130号不予受理裁定书中，法院认为起诉人未能提供证据证明被起诉人存在侵犯其人格尊严权的事实与理由，不予受理。在涉及虚拟财产的案例1—7中，部分法院以"诉称的权利主张不合法"为由，直接裁定不予受理；部分法院却认为应予受理——这实质上是对争议权利的实体判定。

模型Ⅱ：设定"高门槛"的起诉条件，程序过滤机制虚化。我国1991年《民事诉讼法》施行以来，在立法上始终将起诉的积极条件规定为四个：原告应当与本案有直接利害关系；有明确的被告；有具体的诉讼请求和事实、理由；属于法院主管范围和受诉法院管辖。但对于立法条文在不同时期有不同的解读：其一，1991—2014年法院实行立案审查制，对于立法规定的起诉条件的理解较为混乱，部分法院的法官在审判实践中事实上滑向了前述模型Ⅰ（1）；其二，2015年以后由于推行立案登记制改革，关于起诉条件的立法条文虽然未变，但司法政策进行了重大调整。这种调整极大转变了法院对受理案件标准的掌握，但实践中仍然存在先定后受理的现象，特别是在新兴权利诉讼案件中。尽管对起诉条件的掌握出现了前后变化，但将民事诉讼程序分为"起诉与受理—审前准备—开庭审理"三阶段仍是我国诉讼立法的基本精神，不过，其中审前准备的定位并非"程序过滤"性质的，而更类似于为开庭实体做准备（确定争点、当事人准备、证据准备、程序分流等）。换言之，以"诉的合法性"为主要审理任务的"诉讼审理"的理念和程序机制，在我国并未得到完整的体现。

模型Ⅲ："低门槛"的起诉条件与"程序过滤机制"协同作用。欧美主要国家的民事诉讼的开始仅是形式意义的立案登记，虽然有对起诉条件（起诉要件）的审查，但总体上只有"书记官登记编号、缴纳诉讼费用、向被告送达起诉状副本"这三个要求。"低门槛"的起诉条件，消除了法院在起诉阶段对诉权、诉讼实体问题审理的可能，对于保障诉权意义显著。但同时，正是这种低门槛、宽松的起诉条件决定了后续诉讼程序必须采用"诉讼审理"与"实体审理"二分的程序衔接机制，通过"诉讼审理"过滤掉无实体审理价值（无诉权或者诉不合法）的案件，确保司法资源向有实体审理价值的案件倾斜。

前述模型Ⅰ的做法已经被我国学术界和司法改革所抛弃，其弊端无须赘述。模型Ⅱ、模型Ⅲ哪一种做法更优，仅仅从制度层面上比较无法得出绝对的结论。从司法实践看，假设法官整体专业素养足够高，则两种模型的实质效果不应该有差别。但从加强诉权保障的视角看，即便我国短期内不能通过立法完全实现模型Ⅲ，也应当通过立案登记制改革、司法政策调整和对起诉条件的"管控"，实现对起诉条件的形式化审核，构建符合中国实际的诉讼程序过滤机制。其必要性有三：

第一，我国厉行法治、约束审判权的需要。如果承认制度是约束权力的最佳工具，则不应将法律实施效果寄托于对"法官"的道德素养和职业素养的期待上，模型Ⅲ所设定的"低门槛"的起诉条件对于保障诉权具有显著的意义，它几乎排除了法院剥夺当事人诉权的可能性，因为形式化的立案登记完全是由"法院的书记官"这种事务性人员完成的，他们不是法官，对诉的合法性、诉权有无问题无权过问。

第二，我国加强诉权保障、实现公正司法的需要。习近平总书记在谈论司法公正命题时，多次援引哲学家培根（Bacon）的一句话："一次不公正的审判，其恶果甚至超过十次犯罪。因为犯罪虽是无视法律——好比污染了水流，而不公正的审判则毁坏法律——好比污染了水源。"❶在此基础上，他还提出了"100-1=0"的公正司法公式，认为"执法司法中万分之一的失误，对当事人就是百分之百的伤害"❷。这一论述，对于诉权保障来说同样适用，如果说审判结果的不公正只是"污染了水源"，那么剥夺民众诉权就好比是"控制了水源"，让民众望"水"兴叹，这比个案审判结果不公正危害更烈。因为他会让人民群众丧失对法院的信心和对法治的信仰，回归"私力救济"的混乱状态，从根本上动摇依法治国的基本方略。

第三，我国优化审判资源配置、提高司法效率的需要。改革开放以来，"案多人少"一直是中国法院面临的基本态势。据统计，1980年全国法院民商事一审案件收案数为56万件，1985年突破100万件，1999年突破500万件，2015年突破1000万件，2021年突破1600万件。❸为了应对实践中的案

---

❶ 中共中央文献研究室编：《十八大以来重要文献选编（上）》，中央文献出版社2014年版，第718页。

❷ 中共中央文献研究室编：《习近平关于全面依法治国论述摘编》，中央文献出版社2015年版，第97页。

❸ 数据来源：最高人民法院：《人民法院司法统计历史典籍（1949—2016）(民事卷)》，中国民主法制出版社2017年版；并参照最高人民法院历年工作报告、全国法院司法统计公报。

多人少问题，我国推动了三项有针对性的改革：一是倡导"诉源治理、非诉挺前"，推进非诉讼纠纷解决机制建设，以期实现案件向诉讼外分流；二是追求"繁案精审、简案快审"，优化审判资源配置，以期实现诉讼内的繁简分流；三是推行立案登记制改革，着力解决起诉难、立案难的问题。这些改革都深刻把握了时代发展趋势，发挥了一定的作用。但是，任何改革都不能以牺牲"司法公平正义"为代价，都不能以牺牲人民群众诉权为代价。因此，以诉权保障为核心的司法公平正义观应当成为民事司法改革的最高理念。遵循这一理念，应推进民事司法改革向着"2.0"方向升级，基本要求有两个：一是进一步降低起诉条件门槛，切实保障每一个诉权不受不法的侵害；二是构建"诉讼审理"和"实体审理"二元衔接的审理程序机制，以"诉讼审理"发挥对缺乏诉权要件、诉讼不合法的程序过滤功能，并赋予程序过滤机制以正当程序保障。

第二节 程序过滤与新兴权利诉权的正当程序保障

一、诉权保障理念的两个模型

诉讼程序过滤机制的构建，与本书第二章有关"证成性权利理论"和"新兴权利的司法证成"的讨论直接相关。

前文的研究显示，"封闭的法律权利体系→法定权利受侵害或有争议→寻求司法救济的诉权→保护权利、恢复实体法秩序"的思维方式是有局限的，它以狭隘的视角看待权利、诉权和诉讼的功能，试图将无限的、千变万化的社会生活完全纳入"人造"的和有限的法律权利体系之中。这种理念有几个基本特点：（1）假设法律能够通过"法定权利－义务关系"，对生活作出完美的、无漏洞的预先设计；（2）假设诉讼争议都是围绕"法定权利－义务关系"

而展开,产生了诉讼的目的是保护权利的推论;(3)假设法院的诉讼任务就是查明事实、正确适用明确的法律,保护权利,进而恢复实体法秩序。事实上,传统权利理论和诉权理论的前述三个假设性前提都是不成立的,至少是不完全成立的。理由主要有:(1)法律规范不明确、有歧义、有漏洞不可避免,立法设计对权利应该保持开放的态度,新兴权利通过司法证成是权利发展的历史常态。(2)作为诉讼争议的对象,可能是"法定权利"受侵害或有争议,也可能是"新兴权利"受侵害或有争议;因此,诉讼目的可能是保护权利,也可能是证成新的权利。(3)法院的首要任务是敞开司法大门,保护诉权,保障人民群众有诉诸法院、进入诉讼程序的机会,为保护权利或者证成权利提供机会保障。

在此基础上,可以将诉权保障的理念归纳为两种模型:

模型Ⅰ:法定权利保护模型。传统诉权理念大致属于这种模型,即法律规定了一些"法定权利"类型,原告基于其"某种法定权利"遭受侵害或者发生争议向法院起诉,法院启动诉讼程序,通过审判权识别和保护权利。

模型Ⅱ:新兴权利证成模型。传统诉权理论对以下现象无法提供合理解释:社会生活中,原告基于广义上的自由、道德、风俗习惯等认为其利益受到侵害或者发生争议,并基于立法中的"开放性法源"(立法目的、法律原则、一般性条款、公序良俗等),假借"法定权利"的名义或者直接以"某种新兴权利"的名义向法院起诉,法院启动诉讼程序,通过审判权识别和证成新的权利。

前述模型的建立只具有典型说明意义,实际情况可能更为复杂。对于传统的"权利保护"理念,也有学者提出异议,例如在形成之诉和确认之诉中,诉讼实质上是借助于审判权这个工具来行使权利,达到重塑实体法律关系(创设新的权利义务状态)的目的,而不是"保护"受损的"既有权利"。❶甚至有学者主张,在法院独占审判权的情况下,"通过判决来确认之前就已经存在的权利的想法其实并不正确,倒不如说是由判决创造出来的(权利)更符

---

❶ [德]汉斯·约阿希姆·穆泽拉克:《德国民事诉讼法基础教程》,周翠译,中国政法大学出版社2005年版,第80页。

第四章 诉讼的程序过滤：新兴权利诉讼的冗余排解机制

合逻辑……实体法所具有的功能，是给作出判决的法官提供了判断的基准"❶。换言之，在发生争议的情况下，实体法所描述的权利并不是"真实的权利"，这种权利主张可能因诉讼时效、证据不足、实体抗辩等各种原因被否定，只有法院判决认定的权利对于主张者来说才是真实而实在的权利。

从这个意义上说，传统的法定权利保护模型实际上也是"权利证成模型"，与新兴权利证成模型具有逻辑上的相似性。于是，通过对新兴权利诉权保障的理论分析，就产生了构建统一的"权利证成模型"的可能性。即便暂不考虑传统的法定权利保护模型是否符合权利证成模型，但就新兴权利的司法证成逻辑看，需要讨论的重点不是通过高门槛的起诉条件将其排斥在司法大门之外，而是尽可能让其进入司法程序之中，在程序保障的理念下讨论程序过滤和裁判方法问题。

二、新兴权利的司法证成与参与者理论

本书第二章介绍了德国学者阿列克西的程序法律体系和程序权利理论，此处有必要作补充论述。

程序权利理论是在对实证主义法学批判的基础上建立起来的，阿列克西不是这方面唯一的探索者。例如，新自然法学派的富勒曾批评道，实证主义者看到了法律是由立法者颁布及其强制力这一事实，但没有看到"在立法者与公民之间营造的有效互动是法律本身的一项基本要素"❷。利益法学的代表人物黑克也曾指出，每一个法律规范都是对利益冲突的判断，法官在审判中应延续这种判断，"这种判断依赖于根据价值观念的判断程序"❸；但遗憾的是，他没有进一步讨论这种判断程序是什么样的。到了阿列克西那里，不仅提出了"规则－原则－程序模式"的法律体系理论，而且深刻地分析了对法律和

---

❶ ［日］谷口安平：《程序的正义与诉讼》，王亚新、刘荣军译，中国政法大学出版社1996年版，第66-67页。
❷ ［美］富勒：《法律的道德性》，郑戈译，商务印书馆2005年版，第224页。
❸ Philipp Heck, The Formation of Concepts and the Jurisprudence of Interests, in The Jurisprudence of Intersets, trans.and ed. By M. Magdalena Schoch, Harvard University Press, 1948, p.134.

权利的"观察者视角"和"参与者视角"的差异,"观察者"关注的问题是"法律是什么""权利是什么",而"参与者"关注的则是"什么才是正确的法律答案""权利是如何证立的"。❶ 亦即,"凡是在判决和证立过程中被考量的理由,都属于这个程序,因而也属于法律体系"❷。因此,在疑难案件中,法官适用的法律不仅包括法律规范,还包括道德原则等价值判断,而且权利证立的程序过程就是权利规则的形成过程。一言以蔽之,程序是权利证成的内在要素之一。

正是在这一意义上,可以说在"新兴权利证成模型"之下,保障新兴权利的主张者和反对者有机会参与到诉讼程序之中,有机会提出自己的证立主张和抗辩主张,这就是法律规则的塑造过程,也是权利得以正当性地证成或者证否的过程。所以,当权利主张者提起诉讼之后,法院不经程序辩论、不允许双方当事人发表意见就直接裁定不予受理(我国《民事诉讼法》第122条),是武断的、蛮横的。因为通过设置裁量度极大的起诉条件,客观上为"讨厌新兴权利诉讼"和"不想惹麻烦"的法官滥用审判职权创造了"裁量空间",阻断了新兴权利证成和权利发展的路径,也为侵害诉权的行为提供了表面合法的借口。

也正是在这一意义上,在起诉者主张的"新兴权利"是否合法成立不明的情况下,应当允许这类诉讼进入诉讼程序。这类诉讼不见得都有必要推进到实体审理阶段,在诉讼开始之后、法院开庭进行实体审理之前的诉讼阶段,需要进行诉权要件和诉讼合法性的诉讼审理,这种诉讼审理发挥着程序过滤的功能。但是,程序过滤须在保障"参与者"的参与机会的前提下才有正当性,无论法官认为该案应当被过滤掉还是应当继续审理,都应当允许当事人双方发表不同的意见,这就是拉兹(Raz)所说的"规则允许在意见相左下形成共识"❸ 的真正意蕴。

---

❶ 彭诚信:《现代权利理论研究》,法律出版社2017年版,第188页、第191页。
❷ [德]罗伯特·阿列克西:《法概念与法效力》,王鹏翔译,商务印书馆2015年版,第79页。
❸ Joseph Raz, Between Authority and Interpretation, Oxford University Press, 2009, p.129.

三、新兴权利的司法证成与正当法律程序

正当法律程序发端于英国早期的"自然正义"思想，经由美国联邦宪法中正当程序条款的确认，在20世纪中期以后在世界范围内广泛传播，也被我国学术界广泛接受。❶正当法律程序思想的本源蕴含着程序正义的内涵，在发展中极具变化性和柔韧性。按照丹宁（Denning）的解释，"正当法律程序即法律为了保持日常司法工作的纯洁性所采取的各种方法，包括公正的审判和调查等"❷。伦奎斯特（Rehnquist）大法官在1986年丹尼尔斯诉威廉姆斯一案判决中强调，正当法律程序的共识性内涵是"通过对公权力的行使施加一些程序性限制，预防公权力的不当行使对个人产生压迫性的影响"❸。

在诉权与审判权交互关系的视角下，正当法律程序所体现的程序正义思想对诉权保障和程序过滤机制的设计也极具指导意义。

其一，任何人遭受不利影响前都要被听取意见，这是自然正义的原始内涵。正当法律程序思想源于自然正义，而自然正义源于自然法，自然法的正当性源自人性和正义观念而不是立法或司法权威。早期的自然正义有两个基本内涵：一是任何人不得为自己案件的法官，由此演化出司法中的回避规则；二是任何人遭受不利影响前都要被听取意见，由此演化出司法程序中申辩和陈述的权利。在英美法上，后一内涵的判例可追溯到1723年的国王诉剑桥大学案，该案中本特利（Bentley）的博士学位被取消，却未获得申辩机会，法官判决认为这违反了自然正义。❹该案判决被英美司法频繁援引，其所体现的基本理念是任何人在遭受来自公权力（包括司法权）的利益剥夺前都享有申辩权和陈述权。这一思想对于诉权保障同样适用，未经听审活动和听取当事

---

❶ 参见肖建国：《民事诉讼程序价值论》，中国人民大学出版社2005年版；魏晓娜：《刑事正当程序原理》，中国人民公安大学出版社2006年版；邵明：《现代民事诉讼基础理论：以现代诉讼程序和现代诉讼观为研究视角》，法律出版社2011年版。
❷ ［英］丹宁：《法律的正当程序》，李克强等译，法律出版社2011年版，前言第2页。
❸ Daniels v. Williams, 474 U.S. 327, 328 (1986).
❹ ［英］彼得·斯坦、约翰·香德：《西方社会的法律价值》，王献平译，中国法制出版社2004年版，第13页。

人的意见，法院不得拒绝受理案件，不得以诉讼不合法为由驳回起诉，也不得直接作出实体判决。

其二，正当法律程序对新兴权利的诉权具有保障作用，这是20世纪中期才确立的观念。英美法的司法传统是有"法律权利"才有救济。所谓"法律权利"，就是既往判例中已经得到确认的权利类型或者某种类型的令状明示提供了救济方式的权利类型，并且在诉讼中原告主张个人权利受损。在1803年著名的马伯里诉麦迪逊案中，马歇尔大法官阐明了司法救济限于"既得法律权利"的原则。❶也就是说，原告是否有诉权，取决于他是否主张一项法律权利，这被称为"法律权利说"的原告资格理论。直到20世纪40年代以后，美国法院才逐渐把"法律权利说"修正为"法律利益规则"，❷亦即，即使原告无法主张一项法律权利受到侵害，但他只要主张"受法律保护的利益"受到侵害，就拥有诉诸法院的救济权。

其三，在正当法律程序理论的基础上，20世纪70年代发展出了经济效益主义的正当程序观念。该理论从功利主义的逻辑出发，认为正当法律程序是最大限度提高公共福利和司法经济效益的工具。在一个资源稀缺的社会，"浪费就是一种不道德的行为"❸，因此判断一个行为和一种制度是否正义或善的标准就在于它们能否实现社会财富的最大化。波斯纳（Posner）提出，"正义的第二种含义——也许是最普遍的含义——是效益"❹。经济效益主义赋予了正当法律程序一个全新的内涵，即进行诉讼应当考虑诉讼成本与裁判成果的关系。以此理论来解释对微小利益的诉权保障未必合适，但对于诉讼程序的过滤机制来说意义显著。如果一个诉讼案件没有必要进行到实体审理阶段（除浪费司法资源外无其他实质意义），那就应该在诉讼审理阶段把它合理地过滤掉，以保障有充足的司法资源用于有待实体审理的那些案件，这是符合经济效益主义的程序正义观的，也能为一般理性人所接受。

---

❶ Henry P. Monaghan, "Constitutional Adjudication: The Who and When", The Yale Law Journal, Vol. 82, No. 7 (Jun., 1973), pp.1365–1366.
❷ 巩固：《美国原告资格演变及对公民诉讼的影响解析》，《法制与社会发展》2017年第4期。
❸ ［美］波斯纳：《法律的经济分析》，蒋兆康等译，中国大百科全书出版社1997年版，第417页。
❹ ［美］波斯纳：《法律的经济分析》，蒋兆康等译，中国大百科全书出版社1997年版，第31页。

第三节 新兴权利诉讼的程序过滤机制的构建

一、"诉讼审理"的基本功能

本章第一节提出:民事诉讼在本质上是以"诉权及其行使"为动力、为对象、为中心的审理过程,民事诉讼法就是诉权法。进而主张,在理想状态下,民事诉讼是"一个登记+两个审理"的运行过程。所谓"两个审理",是指法院在诉讼程序开始后,不仅要对诉讼请求进行实体审理,还要对诉权及其行使的合法性进行诉讼审理。在此基础上,有必要对作为"程序过滤机制"的"诉讼审理程序"作进一步的讨论。

从功能上看,诉讼审理所要解决的基本问题有如下两个:

其一,审理诉权存在要件是否具备,以判断诉权是否存在。遵循"任何人遭受不利影响前都要被听取意见"的正当法律程序思想,当事人有没有诉权不应作为不予登记立案的前提条件,而应当作为诉讼审理的内容。因为有没有诉权,一方面依赖于被告的抗辩,另一方面依赖于法院的职权审查,最为关键的一点是要给原告在诉讼程序中陈述的机会。

其二,审理本案判决要件是否具备,以判断诉权行使是否合法。原告有没有诉权是一回事,在有诉权的前提下是否合法地行使了诉权是另一回事。诉权行使是否合法问题在法国称为"诉权行使要件",在德国称为"诉讼要件"或者"本案判决要件"。鉴于"诉权行使要件"的表达易于与起诉条件混淆,"诉讼要件"这一汉译表达的语义含混性,为了更清晰地展示其作为法院进行实体审理的前提特性,后文统一将诉权行使是否合法的要件称为"本案判决要件"。

二、对诉权存在要件的审查与撤销案件

诉权是公民享有的"诉诸法院的权利",但公民在个案中享有诉权并非没有条件限制。在法院对原告的诉讼请求进行实体审理之前,有必要对"诉权存在要件"进行程序审查,这种审查应当保障原告的陈述权、被告的抗辩权。法院对诉权存在要件的审查主要涉及三个问题:审查时机、审查重点和审查结果。

(一)对诉权存在要件的审查时机

原告享有诉权,法院才有必要对其诉讼请求进行实体审理;无诉权,则无实体审理的必要,应在进入实体审理前撤销案件。❶ 法院对诉权存在要件的审查时机,可以是登记立案之后的任何诉讼阶段。

1. 登记立案之际,无须审查诉权存在要件

理解这一点,需要从诉权与诉讼请求的关系着手。德国学者认为,诉权从其性质上亦可称为"司法请求权"或"司法保障请求权"。❷ 法国学者认为,应当区分"诉权"与"诉讼请求","诉权是诉诸法官的权利,而诉讼请求是行使诉权的方式"。❸ 一方面,诉权与诉讼请求具有关联性。诉讼请求是当事人行使诉权的行为,通过这一行为要求法官对其救济请求进行实体审理,并期盼法官裁决支持其请求的内容。另一方面,诉权与诉讼请求又具有相对独立性。诉权作为一项权利,可以通过和解或者仲裁协议等方式予以放弃(使诉权消灭);但无论是否已经丧失诉权,诉讼请求都具有相对独立性,"当事人完全可以在不存在诉权的情况下,合乎规范地向司法机关提起诉讼,并引

---

❶ 我国目前立法和司法解释规定的是"裁定驳回起诉",但为了与"本案判决要件"的审查处置相区分,最好改称为"裁定撤销案件"。

❷ [德]汉斯·约阿希姆·穆泽拉克:《德国民事诉讼法基础教程》,周翠译,中国政法大学出版社2005年版,第7页。

❸ [法]洛伊克·卡迪耶:《法国民事司法法》,杨艺宁译,中国政法大学出版社2004年版,第284页。

起一系列司法上的后果（如登记立案、时效中断等）。法官只是在事后才对诉权的可受理性进行审查，也只有在这一审查阶段，诉权的缺失才会对诉讼请求造成影响"❶。

申言之，起诉者有没有诉权并不是法院登记立案时应当考虑的问题，登记立案之际只需审查起诉行为（提起诉讼请求的行为）形式上的合法性；对诉权存在要件的审查，原则上是在登记立案之后才进行的事后审查。

2. 审前准备阶段，是对诉权要件审查的主要时段

诉权虽是一项诉讼法上的权利，但又明显不同于一般的诉讼权利。正是诉权的极端重要性，才导致对"诉权"与"行使诉权的行为"相区分的必要，才导致对"诉权存在要件"应在登记立案之后进行"事后审查"的必要，以使"诉权受不利影响"之人受到充分的正当程序保障。

对诉权存在要件采用登记立案之后的"事后审查"模式，其正当性还来源于民事诉讼法的处分原则和对被告抗辩权的保障。在登记立案之后，即便在真正意义上缺乏诉权，也不必然导致原告的起诉行为（提出诉讼请求的行为）毫无意义。"诉讼请求行为因诉权缺乏被宣布为无效只是一种风险，可能并不会发生——如果被告没有以原告对诉讼缺乏利益为由提出不予受理抗辩，虽然原告不具诉权，但受诉法院仍将就纠纷作出裁判。"❷换言之，在原告不具有诉权的情况下，不能排除双方有达成全面解决纠纷协议的可能，而解决纠纷正是民事诉讼的目的。

当然，在审前准备阶段，如果各方当事人不能达成纠纷解决协议，被告也没有提出抗辩，法院也应当尽到职权审查的义务，不过，这种职权审查在很大程度上仍然是形式上的而非实质上的审查，不能取代后续的实体审理。

3. 实体审理阶段，仍然要对诉权存在要件进行审查

审前准备阶段是对诉权存在要件审查的主要时段，但不是唯一的阶段。

---

❶ [法]洛伊克·卡迪耶：《法国民事司法法》，杨艺宁译，中国政法大学出版社2004年版，第285页。

❷ [法]洛伊克·卡迪耶：《法国民事司法法》，杨艺宁译，中国政法大学出版社2004年版，第285页。

如果法院未能发现诉权存在要件缺失的情形，在诉讼后续的任何阶段（包括第一审开庭审理阶段、第二审程序和审判监督程序中）发现原告的起诉缺乏诉权存在要件的，法院可随时撤销案件。❶

（二）对诉权存在要件的审查重点

诉权存在要件有三个，即诉讼利益、诉讼资格、审判权的范围。因此，对于传统民事诉讼（主张"法定权利"受损的案件），法院对诉权存在要件进行审查的重点包括：（1）原告对于诉讼是否具有诉讼利益，只要主张了特定的"法定权利"且不存在诉权消灭的情形即视为条件满足；（2）关于当事人双方是否具有诉讼资格，一是要求当事人双方均有当事人资格，二是有诉讼实施权；（3）关于本案是否属于法院审判权的范围，重点审查法定的和约定的排除法院主管范围的情形。对于新兴权利诉权存在要件的审查重点，有必要进行详细阐述。

1. 对诉讼利益要件的审查

对于新兴权利诉讼案件，法院在审查原告对其诉讼请求是否具有诉讼利益时，首要的判断原则即法院不得以"原告主张的利益非法定权利"为由直接否定其诉权的存在，也不得以"诉讼利益不合法"❷为由否定诉权的存在。

在实践中，被告方通常会在答辩中提出抗辩主张"原告主张的利益非法定权利"，进而请求法院驳回起诉。对此，法院应当谨慎对待。即便原告不能将其主张的"利益"归结于某种有名的"法定权利"之下，只要原告能够提出法律原则、公序良俗、交易习惯等开放性法源依据，即应当视为诉讼利益

---

❶ 参见《最高人民法院关于适用〈中华人民共和国民事诉讼法〉的解释》第330条规定，法院依照第二审程序审理案件，认为依法不应由人民法院受理的，可以由第二审人民法院直接裁定撤销原裁判，驳回起诉。该司法解释第408条规定：按照第二审程序再审的案件，经审理认为不符合民事诉讼法规定的起诉条件或者符合《民事诉讼法》第124条规定不予受理情形的，应当裁定撤销一、二审判决，驳回起诉。

❷ 虽然《法国新民事诉讼法典》第31条以立法的形式对"诉讼利益的合法性"提出了要求，但法国学者认为，"规定有利益才可以进行诉讼是正常的……然而，要求存在合法利益，这不仅多余，而且危险"。参见［法］洛伊克·卡迪耶：《法国民事司法法》，杨艺宁译，中国政法大学出版社2004年版，第283页。

第四章 诉讼的程序过滤：新兴权利诉讼的冗余排解机制

要件得到满足，原告应享有诉权；至于原告主张的利益在事实上、实体法上是否能够得到支持，则是开庭审理和实体裁判所要解决的问题，❶而不能作为法院否定原告诉权和驳回起诉的根据。

法院对诉讼利益要件进行审查，重点是审查"诉讼利益是否为已经产生的、现存的利益"。为此，可以要求原告提供证据进行证明，但不要求达到实体判决的充分性证明标准，只需达到"有证据证明可能存在已经产生的现存的利益"的程度即可。如果类比的话，这种证明在证明标准上类似于英美法上的"表面证据"❷；从证明方法来看，这种证明属于"自由证明"❸的领域，而不需要像对讼争实体要件事实那样按照庭审调查程序和证据方法进行严格证明。当然，如果原告无任何证据，又没有申请法院调查收集证据或者不属于法院依职权调查收集证据的情形的，则法院可以撤销案件，以发挥程序过滤的作用。

在审前准备阶段，被告享有"原告不具有诉讼利益"的抗辩权，法院也可以根据案件材料进行职权审查，这主要涉及以下三种消极情形：（1）是

---

❶ 我国首例人体冷冻胚胎监管权和处置权纠纷案，堪称法院处置新兴权利诉讼问题的典范。2013年3月，沈甲（男）、刘乙（女）夫妇因车祸双亡，二人生前在南京某医院冷冻4枚受精胚胎。二人意外死亡后，沈甲父母以刘乙父母为被告、以南京某医院为第三人提起诉讼，认为根据法律规定和风俗习惯，案涉4枚冷冻受精胚胎的监管权和处置权应由原告享有。被告辩称，监管权应由其享有；第三人认为冷冻胚胎的性质尚存在争议，不具有财产的属性，原被告双方都无法继承。一审法院认为，死者生前遗留的胚胎不是"物"，不能买卖，也不能被继承，判决驳回原告诉讼请求。二审法院认为，原告、被告对案涉4枚冷冻受精胚胎共同享有监管权和处置权，承认这一权利的根据是：（1）伦理因素，即胚胎具有生命特质，含有双方遗传信息；（2）情感因素，即胚胎成为延续双方家族血脉的唯一载体，承载人格利益；（3）特殊利益，即胚胎是介于"人"与"物"之间的过渡存在，具有孕育生命的潜质，原被告均是与其最近最大和最密切利益的享有者。虽然一审判决和二审判决意见相左，但在诉讼过程中均没有以"缺乏诉讼利益"或者"诉讼利益不合法"为由裁定驳回起诉，而是通过判决最终解决利益在法律上的评价问题。参见江苏省宜兴市人民法院（2013）宜民初字第2729号一审判决书和江苏省无锡市中级人民法院（2014）锡民终字第1235号二审判决书。

❷ 美国宾夕法尼亚最高法院曾在判决中指出："表面证据是指原告提供的证据足以合理地得出有利于其主张的结论，通常情况下，这意味着原告的证据足以支持让他的案件提交陪审团进行审理。" See Husbands v. Pennsylvania, 395 F. Supp. 1107, 1139 (E.D. Pa. 1975); See Georg Nils Herlitz, The Meaning of the Term "Prima Facie", LOUISIANA LAW REVIEW, 1994, p.395.

❸ 日本学者认为："有关本案审理对象的事项，原则上要求严格证明，但诉讼要件等职权调查事项只要求自由证明。非讼案件也适用自由证明。"参见［日］中村一郎：《新民事诉讼法讲义》，陈刚等译，法律出版社2001年版，第198页。

否属于假想的、不成熟的利益；（2）是否属于尚未发生的、期待性利益；（3）是否属于过去存在的但目前已经消灭的利益，包括过了除斥期间和受生效裁判拘束，又向本院起诉的情形。

2. 对诉讼资格要件的审查

"诉讼资格"涵摄"当事人资格"和"诉讼实施权"两个方面，是诉权存在的第二个要件。对于当事人资格，原则上无须提供证据，也无须抗辩，法院就能依据法律判断本案原告、被告、其他当事人是否具有当事人资格，标准即法律规定的"自然人、法人或者非法人组织"。

对于诉讼实施权，主要是针对原告的诉权要件。从内容上来看包括两种情形：（1）提起诉讼的原告是诉讼请求中"诉讼利益"的主体，此即我国《民事诉讼法》第122条规定的起诉条件的第一项要求"原告与本案有直接利害关系"；（2）提起诉讼的原告虽不是诉讼请求中"诉讼利益"的主体，但根据法律规定或者当事人约定，符合诉讼担当、公益诉讼中有关原告资格的要求。无论哪一种情形，都不是在"利益本身"是否受法律保护层面进行判断，而是"诉讼利益与原告的关系"层面进行判断。在审前准备阶段，被告可以对原告缺乏诉讼实施权提出抗辩。法院对诉讼实施权要件进行审查时，可以要求原告提供证据证明"其有诉讼实施权"，以表明其要么是诉请利益的主体，要么符合诉讼担当或者公益诉讼等特殊情况下的法律规定。如果原告无任何证据，又没有申请法院调查收集证据或者不属于法院依职权调查收集证据的情形的，则法院可以撤销案件，以发挥程序过滤的作用。

3. 关于审判权范围要件

如果认为诉权是"诉诸法院的权利"，法院主管代表着"法院审判权的范围"，那么公民对于不属于法院审判权范围的事项显然不存在诉权。换言之，法院审判权的范围界定了诉权的最大范围，是诉权存在的第三个前提要件。

在司法实践中，部分法院经常以原告诉请保护的利益不属于"法律保护的利益"，而属于风俗习惯、道德规范等其他社会规范调整的范围为由，裁定不予受理或者驳回起诉。从严格意义上说，原告诉请保护的利益在原生态上都属于"生活利益"，这种利益是否应受法律调整、能否证成为"应受法律保护的权利",不属于法院主管的问题,而属于"诉讼利益要件"。对于诉讼利益的合法性,不应当作为诉权要件,而应留待实体审理,在充分保障双方当事人的举证质证权、辩论权的前提下,由法院作出实体判决。而将其作为法院主管范围问题,显然是扩大了法院主管范围的概念,有任意剥夺当事人诉权的嫌疑,这在新兴权利诉讼案件中表现得尤其突出。

从立法论的角度看,前文提出了将"法院主管范围的确定权"法定化的设想:(1)法院主管范围法定,原则上只能由全国人大及其常委会通过立法排除法院对民事案件的主管权力;(2)最高人民法院可以根据立法的精神,谨慎、统一地制定法院主管范围的司法政策,但要接受全国人大常委会的合宪性审查;(3)有必要在人民法院组织法或者民事诉讼法中,明确法院或法官负有不得拒绝裁判义务。

从适用论的角度看,对法院主管范围的理解应当限定在"法院与行政机关、仲裁机构等法定的民事纠纷解决主体之间的分工与权限"。在此前提下,应当区分两种审查机制:(1)法定的排除法院主管的事项,由法院依职权审查。这主要涉及法律规定的"法院与行政机关""普通法院与专门法院""法院内部民事审判庭与刑事审判庭"在解决民事纠纷方面的分工,如《土地管理法》第14条规定的土地所有权和使用权争议,《森林法》第22条林木、林地所有权和使用权争议,《劳动争议调解仲裁法》第48条关于劳动争议仲裁前置的规定等。(2)约定的排除法院主管的事项,属于当事人的抗辩利益,应当由抗辩利益主体在诉讼中提出抗辩,不提出抗辩的视为当事人处分了抗辩权,法院不应主动审查。这主要涉及商事仲裁、农村土地承包合同仲裁,根据《最高人民法院关于适用〈中华人民共和国民事诉讼法〉的解释》第216条、《最高人民法院关于审理涉及农村土地承包纠纷案件适用法律问题的解释》第2条的规定,被告应当在人民法院首次开庭前提出审判权异议,否则视为放弃抗辩利益。

(三)对诉权存在要件的审查结果

诉权存在要件,是每一个公民(利益主体)享有的抽象诉权在个案中转化为具体诉权的基本条件限制。没有诉权，诉讼继续进行就缺乏了根基，法院应当根据被告的抗辩或者自己的职权将案件予以撤销，从而实现程序过滤的功能。

在这里，有必要对我国《民事诉讼法》规定的两种裁定进行辨析。根据现有法律规定，人民法院在登记立案之际，如果发现起诉存在不符合法定起诉条件的情形，裁定不予受理；登记立案之后、诉讼程序进行中，如果发现不符合法定的起诉条件，则裁定驳回起诉。亦即，不予受理和驳回起诉两种裁定除了适用时机不同之外，适用的条件完全相同。这种粗放式的立法技术，不能满足诉权保障的程序精细化的需要，对"两种裁定"应当进行"立、改、废"的改革。

首先，取消"不予受理的裁定"。基于前文主张的"起诉条件简约化"和起诉条件"审查形式化"的立场，应当取消在登记立案之际"不予受理的裁定"这一处理方法。对原告的起诉，只要满足起诉状的格式要求，都应当登记立案；不满足格式要求的，通知原告限期补正；对于不具备撰写起诉状能力的，由法院立案工作人员按照规定的格式、根据原告的陈述录入"立案登记表"即可。

其次，确立新的"撤销案件的裁定"类型。法院经审查发现诉权存在要件不具备的，应确立一种新的裁定形式即"裁定撤销案件"。对于缺乏诉权存在要件的处理，在美国法上称为"撤销案件"，在法国法上称为"不予受理"，均与其他起诉不合法情形的程序裁判形式不同。❶ 这种差异化处理的根本原因在于，诉权存在要件对于"诉讼的进行"具有根基性，诉权要件的缺乏具有"不可补正性"，也不能使法院在缺乏诉权要件的情况下作出的实体判决的违法性"自愈"。为了与我国原有立法中的"不予受理的裁定"相区别，也为了与欠缺"本案判决要件"（或称诉讼行使合法性要件）相区分，应确立一种新的裁定种类即"撤销案件的裁定"。对于第一审法院作出的"撤销案件的裁定"，出于正当法律程序和程序救济的思想，应当允许上诉，实行两审终审。

---

❶ ［法］洛伊克·卡迪耶：《法国民事司法法》，杨艺宁译，中国政法大学出版社2004年版，第360–361页。

撤销案件的裁定不同于一般的程序裁定或决定，它在某种程度上具有实体裁判的性质，由于从根本上否定了诉权的存在，因此一旦裁定生效应赋予其既判效力，即当事人不得就同一诉讼利益另行起诉。

最后，保留"驳回起诉的裁定"。对于后文讨论的欠缺"本案判决要件"的情况，可以延续现有的"驳回起诉的裁定"。驳回起诉的裁定，即便生效也不具有既判效力，因为这种裁定是指承认有诉权的前提下，仅仅是诉权行使的行为方式不合法，多数情况下可以通过补正行为满足合法性的要求；在另外一些情况下，虽然起诉行为存在不合法的瑕疵，但随着实体裁判的作出而视为"瑕疵得到自愈"，如缺乏地域管辖权。

三、对本案判决要件的审查与驳回起诉

（一）本案判决要件的含义

本书所称的"本案判决要件"，主要是借用了日本民事诉讼学理的概念，其在德国一般被称为"诉讼要件"，在法国一般被称为"诉权行使要件"。

日本学者认为，法院受理起诉之后，双方当事人与法院之间建立诉讼法律关系，"进而裁判所负有义务对诉实施相应的诉讼行为，原告所请求的裁判行为是本案判决，但是诉讼法规定了某些裁判所宣告本案判决的要件"❶，这些要件即本案判决要件。这些要件包括：（1）作为诉讼系属的前提行为合法，即起诉行为合法，审判长送达诉状的行为合法；（2）当事人实际存在，且具有当事人能力；（3）具备诉讼能力及诉讼代理权；（4）法院对本案具有裁判权和管辖权；（5）缴纳诉讼费用；（6）诉讼利益与当事人适格；（7）不存在不起诉合意和仲裁合意；（8）不存在重复起诉。

德国学者通常使用"诉讼要件"的表达，又称诉的合法性要件、实体判决前提要件，解决的是原告提起的诉讼是否合法的问题。如果法院确认原告

---

❶ ［日］伊藤真：《民事诉讼法》，曹云吉译，北京大学出版社 2019 年版，第 117 页。

提起的诉讼不合法,在给予补正机会之后仍不能消除时,以诉讼判决的形式驳回诉求,使诉讼在进行实体判决前停止下来。❶ 诉讼要件包括三个方面:(1)关于法院的诉讼要件,包括德国裁判权、诉讼途径合法性(专门管辖)和管辖权;(2)关于当事人的诉讼要件,包括当事人能力、诉讼能力、诉讼实施权;(3)关于诉讼标的的诉讼要件,包括所主张权利的可诉性、依法起诉、不曾诉讼系属、不受既判力羁束、权利保护需求。

法国学者一般称为"诉权行使要件",认为当事人享有诉权是一回事,诉权行使是否合法是另外一回事。"如果诉权要件不具备,那么诉权就不予受理;如果诉权行使要件不具备,则诉讼请求就不合规,并导致作为工具的诉讼行为无效。"❷ 法国学者认为,诉权行使要件主要涉及"诉讼行为能力""诉权滥用""拖延诉讼"等情形。

无论使用何种称谓,各国关于这类要件的主要功能的认识基本一致:(1)这些要件主要涉及诉权行使的合法性问题;(2)诉权行使的合法性通常具有可补正性,如果拒不补正可驳回起诉;(3)缺乏合法性会导致所实施的诉讼行为无效,但部分可因实体判决的作出而瑕疵自愈。总体来看,这类要件发挥着保障诉讼合法进行,为诉讼合法进入实体审理阶段和作出实体判决作准备的功能,使用"本案判决要件"的表达更能揭示这些要件的功能和价值。

在本案判决要件方面,"法定权利"诉讼和"新兴权利"诉讼并不存在明显的差异,都强调有诉权的前提下,如何合法地行使诉权的问题,因此,本研究对此类要件不作为研究重点。下面,结合我国实际情况,简要讨论本案判决要件的审查重点和审查结果。

---

❶ [德]汉斯·约阿希姆·穆泽拉克:《德国民事诉讼法基础教程》,周翠译,中国政法大学出版社2005年版,第70页。
❷ [法]洛伊克·卡迪耶:《法国民事司法法》,杨艺宁译,中国政法大学出版社2004年版,第342、346页。

(二) 本案判决要件的审查重点

在立案登记制进一步改革的语境下，法院应如何审查本案判决要件呢？各国学术界基于各自不同的学说理论逻辑和法律制度背景，对于本案判决要件具体包括什么有较大的认识分歧。结合我国既有法律规定和实践经验，将本案判决要件归纳为以下几点：

1. 合法送达与缴纳诉讼费用

根据我国《民事诉讼法》的规定，法院登记立案后，应当在5日之内向被告送达起诉状副本及附件（如应诉通知书、举证通知书、权利告知通知书）；原告应当在接到法院缴纳诉讼费用通知次日起7日内，预交诉讼费用或者提出司法救助（缓交、减交或者免交）申请；人民法院应当在开庭3日以前，向双方当事人送达开庭传票。

在前述三个方面存在违法行为的，都将影响案件推进到实体审理的必要性：（1）关于送达起诉状副本。依法送达起诉状副本，其意义在于保障被告的答辩权，这是正当法律程序和程序正义的基本要求。如果法院仅是违反了5日之内送达的法律规定，在保障被告15日答辩期间的前提下继续进行后续诉讼程序，可视为违法行为得到纠正；但如果法院因疏忽或者以"联系不上被告"为由不送达，❶属于本案判决要件不具备。如果在此情形作出了判决，则可通过上诉撤销判决、重新审理。（2）关于缴纳诉讼费用。缴纳诉讼费用在性质上并非"购买诉权"，而是具有平衡司法作为公共资源（全体纳税人利益）与个体利用者（保护私益）之间关系的公共属性，同时发挥敦促起诉者慎重行使诉权、不滥用诉权的政策效果；不申请缓减免的或申请了未获准许而不缴纳诉讼费用的，视为本案判决要件不具备。（3）关于开庭通知的送达。前述青海省高级人民法院（2020）青民终33号民事裁定书载明的一审法院既不送达起诉状副本又不送达开庭通知就属于这种情形，实践中也有单纯不送

---

❶ 例如，青海省高级人民法院（2020）青民终33号民事裁定书载明：一审法院于2019年2月收到起诉材料，2019年4月8日完成立案，以联系不上被告为由未送达起诉状副本，后直接向原告、被告邮寄送达了民事判决书。

达开庭通知的,这属于违法剥夺当事人的程序参与权和辩论权的情形,从根本上违反了程序正义,不具备实体审理的前提。我国《民事诉讼法》第211条第1款第8项规定,应参加诉讼的当事人因不能归责于本人或者代理人的事由未参加诉讼的,即便判决生效后,也可以申请再审撤销原判。

2. 当事人有诉讼行为能力

诉讼行为能力,是指当事人能亲自实施诉讼行为、承担相应诉讼权利义务的能力。我国《民事诉讼法》第60条规定,无诉讼行为能力人应当由他的法定代理人代为实施诉讼行为。"诉讼请求的合法提起,以提起人享有诉讼能力为条件"❶,不具备诉讼行为能力的人不能正确理解、识别其行为的诉讼意义,使得进行实体审理丧失了合法性前提。我国《民事诉讼法》第211条第1款第8项规定,无诉讼行为能力人未经法定代理人代理的,即便判决生效后,也可以申请再审撤销原判。

3. 受诉法院有管辖权

关于受诉法院管辖权的意义,我国目前的立法存在认识模糊甚至逻辑矛盾之处。我国《民事诉讼法》规定,对于受诉法院的管辖权存在事前、事中和事后三种处理机制。(1)事前审查,即把有管辖权作为起诉法定条件之一(第122条),受诉法院无管辖权的,告知向有管辖权的法院起诉(第127条);坚持向本院起诉的,裁定不予受理(第126条)。(2)事中审查,受理后发现本院无管辖权的,可以依职权或者依异议,裁定移送有管辖权的法院审理(第37条)。(3)事后审查,当事人在答辩期间未提出管辖异议,并应诉答辩的,视为受诉法院有管辖权(第130条,但违反级别管辖和专属管辖的除外)。

从前述规定来看,在我国管辖权究竟是诉权存在要件(无诉权、不受理),还是本案判决要件(起诉不合法、不进行实体审理)?从《民事诉讼法》第130条关于"默示管辖"的规定来看,似乎都不是。缺乏管辖权究竟是抗辩利益(如属私人抗辩利益、可放弃),还是公共利益(如属公共利益、法院

---

❶ [法]洛伊克·卡迪耶:《法国民事司法法》,杨艺宁译,中国政法大学出版社2004年版,第343页。

必须职权审查)？从《民事诉讼法》第37条的规定来看，立法似乎认为它既是抗辩利益又是公共利益。法定管辖、协议管辖、级别管辖和专属管辖，对实体审理的影响有没有区别？从《民事诉讼法》第37、127条的规定来看，似乎没有区别，不管缺乏哪一种管辖权都应该不予受理或者移送管辖；但从第130条的规定来看又有明显的区别，该条赋予了"级别管辖、专属管辖"不可默认的强制效力。

综上，我国《民事诉讼法》第122、127条关于管辖权的规定缺乏必要性，管辖权不宜作为登记立案的条件，而应作为本案判决要件。理由有四个：

第一，管辖权应作为本案判决要件。从立法的视角看，为了实现法院体系内部的"工作负担均衡"，为了"方便群众诉讼、方便法院审理"，设定一些级别和地域管辖规则对原告的起诉行为进行指引是必要的，但不应将其作为起诉和受理的条件。管辖规则的真正价值在于，可据此判断原告的起诉是否合法、是否适合将诉讼推进到实体审理阶段，缺乏管辖权实际上是缺乏本案判决要件，如此才能合理解释"裁定移送管辖"制度的存在意义。

第二，管辖权原则上属于被告的抗辩利益。其利益的个人属性，一方面表现为应诉方便(原告就被告是确定管辖的原则)，另一方面可以防范原告滥用诉权和法院地方保护主义。因此，对级别管辖、专属管辖之外的管辖违法现象，依赖于被告的抗辩，如果被告不抗辩则视为受诉法院有管辖权，可以推进到实体审理阶段，如此才可以解释《民事诉讼法》第130条规定的默示管辖制度的合理性。

第三，级别管辖、专属管辖具有诉讼公共秩序的属性，属于法院依职权审查的对象。在审前准备阶段，一旦发现缺乏管辖权，受诉法院不宜裁定驳回起诉，而应按照《民事诉讼法》第37条的规定移送有管辖权的法院进行审理，这仍然可以从本案判决要件理论得到合理的解释。

第四，"一案不二诉"也应当纳入管辖权视野，视为本案判决要件。《最高人民法院关于适用〈中华人民共和国民事诉讼法〉的解释》第247条将"当事人就已经提起诉讼的事项在诉讼过程中"(一案不二诉)和"裁判生效后再次起诉"(既判效力)混同，统一适用"不得重复起诉规则"，混淆了诉讼法理。"既判力"规则的意义是，由于法院对同一案件已经实体审理终结、诉讼利益已消失，即诉权因消耗而不复存在，因而属于诉权存在要件。"一案不二诉"的意义在于，由于同一案件在其他法院已经起诉和受理，但尚未经法院实体审理产生裁判结果，作为诉权根据的诉讼利益并未消失，所以诉权仍然存在。由于同一案件已经系属于其他法院，其他法院获得了实体审理权限，后诉法院不能合法地将案件推进到实体审理阶段，所以宜裁定驳回起诉。

综上，管辖权属于本案判决要件，违反级别管辖、专属管辖规定的，法院宜裁定移送有管辖权的法院进行实体审理；违反"一案不二诉"规则的，法院应裁定驳回起诉；违反其他管辖规则，被告提出抗辩的，裁定移送管辖，被告未提出抗辩的将视为管辖瑕疵自愈，受诉法院可以进行实体审理。

（三）诉权行使不合法的后果

诉权行使不合法是一个更加宽泛的概念，它包括违反本案判决要件的情形，也包括诉权滥用的情形。

关于违反本案判决要件有一个问题需要澄清，即对本案判决要件的审查与审前准备阶段并不是等同的概念，审查本案判决要件只是审前准备阶段的任务之一。登记立案是诉讼起点（始于原告起诉，经由登记立案，终于向被告送达起诉状副本），审前准备阶段是处于登记立案之后、开庭审理之前的阶段，在这一阶段需要完成以下几个相互交融而又相互独立的六项任务：（1）准备诉答文书；（2）提出诉权抗辩与审查诉权要件；（3）提出诉讼合法性抗辩与审查本案判决要件；（4）案件繁简分流；（5）发现和交换证据；（6）庭前调解与和解。通过这些活动发挥如下功能：（1）明确争点；（2）明确诉权是否存在；（3）明确起诉是否合法；（4）案件繁简分流；（5）固定本案证据；（6）促进庭前争议解决。其中，诉权存在要件是诉讼继续进行的排除性要件（如果不具备，应立即撤销案件），本案判决要件是诉讼合法地推进到实体审理的前提性要件（但并不包括所有的诉讼程序的合法性，而是仅指那些如果不合法就无法进入实体审理的情形），明确争点、固定证据则是进行实体审理的充分性要件（未经充分准备，不开庭审理），庭前调解与和解是实体审理的替代性方案（如果达成调解、和解协议，无须开庭即告解决了争议）。

对于违反本案判决要件的起诉，法院需要在审前准备阶段进行审查。但正如前文所分析的那样，审查之后的处理因具体情形而异。（1）未依法送达起诉状副本、开庭通知，不得进行实体审理；已经进行实体审理的，将通过上诉或再审程序进行纠正，通常应当撤销原判、重新审理。（2）未缴纳诉讼费用又不符合缓减免条件的，不进行实体审理，而是裁定按原告撤诉处理。（3）当事人缺乏诉讼行为能力的，在依法由法定代理人介入前不得进行实体审理；已经进行实体审理的，将通过上诉或再审程序进行纠正，通常应当撤销原判、重新审理。（4）违反级别管辖、专属管辖规定的，法院宜裁定移送有管辖权的法院进行实体审理；违反"一案不二诉"规则的，法院应裁定驳回起诉；违反其他管辖规则，被告提出抗辩的裁定移送管辖，被告未提出抗辩的将视为管辖瑕疵自愈，受诉法院可以进行实体审理。

对于滥用诉权的行为，应承担一定的法律责任。在大陆法系民法领域，1896年《德国民法典》首次以成文法的形式规定了权利不得滥用原则，该法第226条规定"如权利的行使专以加损害于他人为目的，则不得行使权利"。英美法系没有相应的私法观念，但"英美法中的某些侵权行为，如滥用诉讼权利、恶意诉讼等在某种程度上代替了权利滥用概念"❶。我国大约从21世纪之初，伴随着全社会权利观念的兴起，在实践中一方面产生了大量的新兴权利诉讼，另一方面出现了滥用诉权的现象。学术界对这类现象有不同的描述，如恶意诉讼、诉讼欺诈、虚假诉讼、滥用法律诉讼、滥用诉权等，有学者还列举了其常见的表现形态，如欺诈性诉讼、骚扰性诉讼、轻率性诉讼、多余性诉讼、重复性诉讼、琐碎性诉讼等六类。❷我国《民事诉讼法》2012年修改时增设了"民事诉讼诚实信用原则"，是对诉权滥用现象的初步回应。

2015年中央全面深化改革领导小组通过《关于人民法院推行立案登记制

---

❶ 王家福：《民法债权》，中国社会科学出版社2015年版，第214页。
❷ 汤维建：《恶意诉讼及其防治》，载陈光中主编：《诉讼法理论与实践》，中国政法大学出版社2003年版，第331-335页。

改革的意见》,在推行立案登记制、强化诉权保障的同时,也对诉讼泛滥、诉权滥用现象的规制提出了要求。该意见列举了几种典型的"滥用诉权"现象,即虚假诉讼、恶意诉讼、无理缠诉等;提出要推动完善相关立法,依法惩治虚假诉讼,"当事人之间恶意串通,或者冒充他人提起诉讼,企图通过诉讼、调解等方式侵害他人合法权益的,人民法院应当驳回其请求,并予以罚款、拘留;构成犯罪的,依法追究刑事责任"。通常认为,滥用诉权行为的责任包括五种,即撤销案件、驳回请求、损害赔偿、司法制裁、刑事责任。❶目前,关于原告滥用诉权,被告由此产生的损害赔偿请求权,我国立法上还缺乏明确的法律依据。

---

❶ 王德新:《民事诉讼行为理论研究》,中国政法大学出版社 2011 年版,第 342 页。

第五章　新兴权利的司法证成：裁判方法的选择与适用

诉权虽是诉诸法院开启诉讼程序的权利，但当事人行使诉权的方式却是提出诉讼请求；法院不仅负有依法受理诉讼的义务，还负有对原告的诉讼请求证成或证否的实体裁判义务。"诉讼请求的提出会产生两个方面的效力：一是程序方面的（启动诉讼程序）；二是实体方面的（权利主张的实现）"❶，这两个方面共同构成了诉权的完整内涵。对原告诉请的新兴权利主张应否受法律保护，法院应在裁判方法体系中进行合理的选择与适用，以证成或证否一种新兴权利。

第一节　裁判方法的一般理论

新兴权利是一种非法定的权利，本质上是一种基于社会发展需求而正处于发育过程之中的利益；其是否具有"受法律保护"的属性，还有待权威机关依法证成。在实践中，新兴权利纠纷往往以案件的形式诉诸法院，司法成为证成新兴权利存在与否的最为重要的途径。经验表明，新兴权利诉讼往往是法律适用方面的疑难案件，有必要进一步讨论新兴权利司法证成的经典理

---

❶ ［法］洛伊克·卡迪耶：《法国民事司法法》，杨艺宁译，中国政法大学出版社2004年版，第355页。

论和裁判方法。

一、新兴权利司法证成的经典理论

在中外学术界，那种认为法律是一个封闭完美的体系、制定法不存在漏洞以及制定法之外无权利的思想，已经被主流法学理论所抛弃。但如何通过司法证成新兴权利或者说如何解决新兴权利案件的法律适用难题，仍是一个见仁见智的理论话题。

（一）英美法系的裁判方法理论

在英美法系，现代裁判理论是建立在对奥斯丁的规范分析法学批判的基础上的。其中，现实主义法学者进行了激烈的批判，哈特进行了修正，德沃金则进行了温和的兼容并蓄。

19世纪末期，美国激进的现实主义法学者认为规则并非唯一的法律，法院的判决才是真正的法律。如杜威认为，法官裁判并非寻找规则并根据规则进行裁判，而是根据目的进行推理，法官并不是从前提而是从对结果的模糊预期出发，在两个竞争性结论之间作出明智的取舍。❶ 霍姆斯更是断言，"法律的生命不是逻辑，而是经验"，"逻辑只是一种工具，而非目的"，"司法判决的主要语言是逻辑语言，逻辑方法和形式迎合了大众对确定性的渴盼，但确定性一般来说只是一个幻想"。❷ 但是，如果否定法律规则的作用，允许每个法官自由地根据经验进行裁判，将会给法律的稳定性和可预期性带来巨大的风险。

20世纪前半期，以哈特为代表的实证主义法学者在继承奥斯丁的法律规则说的同时，也承认法律规则存在漏洞。"如果法庭必须在这些情况下做出决定，他们就必须运用一种有限的'填补性的'创制法律的权力，或者说'是

---

❶ 刘翀：《现实主义法学的批判与建构》，《法律科学（西北政法大学学报）》2009年第5期。
❷ [美] 小奥利弗·温德尔·霍姆斯：《普通法》，冉昊等译，中国政法大学出版社2006年版，第1页。

自由裁量权'。"❶ 也就是说，对于存在法律漏洞的疑难案件，法官在如何裁判方面享有自由裁量权。不能否认，在法律存在漏洞的情况下，法官事实上有一定的自由裁量权，但如果对这种裁量权不加以任何限制，司法的恣意性将无从约束。

20世纪后半期，德沃金在对哈特的观点进行批判的基础上建立了自己的学说体系。德沃金仍然认为美国的法律是一个"封闭完美的体系"，因为只有宣称法律是一个无漏洞的体系、法官的判决是"唯一正解"，方能让人民树立法治信仰。"就算是在一个疑难案件（hard case）中，法官也不至于面临为了作出判决却无法可用的地步。法官永远不需要扮演立法者，即使是案中扮演也不需要。"❷ 但是，德沃金并不否认疑难案件中存在"法律规则"缺失的困难，只是他认为，借助于"道德原则"可以解决这一问题。亦即，如果一个案件找不到明确的法律规则可用，法官便须寻找一个道德立场，借由道德原则来判决；道德原则是一国法律传统中坚持不渝、持之以恒加以实践的道德价值，它已经被融入法律体系之中而不是在法律体系之外，法官在个案中有义务去检验、昭示它。❸ 虽然德沃金不认为依据道德原则裁判是造法行为，但就其发现、提炼道德原则并据此作出裁判的逻辑来看，实际上与大陆法系学者所谓的法律续造或者类推适用并无本质区别。其真正的启发是，当缺乏明确的法律规则可用时，法官有义务从法律原则或者法律目的中探寻新的裁判规则。

（二）大陆法系的裁判方法理论

在大陆法系，"在把法与法律，法律与立法者的意志等视同观……或者在认为法的安定性及司法裁判的可预见性较实现正义重要的时代，倾向于将法官的职务限制在法解释上，否定法官得未超越法律之法的续造"❹。最早对这种

---

❶ ［英］H.L.A.哈特：《法理学与哲学论文集》，支振锋译，法律出版社2005年版，导言。
❷ John Mackie, The Third Theory of Law, Ronald Dworkin and Contemporary Jurisprudence (hrsg. Von, Marshall Chon), Totowa-New Jersey, 1984, p.162.
❸ 林立：《法学方法论与德沃金》，中国政法大学出版社2002年版，第47页。
❹ ［德］卡尔·拉伦茨：《法学方法论》，陈爱娥译，商务印书馆2003年版，第247页。

概念法学之下的机械司法观发起批判的,是耶林倡导的目的法学及其附带产生的利益衡量观点。受耶林理论的影响,大陆法系特别是德国民法理论发展出了多种学说。

黑克是 19 世纪晚期德国利益法学的代表性人物,他的理论曾对美国现实主义法学产生了重要的影响。黑克认为,权利的本质是利益,法律是对个体之间彼此冲突的利益作出的决定,而在存在法律漏洞时,法官将扮演立法者助手的角色,法官通过厘清案件中的利益冲突,类推适用调整相似利益冲突的法律规范;如果找不到可类推适用的规范,则法官可以根据自己对生活利益的评价作出判决。❶ 在黑克那里,法官的裁判方法是三阶制的:第一阶段是寻找法律规定,能够找到合适的法律规则即依法裁判;第二阶段是在存在法律漏洞时,类推适用调整相似利益冲突的法律规范;第三阶段是如果找不到可类推适用的规范,则法官将自己作为立法者的助手,像立法者的思维那样对生活利益冲突进行评判。

20 世纪以后,德国法学界普遍接受了"法律漏洞"的客观存在。在此前提下法学研究有两个任务:一是如何界定法律漏洞,二是如何应对法律漏洞。拉伦茨认为,个别法律条文存在的漏洞属于"规范漏洞",对此主要依靠传统的法律解释方法即可解决;但实践中大部分的漏洞属于法律体系上的"规整漏洞","欲判断是否确有此类漏洞存在,须以法律本身的观点、法律的根本规整意向、借此追求的目的以及立法者的计划为标准……必须透过法律,以历史解释及目的论解释的方式求得"❷。在此基础上,拉伦茨提出了应对规整漏洞的裁判方法体系:(1)对开放的漏洞,优先运用类推适用的方法裁判;(2)对隐藏的漏洞,优先运用目的论的限缩进行裁判;(3)前两种方法都是以法律理由、以内存于法律中的目的为依据,可谓"法律内的法律续造";但有时为了实现审判结果的正义,需要借助于法律之外的目的进行裁判,此为"目的论的扩张",此时"利益衡量""事物的性质""伦理性原则"等开放性的法源将发挥作用。

---

❶ 邓经超:《法律漏洞填补理论的历史演进:从概念法学到利益法学》,《南海法学》2021 年第 3 期。
❷ [德]卡尔·拉伦茨:《法学方法论》,陈爱娥译,商务印书馆 2003 年版,第 251 页。

（三）我国的裁判方法理论

我国民法学者总体上继受了德国的民法理论，认为民法的思维过程"通常分为三个阶段，即法律解释、法律补充及超越法律的法之发现"❶。在不存在法律漏洞的场合，法院和法官的主要任务是"法律解释"；在法律存在漏洞的场合，"法官不能以法律没有明文规定为由拒绝裁判，法官只有一个选择，就是创设一个规则裁判本案"❷。如何创设新的法律规则呢？梁慧星教授提出了以下八种裁判方法：（1）以习惯（交易习惯、行业习惯、地方习惯）补充漏洞，是法官应首先考虑的方法；（2）类推适用；（3）目的性扩张，即某一法律规则按其适用范围和立法本意本不适用于本案，但法官将其扩张适用于本案；（4）目的性限缩，即某一法律规则按其文义适用范围过宽，按条文目的不应该适用本案，法官可拒绝适用该规则；（5）反对解释，即对于封闭性的条文，通过反面推理适用于本案的裁判；（6）运用比较法的方法，借鉴域外法律经验进行裁判；（7）直接适用诚实信用原则进行裁判；（8）如果前述方法均不能适用，则法官可以直接创设法律规则。❸

在我国法理学界，则沿着另一思路发展出了"权利推定"的理论。早在1991年就有学者撰文指出，立法不可能穷尽一切权利，除明示的"法定权利"外，还存在众多的"默示权利"（客观存在的利益事实），后者可以运用"权利推定"进行确认。❹权利推定分为两种类型：其一，从既有法定权利进行事实推定（基于案件事实，推定权利的归属与效力状况）；其二，从既有的法定权利、法律原则和法律精神推论出一种应受法律保护的权利（推论利益的合法性）。具体方法包括五种：一是由权利推定权利，二是由义务推定权利，三是基于宪法、法律原则、法律精神、法律宗旨推定权利，四是依据"法不禁

---

❶ 王泽鉴：《法律思维与民法实例》，中国政法大学出版社2001年版，第198页。
❷ 梁慧星：《裁判的方法》，法律出版社2017年版，第237页。
❸ 梁慧星：《裁判的方法》，法律出版社2017年版，第238-277页。
❹ 默示权利的表现形式有：法律上"漏列的权利""剩余权利""空白权利"，法律认可的"习惯权利"，以及法律未预测到的"新生权利"。

止即自由"的原则推定权利，五是对习惯权利进行合法性推定。❶ 有的学者认为，根据权利推定的所属领域可分为权利的事实推定和权利的法律推定，前者属于法定权利的事实判断；对于权利的法律推定，根据推定的法源基础，又可分为法律体系内部的权利推定和外部的权利推定；根据推定的结果，可分为应有权利推定、法定权利推定和现实权利推定；根据推定的主体，可分为权利的立法推动、司法推动和行政推定。❷ 另有学者认为，权利推定分为日常生活中的权利推定（如私人生活中的自主推定、民事交往中的合意推定、公共生活中的包容推定），以及纠纷解决中的权利推定（如纠纷社会解决中的协商推定、行政调解中的权衡推定和诉讼中的司法推定）。❸

二、新兴权利案件的典型裁判方法

法律概念、法律规则和法律原则是构成法律的三要素。对新兴权利诉讼而言，通常遭遇的裁判难题是缺乏所主张的权利类型，或者对既有法律规则的适用存在困难。在法律规则缺失之际，法官宜首先从既有的法律资源内部来寻求合适的裁判方法，只有在必要时才求助于外部资源。为开展实证分析，首先有必要总结提出几种新兴权利案件典型裁判方法的模型。

（一）模型Ⅰ：基于法律体系内的资源证成新兴权利

模型Ⅰ-1：类推适用的方法。类推适用是指，诉请权利缺乏明确的可用法律规则，法官将与之类似的某一种既有法定权利的（或多种法定权利彼此类似的）构成要件A，转用于诉请权利的构成要件B。

类推适用的正当性基础在于：基于正义的要求，同类事物应作相同处理。其适用的前提是：关于构成要件A与构成要件B（在有关法律评价的重要观

---

❶ 郭道晖：《论权利推定》，《中国社会科学》1991年第4期。
❷ 霍宏霞：《权利推定——概念梳理与概念重塑》，《燕山大学学报（哲学社会科学版）》2011年第2期。
❸ 谢晖：《论权利推定的类型和方法》，《政法论坛》2023年第4期。

点上）彼此类似，应作相同法律评价。其适用的限制是：不适用该规则的例外理由不存在。❶从法官依法裁判的法治原则看，类推适用的实质，是法官遵从正义的要求、按照立法者的思维方式进行的裁判，应当是首要提倡的裁判方法。

法理学者所谓的"通过权利推定权利"，与法律适用意义上的类推适用效果相同，只是解读的视角不同而已。类推适用，不仅是一种常见的新兴权利司法证成方法，也是一种常见的新兴权利立法证成方法；不仅可以类推适用既有的"法定权利"规则，也可以类推适用同类权利的"一般性保护规则"。例如，在我国《民法通则》施行时期，将名誉权的保护规则，转用于对隐私权的保护；❷《民法典》第1023条第2款规定"对自然人声音的保护，参照适用肖像权保护的有关规定"；《民法典》第990条第2款规定"除前款规定的人格权外，自然人享有基于人身自由、人格尊严产生的其他人格权益"。

模型Ⅰ-2：目的立论的方法。目的立论是指，诉请权利缺乏明确的可用法律规则，法官基于立法目的、法律原则、法律精神和道德价值，对某种新兴权利主张证成或者证否进行论证。对于目的立论的裁判方法，不同的学说提供了差异性的解说：

（1）在德沃金看来，法律规则不是法律的全部，还包括代表法律精神的法律原则，法官根据法律原则推断可以得出完美的答案，这又被称为"原则立论法"。❸德沃金所谓的法律原则，又称道德原则或政治道德，是代表法治传统一贯秉持不渝、持之以恒加以实践的主流政治道德价值。

（2）在拉伦茨看来，目的立论的方法又分为两种。一种是"目的论限缩"，即法律规范的文义范围宽泛，法官在个案中根据法律目的对其适用范围

---

❶ ［德］卡尔·拉伦茨：《法学方法论》，陈爱娥译，商务印书馆2003年版，第258页。
❷ 1988年《最高人民法院关于贯彻执行〈中华人民共和国民法通则〉若干问题的意见（试行）》第140条第一次作出规定："以书面、口头等形式宣扬他人的隐私，或捏造事实公然丑化他人人格，以及用侮辱、诽谤等方式损害他人名誉，造成一定影响的，应当认定为侵害公民名誉权的行为。"
❸ 林立：《法学方法论与德沃金》，中国政法大学出版社2002年版，第47页。

进行限缩。❶目的论限缩的正当性基础是：不同的事件应作不同的处理（这恰好是类推适用的反面陈述）。另一种是"目的论扩张"，即依据立法目的，对法律规范作扩张性修正，使原本不被法律承认的利益得到法律认可。其正当性基础在于：如果不作此等扩张修正，法律目的将在本案中不能完全实现，"不可避免地发生严重的评价矛盾或者明显的不公"❷。2013年在江苏宜兴发生的全国首例"人体冷冻胚胎监管权和处置权"案中，一审法院认为"冷冻胚胎"不能作为"物"被继承（将"冷冻胚胎"排除在"物"的范围之外），判决驳回原告诉讼请求，这是目的论的限缩；二审法院借助于"冷冻胚胎具有发育生命的潜质""血缘伦理""直接利益"等法律保护的目的，承认"胚胎的监管权和处置权"的合法性，属于对目的论扩张方法的运用。❸

（3）从权利、义务的对应性关系原理来看，"没有无义务的权利，也没有无权利的义务"❹。有学者据此认为，只有具体权利对应的具体义务得到验证成立，该权利才有可能成立；否则，所谓的权利就不是真正意义上的权利，此即"对应义务验证说"。❺

作为新兴权利对应的"义务"，可能是积极作为义务，也可能是消极不作为义务；可能是遵守公共秩序的义务，也可能是尊重其他个体的利益的义务。这种义务，可以从《民法典》大量的原则性条款中得到证实，例如"法律地位一律平等"（第4条，可推论出不得设定利益不平等条款的义务），"应当遵循自愿原则"（第5条，可推论出不得强迫、威胁的义务），"应当遵循公平原则"（第6条，可推论出不得设定不公平利益关系的义务），"应当遵循诚信原则"（第7条，可推论出不得欺诈的义务），"不得违反法律、违背公序良

---

❶ 目的论限缩与目的解释不同："目的解释"是对规范中文字的直接解释，以不存在法律漏洞为前提；目的论限缩以存在法律漏洞为前提，且须借助于其他规范，遵循法律目的作出的限缩。参见［德］卡尔·拉伦茨：《法学方法论》，陈爱娥译，商务印书馆2003年版，第267页。
❷ ［德］卡尔·拉伦茨：《法学方法论》，陈爱娥译，商务印书馆2003年版，第276页。
❸ 一审法院认为，这是一个继承权纠纷，但"冷冻胚胎"不能作为"物"被继承，判决驳回原告诉讼请求；但二审法院认为，本案本质上为"胚胎的监管权和处置权"纠纷，原被告作为死者夫妻的父母可共同享有。参见江苏省无锡市中级人民法院（2014）锡民终字第01235号判决书。
❹ 《马克思恩格斯选集（第三卷）》，人民出版社2012年版，第172页。
❺ 贾永健：《再论新兴（型）权利的证成标准：对应义务验证说》，《北方法学》2022年第5期。

俗"的义务（第8条），"应当有利于节约资源、保护生态环境"（第9条，可推论出节约资源、保护生态环境的义务），"夫妻应当互相忠实，互相尊重，互相关爱"的义务（第1043条）等。例如，从国家与公民之间关系看，夫妻对国家负有实行计划生育的义务，国家负有不干涉公民在计划生育政策允许范围的生育权；从夫妻与他人关系看，其他人负有不干涉、不剥夺、不侵犯生育权的义务；从夫妻之间关系看，生育权为夫妻共同享有，一方负有不得强迫另一方生育的义务。再如，代孕权，作为一种新兴权利主张尚未得到法律认可，其原因就在于"代孕行为将代孕女性当成他人的生育机器"，在人格平等、亲子伦理等方面遭遇公共秩序困境，难以证成国家"不干涉义务"的存在。

（二）模型Ⅱ：基于习惯证成新兴权利

现代法学理论认为，"法"与"制定法"不是等同的概念，就像"权利"和"法定权利"不是等同的概念一样。权利除了制定法依据外，还有开放性的"法源"依据，其中最为重要的就是"习惯"。

现代各国民法大都规定了开放性的法源，承认法律之外的"习惯"作为法源的地位，由此成为证成"习惯权利"的依据。我国《民法典》第10条规定："处理民事纠纷，应当依照法律；法律没有规定的，可以适用习惯，但是不得违背公序良俗。"习惯权利是生活中的"事实权利"，以习惯为大前提的权利推定，是法律尚未、不可能，也无必要把全部社会习惯规范全部吸纳进法律规范的必然结果；❶只要制定法还没有把全部习惯规范予以吸收，法院将不断面临着人们依据习惯权利寻求司法救济的可能，在此意义上，通过司法个案证成新的习惯权利永远会存在下去。

（三）模型Ⅲ：基于"法不禁止的自由"证成新兴权利

"法不禁止的自由"原则，源自对国家权力限制、对公民权利保障的思

---

❶ 谢晖：《论权利推定的类型和方法》，《政法论坛》2023年第4期。

想。法国《人和公民权利宣言》第 5 条规定:"凡未经法律禁止的一切行动,都不受阻碍,并且任何人都不得被迫从事未经法律命令的行动。"❶ 我国《宪法》第 35、36、37、40 条规定了公民享有言论自由、宗教信仰自由、人身自由、通信自由等广泛的自由权,刑法上的"法无明文规定不为罪"与此相通。

"法不禁止的自由"在私法领域有更广泛的应用,这集中体现为"契约自由"或"契约就是私主体之间的立法"思想。法国学者狄骥(Duguit)有一句名言:"承认个人在私法领域内,就自己生活之权利义务,能为最合理之'立法者',在不违背国家法律规定之条件下,皆得基于自由意思,自由创造规范。"❷ 在我国《民法典》中,体现为自愿原则,即民事主体得"按照自己的意思设立、变更、终止民事法律关系"(第 5 条)。其中,当然包含了自由设定各种法律不禁止的"新权利"的情形。

通过裁判文书检索可以发现,进入民事诉讼渠道的不少纠纷,都缘起于合同约定的"新权利"。例如,"独家代理销售权"❸、"域名管理权"❹、"居住权"❺、"回赎权"❻、"优先承租权"❼、"优先承包权"❽ 等。对于这类权利,被告通常会提出"不是法定权利"的抗辩。但是,是不是法定权利并不重要,关键是"约定的权利"是不是双方真实意愿,有无违反法律法规强制性规定,有无侵害他人合法权益,以及权利的"构成要件"按照约定或者权利的性质是否已经满足。正如辽宁省锦州市中级人民法院在(2020)辽 07 民终 1813 号民事判决书中所指出的那样,"优先承包权并不是法定权利,而是基于承包

---

❶ 转引自郭道晖:《论权利推定》,《中国社会科学》1991 年第 4 期。

❷ 转引自邱本:《市场法治论》,中国检察出版社 2002 年版,第 88 页。

❸ 参见黑龙江省双城市人民法院(2014)双民初字第 1345 号民事判决书。

❹ 参见浙江省慈溪市人民法院(2017)浙 0282 民初 2405 号民事判决书。

❺ 参见上海市第一中级人民法院(2017)沪 01 民终 13667 号民事判决书。

❻ 参见河北省沧州市中级人民法院(2021)冀 09 民终 7309 号民事判决书。

❼ 2020 年 1 月 1 日施行的《民法典》第 734 条第一次作出明确规定:"租赁期限届满,房屋承租人享有以同等条件优先承租的权利。"在此之前,"优先承租权"不是法定权利,而只是"约定权利"。参见广东省广州市中级人民法院(2019)粤 01 民终 16426 号民事判决书,山东省高级人民法院(2019)鲁民申 1600 号民事判决书,广东省茂名市中级人民法院(2019)粤 09 民终 714 号民事判决书,云南省普洱市中级人民法院(2021)云 08 民终 907 号民事判决书。

❽ 参见辽宁省锦州市中级人民法院(2020)辽 07 民终 1813 号民事判决书。

合同的约定而产生的约定权利，是一种附限制条件的物权，只有在'同等条件'下才享有"。

（四）模型Ⅳ：基于"自由裁量"证成新兴权利

当法官遭遇新兴权利疑难案件时，前述几种裁判方法分别代表了"法律续造""习惯认可""意思自治尊重"，各有其存在的合理空间。有争议的问题是：法官能否依据其"自由裁量"证成新兴权利？对此，存在以下两种观点：

第一，无条件的自由裁量。美国激进的现实主义法学者认为，法律并非法律规则，而是法院的判决。法官应当根据自己的经验、对公平正义的认知和其他多种因素，自由裁量形成公正的判决结果。但是，这将导致法律规则成为"废纸"，法官事实上成了法律规则的"宣布者"，司法权与立法权的界限将不复存在。因此，无条件地自由裁量是违背法治精神的。

第二，有条件的自由裁量——利益衡量。在利益法学看来，每一条法律规范都决定着一种利益冲突，法律选择保护的是一种需要优先加以保护的利益，这便是"利益冲突理论"。❶ 出现法律漏洞时，法官将"在很大程度上充当了立法者的助手"，他首先须弄清楚案件中存在怎样的利益冲突，"法律是否以其他事实构成的形式决定了同样的利益冲突"，如果是，就类推适用相应的规范；如果否，法官有权创制新的规范，但"法官必须作出他自己作为立法者时可能建议作出的判决……法官创造的规范不具备制定法规范的效力，对其他法官也没有约束力"。❷ 法官像立法者一样思考，优先进行类推适用，这是利益法学对法官自由裁量创设权利的根本性限制。这种思想，已在部分国家获得制定法的认可。❸

---

❶ 梁上上：《利益衡量论》，法律出版社2013年版，第25页。
❷ ［德］菲利普·黑克：《利益法学》，傅广宇译，商务印书馆2016年版，第30—31页。
❸ 例如，《瑞士民法典》第1条规定：法官裁判案件时，有法律的依法律，无法律的依习惯，二者均无时"依据自己作为立法者应提出的规则裁判"。

第二节　我国新兴权利司法证成的实证分析

在前文一般性理论分析的基础上，下面对"祭奠权""个人信息权""虚拟财产权"三种备受关注的新兴权利类型，通过法院的裁判文书进行实证分析，以揭示中国场域下新兴权利司法证成的实践样态。

一、对祭奠权纠纷判决书的分析

（一）裁判文书检索情况说明

以最高人民法院"中国裁判文书网"为主要检索平台，以"把手案例裁判文书库"为补充，以"祭奠权""悼念权""缅怀权"为检索词，以"民事案件"和"2021年12月31日以前"为限定条件，通过"全文检索"可检索到309份民事裁判文书。去除重复的以及实质上与"祭奠权""悼念权""缅怀权"无关的裁判文书后，实际有效民事判决书样本共220份（220个案件）。❶

在220个案件中，争议内容大致可分为以下八类：（1）剥夺遗体告别利益的，共57件；（2）妨碍祭奠权行使的，共9件；（3）墓碑刻名或损害墓碑的，共11件；（4）侵害坟墓利益的（迁坟、毁坟、墓穴信息、购置墓穴等），共65件；（5）涉及骨灰利益的（盗取骨灰、转移骨灰、骨灰存放信息、骨灰下葬等），共64件；（6）确认祭奠权存在的，共1件；（7）涉及遗体的（倒卖遗体、毁坏遗体、遗体运回国内安葬等），共5件；（8）涉及死者遗物的

---

❶ 在220个案件中：从审级来看，一审民事判决书160份，二审民事判决书56份，再审判决书4份（同一案件只保留一个审级的裁判文书）。从时间分布看，2001、2008、2011年各1份，2010年3份，2012年2份，2013年4份，2014年14份，2015年12份，2016年17份，2017年19份，2018年40份，2019年36份，2020年49份，2021年21份。

（死亡证明、骨灰存放证明等），共 8 件。从法院立案的案由看主要有以下 10 种案由：（1）人格权纠纷（27 件）；（2）一般人格权纠纷（87 件）；（3）侵权责任纠纷（49 件）；（4）排除妨害、恢复原状纠纷（18 件）；（5）财产损害赔偿纠纷（9 件）；（6）婚姻家庭、继承纠纷（6 件）；（7）返还原物纠纷（4 件）；（8）名誉权纠纷（3 件）；（9）物权纠纷（4 件）；（10）不当得利、分家析产纠纷、建设用地使用权纠纷、履行调解协议纠纷、其他所有权纠纷等其他案由（13 件）。

在 220 个案件中，有 1 个以调解结案，有 8 个裁定驳回起诉❶，判决驳回或不予处理的共 104 件，判决支持或部分支持的 107 件。在 211 件作出实体判决的案件中，法院运用各种裁判方法的总体情况如下：（1）典型按照前文所述裁判方法模型Ⅰ作出判决的，有 51 个；（2）典型按照模型Ⅱ作出判决的，有 41 个；（3）典型按照模型Ⅲ作出判决的，有 5 个；（4）典型按照模型Ⅳ作出判决的，有 59 个。另有 55 个案件，无法归入按照前述四类裁判方法，其中大部分属于无事实根据❷，或者未尽举证责任❸，或者已过诉讼时效❹等。为进一步展示法院对祭奠权这种新兴权利的司法证成的实践样态，下面从权利的否定和肯定两个视角作进一步分析。

（二）肯定祭奠权及其救济的裁判方法

1. 类推适用的裁判方法（裁判方法模型Ⅰ-1）

在我国《民法典》于 2021 年施行前，各地法院对祭奠权的合法性证成所

---

❶ 在 8 个裁定驳回起诉的案件中，有 4 个案件驳回理由是"原告与本案无直接利害关系"（参见广西壮族自治区来宾市象山县人民法院（2020）桂 1322 民初 530 号民事裁定书和（2020）桂 1322 民初 529 号民事裁定书，福建省泉州市中级人民法院（2018）闽 05 民终 7588 号民事裁定书，福建省泉州市安溪县人民法院（2018）闽 0524 民初 5229 号民事裁定书）；有 1 个案件驳回理由是"被告不明确"（参见宁夏回族自治区石嘴山市中级人民法院（2013）石民初字第 7715 号民事裁定书）；有 3 个案件驳回理由是"不属于法院受理案件的范围"（参见河南省新乡市中级人民法院（2018）豫 07 民终 4589 号民事裁定书，北京市西城区人民法院（2019）京 0102 民初 20246 号民事裁定书，河南省新乡市中级人民法院（2018）豫 07 民终 4423 号民事裁定书）。
❷ 参见山西省沁水县人民法院（2014）沁民初字第 444 号民事判决书。
❸ 参见江苏省宿迁市中级人民法院（2020）苏 13 民终 2458 号民事判决书。
❹ 参见河北省唐山市古冶区人民法院（2014）古民初字第 943 号民事判决书。

采取的方法不尽一致。如有的法院根据《民法总则》第3条❶，直接认定祭奠权属于合法民事权益，"公民的合法权益受法律保护。祭奠权是近亲属之间对于已故亲属的祭奠，是一种人格权利。主要包括：死亡消息知悉权、最后见面权、丧葬事项决定权和祭奠仪式、活动参与权"❷。有的法院认为，对骨灰可类推适用物权保护规则，"骨灰是物权法意义上的特殊物，双方就如何安葬骨灰，从法律上讲是如何处理共有物，因此可以诉诸法律"❸。有的法院认为，对骨灰可类推适用人格权保护规则，"自然人的人格权利受法律保护。根据我国现行法律及相关司法解释的规定……骨灰作为自然人去世后的人身化作物，凝结着逝者与亲属之间的情感因素"❹。《民法典》施行后，各地法院逐渐统一于以第990条第2款的"一般人格权条款"为依据论述祭奠权的合法性。例如，有的法院认为，"'祭奠权'尚未成为一种类型化的法定权利，但'祭奠权'可以属于人格权中的'其他人格利益'"❺。

2. 目的立论法（原则立论法，裁判方法模型Ⅱ-2）

目的立论法（原则立论法）与类推适用有相同之处，即都是从既有法律资源内部论证新兴权利的合法性；区别在于，目的立论法不是从既有类似规则出发，而是从法律目的、法律原则和法律精神出发来证成一项利益的合法性。

运用这种方法证成权利，无非有两种思路：（1）从法律目的、原则中阐明权益保护的必要性。如有的法院认为，"我国法律虽未明确规定祭奠权，但祭奠亲人既是对生者的精神安慰，也是为我国社会公众认可的基本伦理道德观念，应当受到法律保护"❻。（2）更多的法院反其道而行之，侧重于从法律原

---

❶ 《民法总则》第3条规定："民事主体的人身权利、财产权利以及其他合法权益受法律保护，任何组织或者个人不得侵犯。"
❷ 参见辽宁省抚顺市新抚区人民法院（2018）辽0402民初82号民事判决书。
❸ 参见山东省临沂市中级人民法院（2019）鲁13民终6052号民事判决书，江苏省常州市钟楼区人民法院（2013）钟民初字第1882号，山西省吉县人民法院（2018）晋1028民初337号民事判决书。
❹ 参见北京市丰台区人民法院（2013）丰民初字第04860号民事判决书。
❺ 参见北京市朝阳区人民法院（2021）京0105民初64805号民事判决书。
❻ 参见陕西省铜川市王益区人民法院（2016）陕0202民初374号民事判决书。

则、法律精神证成法律义务，根据法律义务进行裁判。其中，《民法通则》和《民法总则》规定的基本原则（"民事主体从事民事活动，应当遵循诚信原则，秉持诚实，恪守承诺，不得违反法律，不得违背公序良俗"）是被广泛引用的裁判理由。如有法院据此认为，"被告因墓地出资、赡养母亲及家族亲属意见等原因，将原告名字从墓碑除去，理由不能成立"❶，恢复墓碑刻名原状的请求应予支持。

3. 证成习惯权利（裁判方法模型Ⅱ）

证成习惯权利，是以承认制定法为开放的体系，习惯规范是制定法规范的有机补充为前提的。在祭奠权诉讼领域，这是一种被法院广泛运用的裁判方法。例如，有的法院明确指出，"祭奠权实质上是基于传统习俗而产生的一种权利，是基于近亲属的身份产生的一种精神利益"❷。有的法院认为，"尽管我国法律未明文规定该项权利（祭奠权、吊唁权），但近亲属在殡葬仪式上对死者进行吊唁和表达哀思，属亲属间正当的情感利益，符合善良风俗，系应受法律保护的人格利益"❸。有的法院认为，"对亲人墓地的知情权，对亲人的祭奠权实质上也是基于传统习俗而产生的一种权利"❹。有的法院认为，"根据传统习俗及日常习惯，死者遗物一般应由死者的直系亲属保管，故被告江某丁应将死者江某福的死亡证明、火化证明等返还给原告江某甲"❺。有的法院认为，"根据习俗，子女的名字刻在父母的墓碑上，是一种对父母的祭奠方式"❻。有的法院认为，"根据习俗，被上诉人并未按长幼次序为上诉人及其家人在墓碑上预留出刻写名字的合适位置，存在一定过错"❼。有的法院认为，"入土为安一直是民间传统风俗习惯"❽，未经其他近亲属同意擅自取走安葬的

---

❶ 参见北京市东城区人民法院（2019）京 0101 民初 19710 号民事判决书。
❷ 参见内蒙古土默特左旗人民法院（2016）内 0121 民初 1492 号民事判决书。
❸ 参见江苏省浦口区人民法院（2016）苏 0111 民初 6897 号民事判决书。
❹ 参见江西省萍乡市湘东区人民法院（2021）赣 0313 民初 1054 号民事判决书。
❺ 参见湖北省武汉市江汉区人民法院（2015）鄂江汉巡民初字第 01577 号民事判决书。
❻ 参见上海市奉贤区人民法院（2017）沪 0120 民初 6184 号民事判决书。
❼ 参见上海市第二中级人民法院（2017）沪 02 民终 11086 号民事判决书。
❽ 参见河南省洛阳市洛龙区人民法院（2019）豫 0311 民初 2512 号民事判决书；宿迁市宿城区人民法院（2019）苏 1302 民初 7435 号民事判决书；天津市高级人民法院（2020）津民申 1433 号民事裁定书。

骨灰违反善良风俗；有的法院认为，"骨灰由原告带回老家安葬符合'入土为安'及'落叶归根'的传统习俗"❶。

但是，根据风俗习惯证成权利，不得违反法律规定和公序良俗。例如，有法院在判决中指出，"被告在死者有合法妻子的情况下，公然以'爱妻''丈夫'名义办理谭某某的丧葬事宜，宴请亲友和刻碑留记对外'公示'，该民事行为违背公序良俗"❷，属于侵权行为。但有时，关于习俗是否为善良风俗，法院判断上也存在各自裁量、结果不一的情形。例如，在一女二嫁死后安葬"从前不从后"的问题上，有的法院认为，"女子在前任丈夫过世后招夫领子，死后与前夫合葬系本地的农村殡葬习惯，此习惯多少与古代门第观念有关"❸，不认可其为善良风俗；有的法院认为，"死者与前夫合葬的意愿并不违反法律规定，且符合当地的风俗习惯，应当予以尊重"❹；但二者又统一于"死者遗愿首先应得到尊重"，"入土为安"（一旦安葬不再支持移葬或返还骨灰）的习俗规则。

4. 法官自由裁量（裁判方法模型Ⅳ）

对于新兴权利的保护而言，法院裁量主要体现为两个方面：一是综合多种因素，证成抽象意义上的权利存在与否，多数法院都综合了"法律规定""法律原则""公序良俗""风俗习惯"等多种因素；二是法院在承认抽象意义上权利存在的前提下，个案中具体场景下是否为原告的诉请提供法律救济。

以"父母死亡，兄弟姐妹未告知，一方诉请精神损害赔偿"的情形为例，各地法院在裁判中有不同的裁量尺度。有的法院认为，"原告诉请赔偿20万元"，但"原告作为子女，在父母生病住院及去世前较长时间内，未积极、主动与父母保持联络，未尽到赡养义务。因此，本院酌定1000元"❺。有的法院认为，"（死者父亲）在与原告发生争执摔倒受伤后，住院过程中，原告从未探望父亲，从未支付任何费用"，根据原告对父亲生前表现，其称未能参加葬

---

❶ 参见深圳市龙岗区人民法院（2020）粤0307民初23990号民事判决书。
❷ 参见重庆市第四中级人民法院（2021）渝04民终771号民事判决书。
❸ 参见江苏省东台市人民法院（2017）苏0981民初776号民事判决书。
❹ 参见江苏省如东县人民法院（2013）东民初字第0778号民事判决书。
❺ 参见北京市丰台区人民法院（2021）京0106民初5375号民事判决书。

礼深感痛苦，难有说服力，判决驳回诉讼请求。❶有的法院认为，逝者生前明确表示断绝母子关系，且因继承纠纷将母亲及姐弟告上法院，后因未尽赡养义务被逝者诉至法院，因此被上诉人未及时通知"事出有因"，判决驳回诉讼请求。❷

（三）否定祭奠权及其救济的裁判方法

1. 否定祭奠权的合法性

否定原告主张的"祭奠权"有一种釜底抽薪的方法，即在根本上不承认原告主张的利益受法律保护，或者说不属于法院主管的范围，或者无法证成行为人的法律义务存在。具体来说有以下几种典型做法。

第一，遵循传统的三段论法律适用方法，以缺乏法律规定大前提为由，否定原告主张的祭奠权的合法性。例如，在2001年的一起案件中，北京市宣武区人民法院一审和第二中级人民法院二审判决均认为，"原告以被告不履行通知义务，侵犯其相应权利的主张缺乏法律依据"，判决驳回诉讼请求。❸但这不是唯一的一起，在较长一段时期内，不同地方的法院陆续出现了类似的裁判案例。❹

第二，根据利益衡量的裁判方法（模型Ⅳ），以不属于法律调整范围为由判决驳回诉讼请求。例如，在宁波市中级人民法院2020年审理的一起案件中，法院判决认为"本案双方当事人因父母财产问题发生矛盾并提起诉讼，母亲去世后由三原告操办丧事，父亲去世由三被告操办，双方均阻止对方与父母一方见面，互相均未通知对方父母一方去世的消息。双方提供的证据均不足以说明其父亲生前有关安葬地址的遗愿。安葬地址是死者家属内部事

---

❶ 参见上海市浦东新区人民法院（2020）沪0115民初55433号民事判决书。
❷ 参见湖北省襄阳市中级人民法院（2018）鄂06民终2343号民事判决书。
❸ 简要案情是：亲兄弟讼争，一方以对方不告知父亲去世及举行葬礼的消息、侵犯自己的悼念权为由，诉请赔偿精神损失和赔礼道歉。参见李凤新：《对一起悼念权纠纷的评析》，中国法院网，https://www.chinacourt.org/article/detail/2003/12/id/96608.shtml，2025年1月10日访问。
❹ 参见河南省泌阳县人民法院（2016）豫1726民初1186号民事判决书，天津市和平区人民法院（2015）和民一初字第0901号民事判决书，抚顺市顺城区人民法院（2016）辽0411民初439号民事判决书。

务，法律不应强加干涉"❶。该案不是孤例，其他地方的法院也有不少此类裁判思路。❷

第三，通过否定习惯的法源地位，进而否定祭奠权的合法性。例如，在江苏省东台市人民法院审理的一起案件中，涉及女子死亡后随前夫合葬还是随后夫合葬的问题。法院认为，"女子在前任丈夫过世后招夫领子，死后与前夫合葬系本地的农村殡葬习惯，此习惯多少与古代门第观念有关。善良风俗是基于社会主流道德观念的习俗，习惯并不等同于善良风俗，我国民法亦未将习惯列为法律渊源"❸。在该法院看来，在死者生前有遗愿的情况下，习俗权利不能成立。

第四，以无法证成行为人的法律义务为由，判决驳回诉讼请求。例如，在湖北省襄阳市樊城区人民法院2018年审理的一起案件中，兄弟姐妹讼争，被告未通知母亲去世的消息、未经同意下葬，使原告丧失了祭奠权、悼念权。法院判决认为，"按照我国传统的道德伦理和习惯，原告作为死者子女有权对死者进行悼念和哀思。但鉴于我国目前的法律对该项权利的相对义务人未作规定，因此，四被告没有法定的通知义务，四被告的不作为不具有违法性"❹。在辽宁省锦州市中级人民法院审理的一起案件中，亦有类似的裁判思路，案涉死者的孙子经通报后，将祖父的骨灰移葬，立碑铭文为"孙子孙媳敬立"，死者女儿诉称侵犯了其祭奠权。一审、二审法院均认为，"所谓'墓碑署名权'目前在我国民法中并无明确的规定，而是由伦理、亲属关系上的社会传统习惯调整。孙子出资为祖父立碑，并在墓碑上镌刻'孙子孙媳敬立'不违背正常公序良俗和家庭伦理，不影响上诉人正常行使祭奠权"❺，据此判决驳回请求。

---

❶ 参见浙江省宁波市中级人民法院（2020）浙02民终629号民事判决书。
❷ 参见北京市东城区人民法院（2016）京0101民初9188号民事判决书，上海市奉贤区人民法院（2017）沪0120民初6184号民事判决书，河南省郑州市管城回族区人民法院（2017）豫0104民初4180号民事判决书，广西壮族自治区南宁市中级人民法院（2020）桂01民终15188号民事判决书。
❸ 参见江苏省东台市人民法院（2017）苏0981民初776号民事判决书。
❹ 参见湖北省襄阳市樊城区人民法院（2018）鄂0606民初1542号民事判决书。
❺ 参见辽宁省锦州市中级人民法院（2020）辽07民终635号民事判决书。

2. 否定祭奠权的可救济性

否定祭奠权的可救济性，是指法院不否认原告主张的"祭奠权"，但认为在本案中不能提供司法救济。具体有如下三种典型情形：

第一，在诉讼进行中由于诉讼利益丧失，法院不再予以救济。例如，北京市东城区人民法院 2016 年在审理一起案件时，一方面认为，"依据我国传统的伦理观念和长期形成的民间风俗习惯，祭奠既是生者对死者的悼念，也是对生者精神上的一种安慰，故祭奠权是民事主体基于亲属关系以及其他非亲属的社会关系而产生的对死者进行祭奠的权利"，这是根据风俗习惯证成了新兴权利的存在（裁判方法模型Ⅱ）；另一方面认为，"庭审中被告已告知原告刘某的具体埋葬地点，故原告要求被告告知其母亲埋葬地点的诉讼请求，已无事实基础，本院不予支持"❶。

第二，法院承认祭奠权存在，但根据裁量对祭奠权作了限定（裁判方法模型Ⅳ），进而认为不构成侵权。例如，在深圳市龙岗区人民法院 2013 年审理的一起案件中，三原告的母亲去世，第三人（死者养子及儿子，死者去世前在其家养老居住）购买了墓地欲安葬，三原告诉请保护其骨灰保管及安葬权。一审法院认为，骨灰并不具一般物所具有的所有权和使用权的性质，而是具有人身属性的物，只具有保管权和安葬权的性质，"较与生前的赡养，那么身后的安葬应为次之"，遂驳回原告诉讼请求。❷ 但二审法院认为，被告对老人生前的照顾、扶助是中华民族应当提倡的美德，但由死者的直系亲属保管老人的骨灰更符合民间殡葬习俗，更符合社会人伦情理，遂改判支持原告诉讼请求。❸ 再如，上海法院审理的一起案件中，一二审法院均认为，"即便落葬时被上诉人（子女乙）未通知致使上诉人（子女甲）等人未到场，亦未影响其作为子女对老人的追思之行，故本案上诉人等人主张侵权（祭奠权）并要求赔偿之诉请，法院不予支持"❹。

第三，法院承认祭奠权的存在，但有时会以某种构成要件缺失为由驳回

---

❶ 参见北京市东城区人民法院（2016）京 0101 民初 12961 号民事判决书。
❷ 参见广东省深圳市龙岗区人民法院（2013）深龙法民一初字第 1124 号民事判决书。
❸ 参见广东省深圳市中级人民法院（2014）深中法民终字第 3288 号民事判决书。
❹ 参见上海市第一中级人民法院（2020）沪 01 民终 5183 号民事判决书。

请求。在实践中具体理由多种多样,几乎完全由法院自由裁量。理由之一:无证据证明损害结果。例如,在内蒙古兴和县人民法院审理的一起案件中,原被告本为夫妻,离婚后女儿随父生活,女儿因事故去世后,父亲将尸体卖与他人"配阴婚",母亲认为侵害了其祭奠权益,索赔精神损害赔偿5万元。法院判决认为,"被告虽擅自处理遗体存在过错,但原告无证据证明精神损害的程度,精神损失不予支持"❶。该案中的裁量能否经得住推敲,不无怀疑,似有违一般人之认知常理,但确实属于法院裁量权范围之内,难以建立刚性约束规则。理由之二:按照死者遗愿不通知特定近亲属参加葬礼,不构成侵权。❷但也有反例,例如,在天津市滨海新区人民法院审理的一起案件中,原告为死者的再婚妻子,诉称死者有遗嘱后事由其全权处理,但死者女儿(继女)私自领取骨灰安置,侵害其祭奠权,诉请停止侵害、赔偿精神损失。但法院认为,"被告并未对死者遗骨造成损害,不符合人格侵权的构成要件,原告要求被告停止侵害,配合原告安葬死者的请求无事实和法律依据"❸。对比可见,死者遗愿能否证成权利或义务,不同法院的判断是有区别的。理由之三:尊重"入土为安"的习俗,一般不支持返还骨灰、重新安葬的诉讼请求。有时,即便死者有遗言,希望安葬于父母身边,但死者妻子将其另行安葬也不视为侵权❹;有时,法院以迁葬理由非农村习俗,而是迷信色彩,而不予支持❺;有时,原告诉请对死者安葬,被告进行了壁葬,法院认为"双方未协商一致,且现代社会提倡节俭、文明、清洁办丧事,壁葬亦为安葬方式之一,当前逝者的骨灰已经安葬,贸然迁葬有违伦理"❻;有时,亲属以尸体被盗卖于他人"配阴婚"合葬,侵害祭奠权,要求返还尸骨,法院却以"返还尸骨的请求无法律依据"或"有入土为安之风俗"为由不予支持❼。

---

❶ 参见内蒙古自治区兴和县人民法院(2020)内0924民初611号民事判决书。
❷ 参见河北省邯郸市中级人民法院(2019)冀04民终601号民事判决书。
❸ 参见天津市滨海新区人民法院(2015)滨港民初字第1856号民事判决书。
❹ 参见上海市虹口区人民法院(2019)沪0109民初10705号民事判决书。
❺ 参见贵州省遵义市中级人民法院(2019)黔03民终3822号民事判决书。
❻ 参见上海市第一中级人民法院(2017)沪01民终15159号民事判决书。
❼ 参见河北省尚义县人民法院(2016)冀0725民初565号民事判决书,山西省高级人民法院(2014)晋民申字第635号民事判决书。

3.一种值得关注的现象：判决不予处理

根据法院不得拒绝裁判原则，在原告存在诉权的情况下，法院负有对本案进行实体审理和裁判的义务。但在司法实践中，法院时常以"不应合并审理"为由，对诉讼请求不予处理。例如，在一起案件中，父母去世，有五个子女，其中四人（原告）发现被告持父亲"遗嘱"到某工商分局领抚恤金和丧葬费，遂请求判令五子女对父母遗产40万元平均分配、四原告享有对父母的祭奠权。被告辩称：其抚养父母有六七年之久，四原告几乎没有看望过父母；抚恤金、丧葬费不属于遗产继承范围。法院判决存在"一个亮点""一个缺点"：亮点在于，抚恤金、丧葬费虽不属于遗产，但办理丧葬事宜后剩余部分，可参照遗产进行分配，这属于类推适用的裁判方法；缺点在于，四原告起诉的祭奠权与本案不属同一法律关系，本案不予处理，可另行起诉。❶这种做法除了违反一次性解决纠纷原则，还涉嫌侵害诉权、违反裁判义务；在法院"案多人少"的背景下，命令当事人另行起诉除了徒增"诉累"之外并无合理性。

二、对个人信息权纠纷判决书的分析

（一）裁判文书检索情况说明

个人信息，又称个人数据、个人资料。在我国法律中，传统上对个人信息权益保护的法律规则十分粗疏。❷我国学者大约自2000年开始讨论个人信

---

❶ 参见河南省许昌市魏都区人民法院（2013）魏民一初字第601号民事判决书，河北省迁安市人民法院（2015）安民初字第2103号民事判决书。

❷ 我国1982年《宪法》就规定要保护"通信自由和通信秘密"，但在民事基本法层面是缺乏详细的保护规则的。在1986年《民法通则》中，有关"姓名权""名称权""肖像权"的规定是为数不多的涉及个人信息保护的条款。在特别法中，有一些零散的规定。如1988年卫生部《医务人员医德规范及实施办法》规定，医务人员不得泄露病人隐私与秘密。1991年《未成年人保护法》规定，任何人不得披露未成年人的"个人隐私"，不得非法拆阅未成年人的信件、邮件、日记。1996年《计算机信息网络国际联网管理暂行规定》第18条规定，不得擅自进入他人计算机系统，不得在网上散发恶意信息，侵犯他人隐私。《民事诉讼法》《刑事诉讼法》《行政诉讼法》都规定了"涉及个人隐私的案件不公开审理"等。

息保护问题。有的认为，个人信息属于隐私，应纳入隐私权保护。有的认为，属于物的范畴，应纳入所有权保护。❶有的认为，个人信息兼有人格、财产双重利益属性，包含个人信息的决定权、保密权、查询权、更正权、封锁（禁止）权、删除权、报酬请求权等权能，构成一种新的独立权利类型。❷

进入21世纪以后，随着数字和网络技术应用的普及，对加强个人信息保护提出了更为迫切要求。2006—2008年网络上的"人肉搜索"、非法窃取和散布他人个人信息的现象，就已经屡见不鲜。❸2008年，有网友有感于北京某白领女性发布"死亡博客"，开始对死者丈夫王某实施大规模"网络暴力"，王某提起了中国"人肉搜索"侵权第一案，2008年12月北京市朝阳区人民法院一审判决涉事人员和网站侵害王某的名誉权和隐私权。❹2009年，互联网平台、电商、学校、培训机构、医疗机构、房地产开发商、银行保险等行业非法搜集、泄露或贩卖用户信息的现象，已引起社会高度关注。❺2012年以后，有关个人信息保护的法治建设开始发力❻，但存在"重刑事打击、轻民事保护"的现象，侵犯个人信息可能构成犯罪，但民法上却没有个人信息权益的法律依据。直到2017年10月，随着《民法总则》的实施才在民事基本法层面明确了"自然人的个人信息受法律保护"（第111条，2020年《民法典》沿袭了该条文），由此个人信息权与隐私权出现了分离的趋势。2021年11月施行的《个人信息保护法》（共74条），为个人信息权益提供了更为全面的保护规则。虽然早在2008年我国就发生了"人肉搜索"侵权第一案，2015年

---

❶ 汤擎:《试论个人资料与相关的法律关系》,《华东政法学院学报》2000年第5期。

❷ 张素华:《个人信息商业运用的法律保护》,《苏州大学学报》2005年第2期。

❸ 评论员:《挑战法律底线,"人肉搜索"亟待规范》,《计算机与网络》2008年第8期。

❹ 黄萍:《由"人肉搜索第一案"谈个人信息保护》,《法治论丛（上海政法学院学报）》2009年第2期。

❺ 评论员:《贩卖个人信息,该担何责》,《解放日报》2009年10月16日,第18版。

❻ 早在2005年，中国社科院就完成了《个人信息保护法》专家建议稿；2009年，国务院有关部门启动《个人信息保护法》的立法程序；2012年全国人大常委会通过了《关于加强网络信息保护的决定》（共12条）；2015年《刑法修正案（九）》新增了"侵犯公民个人信息罪"，2017年最高法、最高检制定了《关于办理侵犯公民个人信息刑事案件适用法律若干问题的解释》；2016年全国人大常委会通过了《网络安全法》。

发生了"被遗忘权"第一案❶，2015 年发生了 Cookie 隐私权纠纷第一案❷，2019 年发生了"人脸识别"纠纷第一案❸，但由于法律依据的长期缺失，个人信息权诉讼的数量并不多。

以最高人民法院"中国裁判文书网"为检索平台，以"个人信息权"为检索词在"全文检索"，限定"民事案由"，截至 2022 年 6 月 30 日共检索到 110 份裁判文书。去除重复的、实质内容与"个人信息权"无关的裁判文书后，实际有效民事判决书样本共 71 份（71 个案件）。❹ 从立案的案由来看，"隐私权"纠纷 24 件，"隐私权、个人信息保护纠纷"2 件，"一般人格权纠纷"4 件，"人格权纠纷"5 件，"侵权责任纠纷"14 件，"名誉权"纠纷 7 件，"姓名权、健康权、信用卡纠纷、电信服务合同纠纷"等 15 件。其中，明确使用"个人信息保护纠纷"案由的仅有 2 份裁判文书，在裁判文书中明确使用了"个人信息权"表述的有 29 份裁判文书。

（二）肯定个人信息权及其救济的裁判方法

在 71 件裁判文书样本中，法院判决支持原告诉讼请求的有 34 件，约占 42%。其中，在 2017 年 10 月《民法总则》明确规定"个人信息"受法律保护之前共有 4 个样本案例，其中 3 件法院均以"原告未尽举证责任"为由判决驳回诉讼请求❺，有 1 件法院以"银行向客户频繁发短信的行为，符合合同约定、不违反公共利益和社会公德"为由判决驳回诉讼请求❻。从这些裁判理由中，明显可以看出法院对隐私权保护范围之外的新兴"个人信息权"不予保护的态度。

---

❶ 参见北京市海淀区人民法院（2015）海民初字第 17417 号民事判决书。
❷ 参见江苏省南京市中级人民法院（2014）宁民终字第 5028 号民事判决书。
❸ 参见浙江省杭州市富阳区人民法院（2019）浙 0111 民初 6971 号民事判决书。
❹ 在 71 个案件中：从审级来看，一审民事判决书 56 份，二审民事判决书 12 份，再审裁判文书 3 份（同一案件只保留一个审级的裁判文书）。从时间分布看，2016 年 2 份，2017 年 24 份，2018 年 6 份，2019 年 14 份，2020 年 13 份，2021 年 17 份，2022 年 5 份。
❺ 参见江西省吉安县人民法院（2015）吉安初字第 1875 号民事判决书，广西壮族自治区河池市金城江区人民法院（2016）桂 1202 民初 2033 号民事判决书，江苏省江阴市人民法院（2017）苏 0281 民初 9500 号民事判决书。
❻ 参见上海市高级人民法院（2016）沪民申 2161 号民事判决书。

2017年10月《民法总则》施行后,立法虽未使用"个人信息权"的表达,但明确表示"个人信息"受法律保护,个人信息利益已经成为一种法定权利。上海市青浦区人民法院审理的一起"肖像权、名誉权、隐私权纠纷"案件是样本案例中第一起原告胜诉的案例。在该案中,被告在某"交友平台"未经原告同意,擅自在网络上抓取、保存原告的照片等个人信息,并在网络平台上推送。法院援引《民法总则》第110条、第111条等规定,认为被告的行为已构成对原告个人信息权和隐私权的侵犯。❶ 在北京市门头沟区人民法院分案审理的16起类似的"隐私权"纠纷案件中,法院认为,村委会党支部书记、会计未经同意将"小汤山镇土沟村重点路口执勤人实名制统计表"予以张贴导致个人信息泄露和在网上传播,表内含有村民的姓名、性别、身份证号、银行账户、工资金额等信息属于个人隐私信息,遂援引《民法总则》第110条、第111条等规定判令被告承担侵权责任。❷ 不过,从裁判理由来看,或许是由于《民法总则》实施时间较短,法院对于"个人信息"与"隐私"的关系区分不清,仍习惯于将个人信息纳入隐私权的范围进行说理。

也有一些法院开始有意识地将"个人信息"与"隐私"进行区分,体现了法官的利益衡量和价值判断。例如,在四川省德阳市旌阳区人民法院2017年审理的一起隐私权纠纷中,被告擅自将包含原告个人信息的民事判决书张贴于小区内,并在网络平台上予以公布。该案判决明确指出,"公民个人享有自然人信息权,依法受法律保护。一般性的个人基本信息(如居民身份证、护照上载明的信息),一般情况下属于自然人个人身份信息,不属于严格的法律意义上的个人隐私。其界限和区别是:(1)不超过'一般人'的'社会容忍度';(2)不涉及敏感的信息;(3)已经公开的个人信息",本案被告的行为不构成对原告隐私权的侵犯,但对泄露原告个人信息之行为应承担相应民事法律责任。❸

根据样本案例分析,在法院判决支持原告诉讼请求的样本裁判文书中,

---

❶ 参见上海市青浦区人民法院(2017)沪0118民初6453号民事判决书。
❷ 参见北京市门头沟区人民法院(2017)京0109民初4481号等16份民事判决书。
❸ 参见四川省德阳市旌阳区人民法院(2017)川0603民初4743号民事判决书。

主要确立了如下裁判规则：（1）自然人的姓名、电话号码及行程安排等信息，属于隐私信息。❶（2）在自然人不知情的情况下，使用他人身份证信息办理手机号码，属于侵犯姓名权。❷（3）在自然人不知情的情况下，使用他人身份证信息作为银行贷款担保人、影响个人征信的，侵犯个人信息权❸；有的认为，个人征信属于侵犯名誉权。❹（4）办理年卡时，根据服务合同和店堂的告示采集指纹信息符合"合法、正当、必要"三原则，但收集人脸识别信息超出了必要原则，侵犯个人信息权。❺（5）银行信用卡中心非法收集、数次拨打原告手机号码，催收案外人（原告儿子）的欠款，手机号码属于个人隐私信息。❻（6）物业公司在微信群（300余人）发布起诉状，含有业主姓名、性别、住址、电话、身份证信息，属于侵犯个人信息权。❼

（三）否定个人信息权及其救济的裁判方法

在71件样本案例中，法院判决不支持原告诉讼请求的有37件，约占52%。根据裁判理由，主要存在以下情形：

第一，不属于法院主管范围。例如，原告以某区政府在作出行政复议决定时，未对其个人信息实施保护，侵犯其名誉、个人信息和个人隐私权、肖像权。一审和二审法院均认为，该案不属于人民法院受理（平等主体之间）民事案件的范围。❽

第二，未尽举证责任，缺乏事实根据。在样本裁判文书中，有16件是以

---

❶ 参见北京市第一中级人民法院（2017）京01民终509号民事判决书。
❷ 参见广东省佛山市禅城区人民法院（2018）粤0604民初27523号民事判决书。
❸ 参见河南省鲁山县人民法院（2017）豫0423民初3728号民事判决书，山东省济宁市任城区人民法院（2018）鲁0811民初1559号民事判决书。
❹ 参见河北省武邑县人民法院（2019）冀1122民初15号民事判决书，山西省太原市中级人民法院（2020）晋01民终4451号民事判决书，陕西省渭南市临渭区人民法院（2021）陕0502民初336号民事判决书。
❺ 参见浙江省杭州市富阳区人民法院（2019）浙0111民初6971号民事判决书。
❻ 参见北京市海淀区人民法院（2020）京0108民初14653号民事判决书。
❼ 参见陕西省定边县人民法院（2021）陕0825民初2390号民事判决书。
❽ 参见广东省深圳市中级人民法院（2018）粤03民终15531号民事裁定书。

未尽举证责任、证据不足或缺乏事实根据，而被法院判决驳回诉讼请求的。❶

第三，获取个人信息目的正当。在样本裁判文书中，有3件是以获取信息不违反法律和公序良俗，从其他银行、物业公司等途径获取个人信息，用途正当，因而不构成侵权，判决驳回诉讼请求。❷

第四，超出被告的承担责任方式的法定权限。例如，在劳动争议案件中，原告认为人事档案属于职工的个人信息权，因此，有权要求被告履行补办档案的职责。法院认为，被告并无能力完成补办档案的要求，属于无法履行的情形。❸

第五，根据合同约定，收集个人信息不构成侵权。这类案件，一般发生在网络用户与网络平台或者银行、保险等经营者之间，如果收集个人信息在约定范围之内，不被认为是侵权行为。❹

三、对虚拟财产权纠纷判决书的分析

（一）裁判文书检索情况说明

虚拟财产，是互联网技术催生的新兴财产权利。进入网络时代后，网络游戏玩家的虚拟"武器""装备""物品""道具""账号""货币""经验值"等是不是财产？在2003年全国首例虚拟财产诉讼中，法院判决持肯定态度，但也有学者持否定态度。❺ 关于《民法通则》第75条"其他合法财产"是否包括虚拟财产，虚拟财产是不是物权、能不能继承等议题，学术界进行了长时间

---

❶ 参见广东省东莞市第一人民法院（2018）粤1971民初4459号民事判决书。

❷ 参见北京互联网法院（2021）京0491民初41500号民事判决书，山东省烟台市中级人民法院（2021）鲁06民终1387号民事判决书，湖南省长沙市望城区人民法院（2021）湘0112民初7592号民事判决书。

❸ 参见吉林省长春市中级人民法院（2020）吉01民终1498号民事判决书。

❹ 参见上海市高级人民法院（2016）沪民申2161号民事裁定书，北京市第一中级人民法院（2017）京01民终509号民事判决书，天津市北辰区人民法院（2020）津0113民初3757号民事判决书。

❺ 黄龙："虚拟财产"并非财产——析我国首例"虚拟财产失窃"纠纷案，《互联网天地》2004年第2期。

第五章 新兴权利的司法证成：裁判方法的选择与适用

的争鸣。我国2017年《民法总则》第127条规定："法律对数据、网络虚拟财产的保护有规定的，依照其规定。"但《民法典》并没有明确虚拟财产权的性质问题，而是交由将来的立法确定，但实践中法院每天都要与虚拟财产纠纷案件打交道，在裁判方面积累了丰富的经验。

以最高人民法院"中国裁判文书网"为检索平台，以"虚拟财产"为检索词进行"全文检索"，限定"民事案由"，共能检索到约900份裁判文书。如果将时间范围限定在2019年1月1日至2022年12月31日，共能检索到759份裁判文书，约占全国法院上传的相关裁判文书总量的84%，凸显了近年来虚拟财产诉讼案件数量迅速增加的态势。为了方便分析，本书采取随机采集样本的方法，即从2019—2022年四年间的相关裁判文书中每年采集30份裁判文书，共120份；经过逐份分析和梳理，剔除重复的、实质无关的裁判文书3份，有效分析样本117份。❶

从案由来看，"买卖合同"纠纷23件，"网络购物合同"纠纷17件，"合同"纠纷12件，"物权保护"纠纷6件，"返还原物"纠纷7件，"侵权责任"纠纷4件，"网络侵权责任"纠纷13件，"财产损害赔偿"纠纷5件，"不当得利"纠纷5件，"委托合同"纠纷6件，其他案由19件。

从虚拟财产的表现形态看，主要包括：（1）网络游戏账号；（2）网络游戏产品，如游戏卡牌、游戏币、游戏装备、游戏道具、游戏武器皮肤、游戏角色、游戏奖品、游戏积分；（3）虚拟货币，如比特币（BTC）、泰达币（USDT）、莱特币（LTC）、人民币稳定币（CCNY）、以太币（ETH）、维卡币（Onecoin）以及"网络黄金"、"帮呗"、"硒链"、"采矿"设备等；（4）网络平台经营账号，如淘宝账户、快手账户、小红书账号、网易账号、微信公众号、网络直播账号等；（5）QQ靓号；（6）特殊手机号。

---

❶ 在117个案件中：从审级来看，一审民事判决书92份，二审民事判决书19份，再审裁判文书5份，民事执行异议裁定1份；从时间分布看，2019年29份，2020年30份，2021年28份，2022年30份。

（二）肯定虚拟财产权及其救济的裁判方法

在 117 件样本裁判文书中，法院支持起诉者诉讼请求的有 56 件，约占 48%。2017 年《民法总则》第 127 条规定："法律对数据、网络虚拟财产的保护有规定的，依照其规定。"但是，由于立法并未作详细的权利保护规则，虚拟财产须由法官在个案中进行具体的证成，主要有以下常见的裁判方法。

第一，特殊电话号码、微信公众号等，如果符合"独立性、支配性、价值性"条件，就应属于受法律保护的虚拟财产。例如，在一起合伙协议纠纷中，原告、被告四人就注册、运营微信公众号等事宜达成一致意见，约定由被告申请、四人共同运营微信公众号，后被告擅自更改密码、扣留公众号收入。法院认为，"微信公众号是作为与用户沟通互动的桥梁，为品牌与用户之间构建深度联系的平台，是具有独立性、支配性、价值性的网络虚拟财产"❶，援引《民法总则》第 127 条和《合同法》相关规定，判决被告补偿原告损失。又如，在一起买卖合同纠纷中，法院裁定被执行人将 152******** 手机号码过户给债权人抵债，移动公司根据《物权法》第 50 条"无线电频谱资源属于国家所有"申请复议；法院认为，"被执行人取得了该号码的使用权，享有对该电话号码的虚拟财产权利"❷，法院在拍卖该电话号码流拍后将其抵偿给债权人，并无不当。

第二，对网店、微信公众号等虚拟财产权利的归属，无法类推适用物权法规则时，须衡量对虚拟财产利益的生成作出的贡献，来判断权益归属于申请人还是实际运营人。例如，原告公司与被告签订主播合同，由被告负责运用其淘宝账户为原告直播卖货，原告在双方解除合同后主张账户的权益；法院认为，该账号系被告实名注册，双方在合同中并未约定合同解除后账户权益归属，原告公司在合同期间的投入已经获得收益，不能因其前期投入而获得上述淘宝账户的所有权或对上述账户进行分割的权利。❸ 又如，原告使用被

---

❶ 参见上海市静安区人民法院（2018）沪 0106 民初 17926 号民事判决书。
❷ 参见河南省商丘市中级人民法院（2019）豫 14 执复 14 号民事裁定书。
❸ 参见浙江省杭州市余杭区人民法院（2020）浙 0110 民初 13366 号民事判决书。

第五章 新兴权利的司法证成：裁判方法的选择与适用

告的身份证（经同意）注册淘宝店铺，被告在该店铺打响名声后欲据为己有；法院认为，"案涉店铺由原告负责经营管理至今，并已达到一定的信用度；而期间，被告并未参与对该案涉店铺投资及经营，故现应认定该案涉店铺的实际所有人为原告"❶。两起案件对比，可以发现法院运用了"利益衡量"的方法，而不是简单地根据"谁注册、谁有权"规则裁判。

第三，对虚拟财产可以根据协议进行分割；如果不能达成分割协议，则宜保持虚拟财产权的既有归属状态，但可对另一方补偿。例如，原告、被告曾为男女朋友关系，合伙经营微信账号、微博账号、淘宝店铺账号，后分手并签署了分割协议；法院认为，案涉账号具有经济价值，是虚拟财产，分割协议不违反法律规定。又如，在一起离婚案件中，一方请求分割夫妻共有财产，包括快手账户（按一个粉丝1元、折价出售分割）；法院认为，讼争财产属于新生的"虚拟财产"，"快手账户"需要经营者投入、宣传等才可能有收益，但账号被关闭或其他情形出现时将一文不值，该"财产"无法作为有形财产进行分割，本着谁经营归谁负责的理念，由被告继续持有该账户。❷可见，法院作出裁判时运用了"利益衡量"的裁判方法，综合考虑了当事人合意、是否适合折价出售、是否可以分拆等多种因素，遵循了财产利益可持续、不被破坏的规则。

第四，虚拟财产如同动产不动产一样，可以在市场上进行转让、买卖，违反约定的承担违约责任。在样本案例中，有关游戏账户、游戏装备、游戏角色、游戏币、QQ号等买卖合同争议的案件占有相当的比重。例如，原告出资4550元从被告处购买网络游戏账户，双方完成交付后，被告又将该游戏账户的密码找回并修改；法院认为，原告向被告支付转让价款，被告向原告转让网络虚拟财产（游戏账户），双方形成买卖合同关系，被告通过密码找回的行为构成违约。❸在此类案件中，法院实际上运用了类推适用的裁判方法，在

---

❶ 参见上海市闵行区人民法院（2019）沪0112民初27494号民事判决书。
❷ 参见辽宁省开原市人民法院（2019）辽1282民初3240号民事判决书。
❸ 参见河北省邯郸市永年区人民法院（2020）冀0408民初3124号民事判决书，广东省东莞市第一人民法院（2020）粤1971民初7178号民事判决书，广西壮族自治区浦北县人民法院（2020）桂0722民初961号民事判决书。

203

承认虚拟财产的财产属性的前提下,准用一般财产的交易规则。

第五,侵害他人虚拟财产权益,应赔偿财产损失,但一般不支持精神损害赔偿。例如,某游戏运营商停止运营,使得原告3万余元的充值、已经购买的卡牌和游戏装备等无法使用,诉请赔偿损失。法院认为,"原告以金钱获取游戏账号内的虚拟人物、装备及等级,进行游戏时对其账号及账号内的虚拟人物、装备可行使占有、使用、分配、处分等诸项权利,这些金钱的支付和劳动的付出使得网络虚拟财产具有财产性"❶,运营商停止运营,应赔偿财产损失。

(三)否定虚拟财产权及其救济的裁判方法

1. 否定虚拟财产权本身

法院否定虚拟财产权的案件,除少量要求权利人举证证明"虚拟财产"的独立性❷之外,绝大部分涉及的是虚拟货币的合法性争议,在样本案例中有30件。虚拟货币争议,主要是围绕比特币(BTC)、泰达币(USDT)、莱特币(LTC)、人民币稳定币(CCNY)、以太币(ETH)、维卡币(Onecoin)、"采矿"设备等转让、借用、投资、合伙、委托管理等产生的争议。

各地法院在虚拟货币是否为虚拟财产、是否受法律保护的问题上分歧极大,裁量的尺度极不统一。归纳来看,大致有三种相互对立的观点:

第一种观点,遵循"法无禁止即自由"的法律精神,认为法律并不否认虚拟货币的财产属性,基于虚拟货币的交易行为应受法律保护。在30件样本案例中,有14件秉持这一裁判思路。代表性的裁判理由有两个:(1)有的法院明确指出,"法无明文禁止即可为的民事法律原则,当前我国法律并未禁止虚拟货币在网络空间交易,所以比特币作为虚拟财产的一种,在民事活动中

---

❶ 参见北京市朝阳区人民法院(2017)京0105民初58326号民事判决书;另参见该法院(2018)京0105民初5339号民事判决书,江西省上饶市中级人民法院(2019)赣11民终1896号民事判决书。

❷ 例如,原告起诉淘宝公司封停其账户侵犯了其积分财产权益;法院认为,电视淘宝积分是否属于独立的虚拟财产,原告未提交任何证据予以证实,对其是否具有财产属性在本案中无法确定,不予支持。参见杭州互联网法院(2018)浙0192民初6850号民事判决书。

应受到法律保护"❶。（2）有的法院认为，中国人民银行等部委曾发布《关于防范比特币风险的通知》、《关于防范代币发行融资风险的公告》等文件，并未对比特币作为商品的财产属性予以否认；《关于防范比特币风险的通知》中更提到"从性质上看，比特币应当是一种特定的虚拟商品"，因此，比特币不具有法偿性与强制性等货币属性，但具备虚拟财产、虚拟商品的属性，应受到法律的保护。❷

第二种观点，把行政规章性质的文件解释为法律精神，认为法律禁止虚拟货币的发行融资活动，进而否认虚拟货币的财产属性，认为虚拟货币交易不受法律保护，由投资人自行承担法律风险。在30件样本案例中，有9件持这种立场。例如，在一起比特币买卖合同案件中，法院认为，中国人民银行、中央网信办等七个部门2017年联合下发的《关于防范代币发行融资风险的公告》已指出，"任何组织和个人不得非法从事代币发行融资活动，各类代币发行融资活动应当立即停止"，原告与被告订立购买比特币虚拟财产的合同，违反了国家法律的强制性规定，双方订立的合同应当无效。❸有的法院认为，因虚拟货币产生的债务系非法债务，不能受到法律保护，由此造成的损失和引发的风险，应由投资人自行承担。❹基于前述解读，法院一般认为虚拟货币交易合同无效，基于合同的权利主张不受法律保护，判决驳回诉讼请求。

第三种观点，与第二种观点中的裁判依据相同，但裁判方法不同；基于"非法定权利、不享有诉权"的裁判逻辑，进而认为虚拟货币争议不属于人民法院受理民事案件的范围。在30件样本案例中，有7件持这种观点。例如，在一起委托合同纠纷中，法院认为，投资雷达币的行为在我国不受法律保护，其基于雷达币所提出的主张依法不属于法院处理范围，裁定驳回起诉。❺又如，在一起维卡币买卖合同纠纷中，一审法院认为，"维卡币作为一种虚拟财产，缺乏合法的经济评价标准，参与虚拟货币投资交易产生的风险应当由参与者

---

❶ 参见江苏省句容市人民法院（2020）苏1183民初3825号民事判决书。
❷ 参见广东省深圳市福田区人民法院（2019）粤0304民初51230号民事判决书。
❸ 参见湖南省宁远县人民法院（2020）湘1126民初2322号民事判决书。
❹ 参见山东省临朐县人民法院（2022）鲁0724民初2820号民事判决书。
❺ 参见江苏省南京市中级人民法院（2020）苏01民终7459号民事判决书。

自行承担",判决驳回诉讼请求;二审法院认为,"虚拟货币相关业务活动属于非法金融活动。因维卡币交易不具合法性,交易双方不具有合法利益,不受民事法律保护,故原告诉请法院判令被告返还其购买维卡币的款项,不属于人民法院民事案件的受案范围",一审判决适用法律错误,应予纠正,本案应裁定驳回起诉。❶

前述三种观点的分歧关键在于对"虚拟货币是否属于应受法律保护的虚拟财产权"的态度:第一种观点持肯定态度,通过司法证成了这种新兴权利的存在;第二、三种观点持否定态度,但在"虚拟货币利益是否享有诉权"这一问题上存在分歧,如果承认诉权就应该作出实体判决,即便是判决驳回诉讼请求,如果不承认诉权就会产生无须实体审理和实体判决的判断结果,裁定驳回起诉。基于前文第四章关于诉讼过滤机制的分析,第三种观点不够妥当,不能以诉的利益的合法与否作为判定诉权是否存在的理由。从裁判方法的视角看,至于是判决承认还是否认诉讼利益的合法性,则是法院对法律精神进行解释的权力范围之内的事,为了防止"同案不同判"的现象,迫切需要最高人民法院通过指导性案例统一裁判规则。

2. 否定虚拟财产权利的救济

在承认虚拟财产权的前提下,法院也可能因不具备权利保护要件(实体请求权不成就)或者诉权行使要件(诉讼不合法),而拒绝提供强制性的司法救济,即判决驳回关于权利救济的诉讼请求。

第一,法院以原告主张的虚拟财产权缺乏事实和证据,判决驳回诉讼请求。这通常表现为权利人未尽举证责任,在样本案例中有15件是以该理由被驳回诉讼请求的。例如,在一起游戏金币争议案件中,原告主张其多次在被告处购买游戏金币共计支付了7046元的费用,但被告尚欠价值3000元的游戏金币未给付;法院认为,举证责任在原告方,其要举证证明3000元债权债务关系存在的证据,但原告提交的证据不足以证明其事实主张,其诉讼请求

---

❶ 参见安徽省马鞍山市中级人民法院(2022)皖05民终1976号民事判决书。

第五章　新兴权利的司法证成：裁判方法的选择与适用

不予支持。❶

第二，在运营商作出封停账户的处罚后，如果封停符合服务协议约定，则法院不支持用户要求解封或赔偿的诉讼请求。例如，在网络服务合同纠纷中，原告认为其通过付费得到的游戏权利及虚拟物品也是财产，游戏运营商封停其账号的行为损害了其权利；但法院认为，原告在游戏时存在利用游戏注册漏洞，使用同一 IP 注册多个账号的行为，违反了游戏服务协议约定，被告据此封停游戏账号，并无不当。❷

第三，欠缺诉权存在要件，法院在诉讼进行的任何阶段都可以审查，裁定驳回起诉（按本书第四章所倡导的观点，应为撤销案件）。例如，在一起因 QQ 号封号导致的财产损害赔偿纠纷中，原告诉称封号措施损害了其虚拟财产权；但法院认为，案涉 QQ 号码及其项下的游戏账号实名认证信息与原告的信息不相符，原告无法证明其是与本案有直接利害关系的公民，以不符合起诉条件裁定驳回起诉。❸又如，在一起服务合同纠纷中，原告诉称，被告公司作出的"取消原告暗影国度 PvP 第 1 赛季奖励结算资格、收回相应奖励并禁止暗影国度 PvP 第 1 赛季排名赛"的处理措施损害了其虚拟财产权；但法院认为，用户协议已经明确约定玩家与运营商因履行协议产生的纠纷应提交仲裁，原告不能通过选择请求权基础来规避仲裁条款，裁定驳回起诉。❹前述情形，分别涉及诉讼资格（诉讼实施权）和法院裁判权的缺失，属于诉权存在要件缺失的情形，法院无须对讼争权利进行实体裁判。

---

❶ 参见湖北省宜城市人民法院（2019）鄂 0684 民初 69 号民事判决书，杭州互联网法院（2019）浙 0192 民初 2430 号民事判决书。
❷ 参见湖北省武汉东湖新技术开发区人民法院（2020）鄂 0192 民初 418 号民事判决书。
❸ 参见广东省深圳市南山区人民法院（2019）粤 0305 民初 10094 号民事判决书。
❹ 参见上海市浦东新区人民法院（2021）沪 0115 民初 99142 号民事判决书。

第三节　新兴权利司法证成的方法限制与限度

如何裁判新兴权利诉讼案件？法官不是裁判机器，而是各有不同的法律理解、人生阅历和价值观的活生生的人，人类或许永远也无法找到个案中统一裁判方法的方案。但是，如果认为立法机关制定统一的法律规则和司法机关尽可能同案同判的法律理想是合理的话，那么，任由法官在个案中自由裁量的观点始终无法获得正当性。正如陈爱娥教授所言："法官的法的续造，有时不仅在填补法律漏洞，毋宁在采纳乃至发展一些新的法律思想……这种'超越法律的法的续造'当然也必须符合整体法秩序的基本原则。"❶ 为此，有必要讨论对新兴权利司法证成的方法运用进行合理限制的问题。

一、能为法定权利包容的利益不得证成为新兴权利

新兴权利的司法证成，在本质上是通过司法审判权，将法律未明确规定的"生活利益"证成为"应受法律保护的利益"（新兴权利）的过程。

一方面，应当承认通过司法证成新兴权利的必要性和合理性。法律和权利的发展史告诉我们，制定法永远不是"封闭完美的体系"，法定权利也不是"封闭的权利体系"。从静态上看，立法者不是万能的，制定法永远是相对滞后的社会调整方法，制定法对权利的遗漏无法避免；从动态上看，法律和权利都是随着政治、经济、科技、社会文化的发展而不断发展的开放体系，在立法作出调整之前，司法权为了应对千变万化的社会利益冲突对新兴权利进行证成符合社会整体正义的精神。而"努力让人民群众在每一个司法案件中

---

❶ ［德］卡尔·拉伦茨：《法学方法论》，陈爱娥译，商务印书馆 2003 年版，代译序，第 13-14 页。

感受到公平正义"❶，是我国社会主义司法的最高指导原则。

另一方面，对通过司法证成新兴权利应当持严谨、审慎的态度。在人民主权的法治国中，立法者代表人民意志制定法律，法官根据法律规则裁判是一个前提性的法治原则。承认法律和权利体系的开放性，不是赋予司法机关和法官任意的裁量权，不是可以随意突破既有法律规则去承认法律所未规定的新兴权利种类，也不是让法官成为一般意义上的立法者和权利创设者。法官只有穷尽现有法律规则，在现有权利体系中无法找到诉讼中原告主张的利益提供依据时，才有运用公认的裁判方法暂时认可新兴权利的合法性空间。

为此，就产生了通过司法证成新兴权利的第一个限制性规则：能为法定权利包容的利益，不得证成为新兴权利。这一规则的目的是避免新兴权利话语的泛滥，遏制不理性的权利创设冲动，避免对法官、对社会产生观念上的误导。例如，2001年在四川省广汉市的一起交通事故中，受伤的陶女士在诉状中称被告的行为侵犯了她的"亲吻权"、身体权、健康权。❷ 案件中所谓的"亲吻权"，完全可以被传统的法定权利类型"健康权"所吸收，人体各种器官、组织的各种机能（包括亲吻的生理感知和精神愉悦功能）受损也完全属于健康权受损的范围。同样道理，在2001年的一起案件中原告诉称的"性生活权"❸，只是健康权的一种权能而已。2001年以后陆续发生了多起"贞操权"诉讼，有的法院驳回了诉讼请求，有的法院认可"贞操权"是一种新兴权利❹，实际上对"贞操权"完全可以视具体情况分别归入身体权、健康权、人身自由权、名誉权、人格尊严的范围之内。再如，有的学者认为，互联网人格权包括互联网姓名权、肖像权、名誉权、隐私权、信用权、安宁权等。❺ 这

---

❶ 《中共中央关于全面推进依法治国若干重大问题的决定》，《人民日报》2014年10月29日，第1版。

❷ 关切：《维权还是做秀 全国首例"亲吻权"索赔引争议》，https://news.sina.com.cn/s/2001-11-26/406722.html，2025年1月8日访问。

❸ 2001年4月，南京某环卫所驾驶员驾车致张某受伤，阴茎勃起功能严重障碍。张某以环卫所致其人身损害为由起诉，获赔10.9万元；张某妻子作为共同原告，以其"性生活权"受侵害为由起诉索赔精神损害抚慰金1万元，获得法院判决支持。参见刘万福：《论"性"健康与民法保护——全国首例"性"权利胜诉案的思考》，《中国性科学》2005年第5期。

❹ 孙也龙：《"上海首例侵犯贞操权案"判决之评析》，《重庆第二师范学院学报》2015年第6期。

❺ 郭珂琼：《互联网新兴权利保障研究》，吉林大学博士学位论文，2016年，第41-45页。

种解读，只具有学理意义，而无法通过司法证成为一系列新兴权利，其唯一的作用是可以引发人们关注，以讨论权利作用的不同场景而已；因为如果认为"互联网姓名权"与传统"姓名权"是两种权利的话，按此逻辑则几乎所有的既有法定权利都会对应产生一个互联网语境下的"新权利"，这是不可能也是不必要的，属于新兴权利话语的滥用。

这一规则的合理性根据在于"权利"与"权能"的关系原理。民法学者一般认为，权利是"法律之力与特定利益的结合，是类型化了的利益"❶。而所谓"权能"，则是权利的具体作用或者实现方式。关于权利与权能的关系，主要存在两种见解：（1）认为权利是权能的集合，每一种权能都可以称为权利。例如，有学者以所有权为例，认为所有权是各项权能（占有、使用、收益、处分）的集合体，各项权能都可以成为具体的权利，集合起来共同界定了所有权的内涵。❷在日常用语中，将所有权的权能分别表述为占有权、使用权、收益权、处分权未尝不可；但在司法裁判中，宜将二者严格区分，占有权、使用权、收益权、处分权只有在与所有权主体脱离后，才有成为独立权利的价值。（2）认为权能是权利的作用方式，不宜单独称为权利。例如，有学者认为，典型的权能如支配权、请求权、抗辩权、形成权，"其虽称之为权，究其性质并非权利，而是一种权能，即权利产生之作用，仅因学理上之方便而称之为权"❸。这些不同的认识，根源于对权利本质的认识差异，如果采用权利的"意志说"（认为权利是主体的意志自由和选择自由），则每一种权能都是一种具体的权利（或曰一种自由）；如果采用权利的"法力说"（认为权利是法律赋予主体的享有或维护特定利益的力量），则权能体现为主体的一种受法律保护的力量、地位或者行动能力。笔者认为，权利是受法律保护的、类型化的利益，每一种权利都有两种类型的权能：一是本体性的权能，即主体享有和实现权利所代表的利益的空间和方式（就人格权而言，其表现为自主支配、决定或处分的权能；在债权，其表现为请求他人满足自己的利益、抗辩

---

❶ 王利明等：《民法学》，法律出版社2015年版，第32页。
❷ 钱明星：《物权法原理》，北京大学出版社1994年版，第150页。
❸ 林诚二：《民法总则（上）》，法律出版社2008年版，第79页。

他人利益主张、决定形成新的利益关系的权能；就物权而言，其表现为占有、使用、收益、处分等权能）；二是救济性权能，即在利益受损或受威胁时要求停止侵害、排除妨害、赔礼道歉、赔偿损失的请求权。

前文也曾讨论过，基于既有法定权利的权能也有可能发展出新的权利，但只有在运用原有权利的权能进行解释已显著不适当、越发不能包含的情形下，证成新兴权利才有合理性。例如，隐私利益曾被归为名誉权之下进行保护，但当实践中侵害了隐私利益但不构成名誉权侵权要件的现象越来越多时（如偷窥、偷看但不宣扬，非法获取隐私资料），隐私权就有必要被证成为新的权利类型。个人信息利益曾被归于隐私权之下进行保护，但一般性的个人基本信息（如住所地、手机号、工作单位、身份证信息）不属于严格法律意义上的个人隐私，在网络时代被"人肉搜索"和用于"网络暴力"的危险越来越大，个人信息权就有必要被证成为新的权利类型。数据利益也曾被归为信息权之下进行保护，但随着大数据产业化如火如荼的发展，越来越多的学者主张承认"数据权"是推动大数据交易和产业发展的前提，❶这样，作为财产权定位的数据权就有了证成的必要。

二、能够类推适用的尽量避免自由裁量的证成方法

在本章第一节中曾总结提出新兴权利案件的四种典型裁判方法模型：（1）模型Ⅰ：基于法律体系内的资源证成新兴权利。具体又分为两种：模型Ⅰ-1：类推适用的方法；模型Ⅰ-2：目的立论的方法。（2）模型Ⅱ：基于习惯证成新兴权利。（3）模型Ⅲ：基于"法不禁止的自由"证成新兴权利。（4）模型Ⅳ：基于"自由裁量"证成新兴权利。这四种裁判方法又可以归为两大类：模型Ⅰ的裁判方法，主要是借助于既有法律体系内的资源证成新兴权利；模型Ⅱ、模型Ⅲ、模型Ⅳ则主要是借助于法律体系之外的资源证成新兴权利。

---

❶ 李涛：《第四届"新兴（新型）权利与法治中国"学术研讨会综述》，《社会科学动态》2018年第1期。

在人民主权和法治国家的理论前提下，如果认为立法机关制定统一的法律规则和司法机关尽可能同案同判的法律理想是合理的话，那么可以得出以下结论性的裁判方法运用优先性规则：（1）模型Ⅰ即"借助于既有法律体系内的资源证成新兴权利"应当获得优先地位，只有运用模型Ⅰ的裁判方法无法进行透彻、得当的说理时，运用模型Ⅱ、模型Ⅲ、模型Ⅳ的裁判方法才有其正当性。（2）在运用模型Ⅰ即"借助于既有法律体系内的资源证成新兴权利"的裁判方法时，模型Ⅰ-1类推适用的方法又具有相对更为优先的地位。

前述的裁判方法运用优先性规则，其正当性基础就在于人民主权和法治国家的理论。在人民主权的政治理论中，立法机关被视为人民意志的代表机关。这种政治理论体现为我国《宪法》第 2 条的宣示，即"中华人民共和国的一切权力属于人民"，"人民行使国家权力的机关是全国人民代表大会和地方各级人民代表大会"。在这一理论逻辑下，遵守法律就意味着尊重人民的意志，法治原则就成了最高宪法原则之一，"中华人民共和国实行依法治国"，"一切国家机关和武装力量、各政党和各社会团体、各企业事业组织都必须遵守宪法和法律"（《宪法》第 5 条）也就顺理成章了。一切主体都必须遵守宪法和法律，当然也包括司法机关和审判法官。也正因如此，虽然司法理论公认"法律漏洞"不可避免、"新兴权利"有被司法证成的必要，但法官尽可能地遵守法律规则和法律原则精神也是不容否认的。这也是为什么黑克主张，在法律存在漏洞时"法官将充当立法者的助手""法官要像立法者一样界定利益，并对利益冲突进行判决"❶ 的真正原因。在黑克看来，法官像立法者一样界定利益，首要的就是进行"类推适用"，不能类推适用时才付诸"利益衡量"。这也是为什么德沃金主张就算是在一个疑难案件中，法官也不至于面临为了作出判决却无法可用的地步。法官需要做的就是发现法律体系内涵的"道德原则"，并将之适用于个案裁判之中。

法官作为立法者的助手，一方面意味着要遵从法律规则，不能"越俎代庖"替代立法者；另一方面意味着当社会中新的利益关系需要法律调整，而

---

❶ ［德］菲利普·黑克：《利益法学》，傅广宇译，商务印书馆 2016 年版，第 31、29 页。

第五章 新兴权利的司法证成：裁判方法的选择与适用

又无从找到明确的法律规则时，一般要遵从以下顺序妥当运用裁判方法：

第一，优先探寻类推适用的可能性。类推适用是一种类比推理，其正当性在于"基于正义的要求，同类事物应作相同处理"。类推适用不仅体现了正义的哲学理念，而且也是立法者对待新兴权利的思维方式。这有两个方面的典型表现：一是设定权利保护的"一般条款"。这在《民法典》中有丰富的体现，例如，"民事主体的财产权利受法律平等保护"（第113条），"除前款规定的人格权外，自然人享有基于人身自由、人格尊严产生的其他人格权益"（第990条第2款）。二是设定广泛的参照适用条款。例如，"对姓名等的许可使用，参照适用肖像许可使用的有关规定"，"对自然人声音的保护，参照适用肖像权保护的有关规定"（第1023条）。"婚姻、收养、监护等有关身份关系的协议，适用有关该身份关系的法律规定；没有规定的，可以根据其性质参照适用本编规定"（第464条）。像立法者一样思维，是法官优先进行类推适用的思想基础。前文讨论的有关虚拟财产权的裁判文书，绝大部分都运用了"合法的、独立的经济价值"这一标准来认可基于微信公众号、游戏道具武器、手机号码等生成的新兴权利，是类推适用的典型表现。

第二，不能类推适用的，优先考虑目的立论的裁判方法。目的立论的裁判方法，要求法官从法律体系而不是局限于局部规则，来探求立法目的、法律原则、法律精神和作为法律基础的道德价值。对这种裁判方法，法官在实践中的运用可以有多种多样的具体表现形式：（1）探寻法律目的，作出承认新兴权利的裁判。在2013年的"人体冷冻胚胎监管权和处置权"案中，一审法院认为"冷冻胚胎"不能作为"物"被继承，判决驳回原告诉讼请求；二审法院借助于"冷冻胚胎具有发育生命的潜质""血缘伦理""直接利益"等法律保护的目的，承认"胚胎的监管权和处置权"的合法性，❶即运用这种裁判方法的典范。（2）基于法律原则，通过证成义务来证成新兴权利。例如，有的法院在裁判说理中指出，"民事主体从事民事活动，不得违反法律，不得违

---

❶ 一审法院认为，这是一个继承权纠纷，但"冷冻胚胎"不能作为"物"被继承，判决驳回原告诉讼请求；但二审法院认为，本案本质上为"胚胎的监管权和处置权"纠纷，原被告作为死者夫妻的父母可共同享有。参见江苏省无锡市中级人民法院（2014）锡民终字第01235号民事判决书。

背公序良俗。被上诉人在有合法妻子的情况下，公然以'爱妻''丈夫'名义办理谭某某的丧葬事宜，宴请亲友和刻碑留记对外'公示'，该民事行为违背公序良俗"，应当承担侵权责任。❶（3）探寻作为法律基础的公认的道德价值，作为裁判依据。例如，有的法院认为，"我国法律虽未明确规定祭奠权，但祭奠亲人既是对生者的精神安慰，也是为我国社会公众认可的基本伦理道德观念，应当受到法律保护"❷。（4）运用既有法律规则导致不良后果的，法官可以创设其他的裁判规则。例如，合同法上有一个基本的法律规则，合同无效的，基于合同取得财产应予返还或者折价补偿。以及另一个规则：因不当得利取得的财产，应当返还。但在婚外"包养"争议案件中，有的法院认为，支付款项违反公序良俗的，请求确认协议无效或者返还不当得利的，不予保护。❸这一裁判，体现了法官的智慧。

第三，在个案中，无法运用前述两种裁判方法或者说理不充分的，法官可以从法律之外寻找裁判说理的依据。这时，究竟是运用裁判方法模型Ⅱ（基于习惯证成新兴权利），还是模型Ⅲ（基于"法不禁止的自由"证成新兴权利），抑或模型Ⅳ（基于"自由裁量"证成新兴权利），需要视案件的具体情况而定，无法确定简单的优先顺序。值得注意的有两点：（1）法官的裁量权广泛存在。不仅法官选择适用某一种裁判方法，而且法官在作出实体判断时，无不充满了裁量因素。也许，试图让法官遵循刚性规则的努力永远是徒劳，不违背常识、道德、伦理、良心可能是法官职业伦理的最终要求了，而允许上诉和申请再审是唯一能提供的有效法律救济保障。例如，有的法院认为，"习惯并不等同于善良风俗，我国民法亦未将习惯列为法律渊源"❹，这显然是对法律精神和法律原则的公然否定，但法律又无法剥夺法官的这种裁量

---

❶ 参见重庆市第四中级人民法院（2021）渝04民终771号民事判决书。
❷ 参见陕西省铜川市王益区人民法院（2016）陕0202民初374号民事判决书。
❸ 陈某（男）、阳某（女）均为已婚，但发展为情人关系，陈某以为阳某婚内生育的儿子系其亲生而向阳某支付50万元，后又发现不是其亲生，以返还不当得利为由诉至法院。法院一审判决，驳回诉讼请求；二审判决，讼争权益不受法律保护，裁定驳回起诉。参见湖南省株洲市中级人民法院（2017）湘02民终84号民事判决书。另参见江苏省泰州市中级人民法院（2015）泰中民四终字第00524号民事判决书。
❹ 参见江苏省东台市人民法院（2017）苏0981民初776号民事判决书。

判断权。(2)法官超越法律裁量判断案件是不可避免的。拉伦茨认为,超越法律之外的法的续造,"不再只是取向于法律理由、法律内存的目的本身,毋宁说更超越这些法律思想为根据"❶,德国法院判决中承认的"担保让与""收款授权""期待权及其可让与性"均无法律上的依据,属于法官的创造。即使倡导利益衡量论的学者,也不得不承认,利益衡量的方法有可能被滥用,滥用的重要原因之一就是这种方法过于主观,而法官运用这种方法时缺少节制。❷有时,则是因为法官过于机械地进行利益衡量,不能区分利益的位阶和层次。例如,我国北方地区存在对死者"配阴婚"的习俗,对于掘墓盗卖尸体、死者亲属要求返还尸骨的案件,有的法官在判决中竟然也以"返还尸骨的请求无法律依据"或"有入土为安之风俗"为由不予支持❸,殊不知,在"配阴婚"与"祭奠权"之间,"入土为安"的考量远不如社会公德和善良风俗更值得尊重和保护,以"入土为安"不支持死者亲属的请求不仅严重伤害了死者亲属的个人利益,还有可能纵容"配阴婚"的恶劣习俗延续和"盗卖尸体"的恶劣行径大行其道。所以,我们的结论是,法官进行超越法律的利益衡量时应当保持最大的克制和谨慎。

三、承认法律作用的有限性与社会适度的自治空间

社会生活无限复杂,法律对社会生活的调整作用是有限的,应当为社会保留适度的自治空间,这是新兴权利的司法证成必须坚守的另一个理念。这一理念决定了运用司法权证成新兴权利必须有一个限度。

(一)为道德规范发挥作用保留空间

在人类社会发展史上,一度经历过一段只有道德、宗教而没有法律的历

---

❶ [德]卡尔·拉伦茨:《法学方法论》,陈爱娥译,商务印书馆2003年版,第287页。
❷ 梁上上:《利益衡量论》,法律出版社2013年版,第165页。
❸ 参见河北省尚义县人民法院(2016)冀0725民初565号民事判决书,山西省高级人民法院(2014)晋民申字第635号民事判决书。

史，法律从最初与道德、宗教不分的混淆状态中渐渐分离出来，是伴随着国家公权力和政权强制力的产生而发生的。道德与法律之间，存在着极其复杂的关系。虽然法律所禁止的行为在道德上一般也被认为是恶的，但是道德所倡导的美德或善却未必都应当受到法律的强制保障。在中国历史上，一度曾将道德与法律混为一谈，"一方面把法律降为道德的附庸，另一方面又侵蚀了中国人的道德意识，并形成了中国古代社会法律缺乏独立的品格却多假道学"❶的尴尬状况。在现代法治社会，应当对"道德的法律泛化"保持警惕，这种思想时常抬头，在权利意识张扬的时代尤其要保持警惕，有时还会以法律的渠道反映出来。

道德评价的结果是善恶，符合道德的为善，不符合道德的为恶；法律评价的结果是合法性，并为主体设定受强制力保障的权利和义务。如果说法律规范是底线，触犯底线产生法律责任；那么道德规范则是倡导，触犯道德规范将遭受社会舆论的负面评价和生存环境的恶化。法律应当符合道德，但道德也存在法外自己独立调整的空间，二者存在以下关系：（1）法律可以倡导某些道德取向，却不宜直接为道德权利或道德义务赋予法律强制力。例如，《民法典》第 1043 条规定："家庭应当树立优良家风，弘扬家庭美德，重视家庭文明建设。"但《最高人民法院关于适用〈中华人民共和国民法典〉婚姻家庭编的解释（一）》第 4 条却规定，单纯依据《民法典》第 1043 条起诉的，人民法院不予受理。（2）法律可以为符合优良道德的行为提供奖赏，却不宜为每一种不道德的行为设定法律义务和法律责任。例如，不少省市都制定了奖励和保护见义勇为人员的地方性法规❷，《民法典》也设定了见义勇为致害免责的条款（第 184 条），但立法却不能为一般社会主体设定见义勇为的法律义务（负有法定职责、约定职责和先行行为义务的除外）。2005 年，四川省崇州市法院审理了一起受到广泛关注的"见死不救"侵权赔偿纠纷案件，最终

---

❶ 梁治平等：《新波斯人信札》，中国法制出版社 2000 年版，第 86 页。
❷ 例如，《江苏省奖励和保护见义勇为人员条例》《武汉市见义勇为人员奖励和保护条例》《北京市见义勇为人员奖励和保护条例》《上海市见义勇为人员奖励和保护办法》《山东省见义勇为人员奖励和保护条例》等。

判决驳回原告诉讼请求。❶（3）法院可以通过违反社会公德证成法律义务，却不能对个人私德设定超越法律规则的法律义务。在我国《民法典》中，"社会公德"一词只出现了一次，❷但这并不妨碍其成为法律精神。通常认为，《民法典》第8条规定的民事活动"不得违背公序良俗"，即包括"公共秩序"和"善良风俗"，二者均以社会公德为基本内涵。但需要注意的是，违反社会公德可以证成法律义务，进而证成行为的有责性，但不能单独以此为据证成一项权利的存在；违反社会公德也可能无法证成法律义务的存在，例如，前文提到的"包养协议""婚外同居"等案件中，法院将其视为不受法律调整的事项对待，即出于对法律与道德关系的清醒认识。

（二）为自然人的情感自主保留空间

法哲学家康德认为，人是"大地之上唯一有理性的被创造物"❸，每个人都拥有独立地对各种事项作出理性判断的能力，并对自己的判断结果负责。可是，在人们习惯于将自由意志作为权利的正当性根据时，却时常忽视自由意志主体的自我责任，自由意志的行为后果并不总是需要法律介入，情感问题就是这样一个领域。

如果一个主体是法律意义上的成年人（完全民事行为能力人），他在涉及情感的事项上，一般需要根据自己的理性形成判断、作出决定并承担相应的后果。所以，两个单身的男女自由恋爱，一方主张青春损失赔偿请求权的，法院难以支持；❹一方主张骗婚，主张侵犯贞操权的，也主要是道德意义上的权利，难以获得法律意义上的证成。

---

❶ 梁清轩、王鑫、向明：《四川一审宣判"见死不救"案》，https://www.chinacourt.org/article/detail/2005/07/id/171820.shtml，2025年1月8日访问。
❷ 《民法典》第1251条："饲养动物应当遵守法律法规，尊重社会公德，不得妨碍他人生活。"
❸ ［德］康德：《历史理性批判文集》，何兆武译，商务印书馆2015年版，第4页。
❹ 例如，在张某女（43岁）诉阎某男（33岁）人格权纠纷案中，张某女诉称，二人恋爱三年并发生性关系，阎某男许诺结婚却不兑现，欺骗其感情，使其失去与他人恋爱结婚的机会，要求赔偿青春损失费4000元。法院判决认为，恋爱后拒绝登记结婚，系法律赋予的婚姻自由权利，本案不存在侵权行为；在恋爱期间存在两性行为，属道德评价的范畴，不属法律评判的范畴。参见湖北省襄阳市中级人民法院（2017）鄂06民终2382号民事判决书。

在夫妻婚姻关系存续期间，有相当一部分事项或争议属于情感自决的范畴，法律不宜介入。有学者提出，夫妻之间存在法律意义上的"同居义务"和"同居权"❶；有的学者认为，夫妻之间存在"忠诚义务"和"忠诚权"❷，还有学者讨论了实践中"忠诚协议"的法律效力问题❸；有的学者认为，基于"同居义务、忠诚义务"的请求权属于配偶权的八项基本权能❹。我国《民法典》第1043条第2款规定："夫妻应当互相忠实，互相尊重，互相关爱。"这一条款，总体上延续了2001年修改后的《婚姻法》第4条的内容。但是，《最高人民法院关于适用〈中华人民共和国民法典〉婚姻家庭编的解释（一）》第4条却规定，单纯依据《民法典》第1043条起诉的，人民法院不予受理。由此可见，《民法典》第1043条第2款所规定的"应当"，并非真正法律意义上的权利义务，而是对道德权利和义务的倡导，或者说其就是以法律条款表现出来的道德规范。这种解读的正当性在于，婚姻缔结的基础和存续的正当性基础是情感，而不是法律的强制力。马克思说："如果说只有以爱情为基础的婚姻才是合乎道德的话，那么也只有继续保持爱情的婚姻才合乎道德。"❺在此意义上，所谓的同居权、忠诚权只是道德意义上的，是靠情感而不是靠法律来维系的。如果没有了情感基础，最好的办法不是在婚内强制保障所谓的同居权、忠诚权，而是解散婚姻关系。"如果感情确实已经消失或者已经被新的热烈的爱情所排挤，那就会使离婚无论对于双方或对于社会都成为幸事。"❻所以，建立情感基础之上的婚姻关系存续期间，所谓的同居权、忠诚权都不需要法律这个第三者介入和强制保障实现，而应该留给婚姻双方决定，是否还有必要保留这个婚姻关系。

---

❶ 邓鹤：《同居是夫妻的法定义务》，《河北法学》1993年第3期。
❷ 王亚迪：《试论夫妻忠实义务》，《湖北广播电视大学学报》2011年第2期。
❸ 唐弦：《夫妻忠诚协议有法律效力吗》，《人民公安》2003年第12期。
❹ 杨立新：《论侵害配偶权的精神损害赔偿责任》，《法学》2002年第7期。
❺ 《马克思恩格斯选集（第4卷）》，人民出版社1995年版，第81页。
❻ 《马克思恩格斯选集（第4卷）》，人民出版社1995年版，第81页。

（三）为共同体的自我决定保留空间

社会上存在多种多样的共同体，对共同体的内部事务，往往依赖于共同体成员的协商一致。对于这类事务，法院和法律不应轻易介入，不应替代共同体的民主讨论机制而由法院判决来决定，这体现了司法的克制性，也是为共同体的自我决定保留空间的需要。

例如，家庭事务宜由家庭成员自治。在婚姻关系存续期间，诸如家庭住所地的选择、夫妻姓氏、子女姓名、子女抚养方法、家具购置、居室装修风格等日常事务，甚至包括婚姻期间的夫妻财产，都是由夫妻协商决定的，即便发生争议也不宜由法院判决的方式来作出决定。法律和法院需要做的，只是在必要时，做最低限度的、有限的、保护性的介入，如婚姻关系存续期间家庭成员遭受虐待、遗弃、家庭暴力的，要求撤销婚姻或者宣告婚姻无效的，要求解除婚姻关系但又不能达成协议的，以及离婚时财产分割、子女抚养、过错赔偿的等有限的议题。这种家庭自治的精神，也会折射到更广泛的亲属之间的权利义务关系，比如亲属去世后，关于以何种方式安葬、何时安葬、安葬何地等争议，这些争议不属于祭奠权的范围，而应当是家庭自治的范围。例如，有的法院在裁判文书中正确阐述了这类立场，"双方提供的证据均不足以说明其父亲生前有关安葬地址的遗嘱。安葬地址是死者家属内部事务，法律不应强加干涉"❶。

又如，社区事务宜由业主集体决定。根据我国《民法典》第272—277条的规定，法律只对某些权利的属性作出规定，如"业主对其建筑物专有部分享有占有、使用、收益和处分的权利"，"业主对建筑物专有部分以外的共有部分，享有权利，承担义务"，"业主可以设立业主大会，选举业主委员会"。对于一些社区事务的决定权，如"选聘和解聘物业服务""筹集和使用维修资金""改建、重建建筑物""改变共有部分的用途"等事项（第278条），需要由全体业主自治，亦即按照"少数服从多数的原则"进行讨论和表决，而不

---

❶ 参见浙江省宁波市中级人民法院（2020）浙02民终629号民事判决书。

是由法院代为作出决定。所谓业主自治,"是指在物业管理区域内的全体业主,根据民主原则建立自治组织、确立自治规范,管理本社区的基层治理模式"❶。我国 2003 年《物业管理条例》初步确立了以业主大会为核心的业主自治机制,2021 年《民法典》物权法编对这种自治权的行使程序作了进一步规范,但关键点在于,社区事务应由业主自治。

最后,有必要回归社会自治的本来意蕴和目的层面来认识。一般认为,社会自治既包含个人意义上的自治(自然人个人事务的自我管理),也包含社群意义上的自治(共同体成员对共同体事务的共享性、民主性管理)❷——从总体上看,它们都属于"法不禁止的自由"和"自我决策"领域。21 世纪是一个权利话语张扬的时代,重视新兴权利的司法保障意味着社会的进步,但从社会总体来看权利种类的增多并没有使人们享有的利益总量增加(一个人的权利总是意味着他人的义务),真正发生变化的是利益的分配规则,司法认可的新兴权利越多意味着他人的义务越多,社会主体之间的利益划分规则越细致。社会治理的终极理想状态是一个无须法律规则强制,也无须权利义务的社会,社会自治才是人类社会发展的终极目的,法律的存在不是为了剥夺而是为了促进社会自治。法律规则在这一过程中更多发挥的是引导和训诫的作用,通过司法证成新兴权利则对人们处理新兴利益冲突发挥着教育引导和观念训诫的功能,法院对裁判方法的运用是否得当则决定着这种功能的发挥程度。

---

❶ 邹永丽、伍军、褚中喜:《房地产法律概论》,中国政法大学出版社 2015 年版,第 236 页。
❷ 周安平:《社会自治于国家公权》,《法学》2002 年第 10 期。

结 论

21世纪的人类社会是一个人民的权利意识日益觉醒的时代,新兴权利问题正以几何级数的速度增长,立法在很大程度上无法顾及全部的权利问题,实践中新兴权利纠纷每天都在进入司法渠道,法院处于保护诉权和证成新兴权利的最前线。新兴权利此起彼伏的现象,与马克思主义有关人的全面自由发展的学说是相呼应的,"每个人的自由发展是一切人的自由发展的条件"[1]。通过司法保护诉权和证成新兴权利,也恰如其分地诠释了党的十九大报告对我国社会主要矛盾转换的重大判断,即"我国社会主要矛盾已经转化为人民日益增长的美好生活需要和不平衡不充分的发展之间的矛盾"[2]。从民事诉讼的视角看,解决这一矛盾的方法不是将新兴权利纠纷拒之于司法大门之外,而是适应时代发展不断革新权利理论和诉权理论。具体来说,本书循着"新兴权利的本质—新兴权利司法证成—新兴权利诉权存在要件—新兴权利诉讼程序过滤机制—新兴权利诉讼请求的裁判方法"五个梯次递进的问题,创新构建了新兴权利民事诉权保障理论的闭环体系。

新兴权利是什么?新兴权利此起彼伏兴起的原因何在?通过对50余种新兴权利现象的类型化分析,在"新兴权利是权利束"的理论共识基础上,进一步揭示了各种新兴权利之间总体上呈现不断翻新、一环套一环、相互交叉和错综复杂的兴起态势,绝大多数新兴权利都是在传统权利的"缝隙"和"交叉领域"兴起的。本书的结论性观点是:(1)新兴权利是一种制定法未

---

[1] 《马克思恩格斯选集(第1卷)》,人民出版社2012年版,第422页。
[2] 《习近平谈治国理政(第3卷)》,外文出版社2020年版,第9页。

能明确规定的、基于社会发展需求正处于发育过程之中的、应受法律保护的正当利益。新兴权利具有"非法定性""过程发育性""可证成性"三个特质。（2）权利不断"兴起"的原因，根源于立法的滞后性和预见能力的有限性。从我国改革开放以来的权利发展实践看，经济发展和经济体制改革是新兴权利不断"兴起"的根本原因，社会文明和文化发展变迁是新兴权利兴起的重要诱因，科学技术的革新和应用是新兴权利兴起的重要推动力量。

权利的本质是什么？经由司法生成新兴权利是否可行？梳理人类社会的权利发展史可以发现，虽然关于"权利"的本质认识千差万别，但在多数时期都承认法律体系和权利体系是开放的体系。"程序性权利理论"是权利理论的最新发展成果，它不局限于关注权利是什么，而且重点关注权利是如何生成的（权利的生成程序），具有重要的启发意义。本书的观点是：（1）在程序性权利理论的基础上进一步提炼出"证成性权利理论"，认为"法定权利"的本质是受法律保护的利益，"新兴权利"的本质是应受法律保护的正当利益；提出新兴权利的两种典型证成模式，即"立法证成"模式和"司法证成"模式。（2）"新兴权利司法证成"的正当性基础有三：一是法律体系不是封闭完美的体系，法律漏洞不可避免；二是新兴权利在本质上是有待权威机关证成的法律利益；三是法院的审判权包含法律适用的选择权和解释权，包括在个案中证成"实在权利"的权力。

如何克服诉权理论的"屠龙术"困境？新兴权利的诉权存在要件有哪些？解构传统的诉权学说，不外乎"公民－国家"视角、"权利－救济"视角、"宪法－人权"视角等三种构建逻辑。但学者赋予诉权的内涵过多、过杂，使得诉权遭遇了理论上有用、实践中无用的"屠龙术"困境。重构诉权理论应包括四个方面：（1）为诉权理论减负、实现诉权的具体化，诉权即"诉诸法院的权利"或者"司法保护请求权"。（2）提出"法定权利诉权"和"新兴权利诉权"两个对应的范畴，以便聚焦新兴权利诉权的保护特殊性。（3）诉权是诉诸法院的救济权，并不意味着每一个案件都应当受理。通过对我国民事诉讼法的规范分析、政策分析和案例分析，以及对国际上三种"诉权要件"理论的比较分析，主张应当区分"诉权存在要件"和"诉权行使要件",重塑由"诉讼利益""诉讼资格""审判权范围"三者构成的"诉权存在要件"体系。(4)通过建构和论证"当事人诉权"与"法院不得拒绝裁判义务"这一对权利义务范畴,为诉权保障从抽象理论走向司法实践操作奠定了坚实的论证基础。

新兴权利诉讼需要什么样的立案登记制?新兴权利诉讼会不会导致诉讼泛滥?传统的民事诉讼程序运行有三种模型:"先定后审"模型、设定"高门槛"起诉条件模型和"低门槛"起诉条件模型。基于诉权保障的正当程序理论,提出了两个基本观点:(1)进一步推进立案登记制改革,构建以诉状书面、形式审查为主的登记立案制度。因为"未经当事人陈述和申辩"即裁定不予受理的做法,以及"起诉阶段即进行实体审查"裁定不予受理的做法,都严重违反正当程序(或程序正义)原理,且实践表明现有的不予受理上诉机制的实际效果有限。(2)登记立案后,构建"诉讼(程序)审理+实体审理"的二阶递进式审理程序体系,以"诉讼审理"发挥对没有必要进入实体审理环节的案件进行程序过滤功能,控制诉讼泛滥。在"诉讼审理"阶段,法院应当根据当事人抗辩或者依职权,对诉权存在要件和诉权行使合法性要件(即本案判决要件)进行全面审查。在前述诉权理念之下,法院登记立案的数量也许会有一定的增加,但诉讼效率(效益)远不如司法公正更重要;如果说审判结果的不公正只是"污染了水源",那么剥夺民众诉权就好比是"控制了水源""让民众望'水'兴叹",拒绝裁判较之审判不公正危害更烈。

新兴权利缺乏明确的法律依据,法官在实体审理后如何妥当运用裁判方法作出裁判?通过裁判证成新兴权利的限度是什么?考察中外有关法律漏洞和裁判方法的学说,基于我国人民主权的政治理论和法治统一理论,提出以下观点:(1)法院和法官在法律存在漏洞的情况下将扮演"立法者助手"的角色,优先从既有法律的内部资源证成新兴权利,即优先采用类推适用和目的立论的裁判方法;如果无法得出合理的结论,则可根据个案情景分别或综合运用法律外部资源来证成新兴权利,即运用习惯、法不禁止的自由和对生活利益的衡量等裁判方法。(2)为验证前述观点,对1000余份裁判文书进行梳理,并对其中408份裁判文书进行深度分析。基于司法实践经验和问题,明确了对新兴权利司法证成方法运用规则的限制,以及新兴权利司法证成的限度。

本书综合运用了比较研究、规范分析、政策分析、案例分析等研究方法,研究方法相对于内容和立论而言具有有效性,相较于传统新兴权利研究和传统诉权理论研究具有拓展意义。

本书结合 20 余年来的典型司法案例和学术界相关研究,创新提出了"证成性权利理论"和"新兴权利的司法证成理论",提出了"新兴权利诉权"与"法定权利诉权"两个对应的范畴,重塑了新兴权利的"诉权存在要件"和新兴权利诉讼的"程序过滤机制",以法院或法官作为"立法者助手"的角色定位理顺了新兴权利案件裁判方法体系和权利证成的限度。前述核心观点,已经形成具有创新意义的新兴权利民事诉权保障的理论闭环体系。

主要参考文献

一、著作类

[1] 彼德罗·彭梵得.罗马法教科书[M].黄风,译.北京:中国政法大学出版社,2005.

[2] 菲利普·黑克.利益法学[M].傅广宇,译.北京:商务印书馆,2016.

[3] 高桥宏志.民事诉讼法:制度与理论的深层分析[M].林剑锋,译.北京:法律出版社,2003.

[4] 郭春镇,张微微.转型期权利的法律保障研究[M].厦门:厦门大学出版社,2013.

[5] 江伟,邵明,陈刚.民事诉权研究[M].北京:法律出版社,2002.

[6] 柯阳友.起诉权研究[M].北京:北京大学出版社,2012.

[7] 洛伊克·卡迪耶.法国民事司法法[M].杨艺宁,译.北京:中国政法大学出版社,2004.

[8] 罗纳德·德沃金.认真对待权利[M].信春鹰,吴玉章,译.北京:中国大百科全书出版社,1998.

[9] 林立.法学方法论与德沃金[M].北京:中国政法大学出版社,2002.

[10] 梁慧星.裁判的方法[M].北京:法律出版社,2017.

［11］刘敏.诉权保障研究：宪法与民事诉讼法视角的考察［M］.北京：中国人民公安大学出版社，2014.

［12］彭诚信.现代权利理论研究［M］.北京：法律出版社，2017.

［13］张文显.法哲学范畴研究［M］.北京：中国政法大学出版社，2001.

［14］周枏.罗马法原论［M］.北京：商务印书馆，1994.

［15］左卫民.诉讼权研究［M］.北京：法律出版社，2003.

二、论文类

［1］陈景辉.权利可能新兴吗：新兴权利的两个命题及其批判［J］.法制与社会发展，2021（3）：90-110.

［2］陈林林.反思中国法治进程中的权利泛化［J］.法学研究，2014（1）：10-13.

［3］陈彦晶.发现还是创造：新型权利的表达逻辑［J］.苏州大学学报（哲学社会科学版），2017（5）：74-80.

［4］邓经超.法律漏洞填补理论的历史演进：从概念法学到利益法学［J］.南海法学，2021（3）：33-43.

［5］刁芳远.新型权利主张及其法定化的条件：以我国社会转型为背景［J］.北京行政学院学报，2015（3）：43-51.

［6］范伟."法官不得拒绝裁判"原则的历史演进与发展脉络［J］.学海，2020（6）：173-179.

［7］郭道晖.论权利推定［J］.中国社会科学，1991（4）：179-188.

［8］侯学宾，闫惠.新兴权利保护实践中的司法中心主义［J］.学习与探索，2022（1）：76-85，176.

［9］霍宏霞，霍晓霞.司法"造法型"权利生成的法治逻辑［J］.河北工业大学学报（社会科学版），2023（1）：56-64.

［10］金可可.论温德沙伊德的请求权概念［J］.比较法研究，2005（3）：112-121.

［11］雷磊．新兴（新型）权利的证成标准［J］．法学论坛，2019（3）：20-29．

［12］孟融．新时代新兴权利研究的理论维度与未来面向［J］．求是学刊，2023（1）：116-128．

［13］孙山．从新兴权利到新兴法益：新兴权利研究的理论原点变换［J］．学习与探索，2019（6）：80-88．

［14］汪太贤．权利泛化与现代人的权利生存［J］．法学研究，2014（1）：7-9．

［15］王方玉．新兴权利司法推定：表现、困境与限度：基于司法实践的考察［J］．法律科学（西北政法大学学报），2019（2）：14-24．

［16］王福华．两大法系中诉之利益理论的程序价值［J］．法律科学（西北政法大学学报），2000（5）：87-97．

［17］魏文松．论新兴权利的国家保护义务［J］．学术交流，2020（9）：73-82．

［18］吴英姿．论诉权的人权属性：以历史演进为视角［J］．中国社会科学，2015（6）：112-130，207-208．

［19］谢晖．论新兴权利的一般理论［J］．法学论坛，2022（1）：41-54．

［20］姚建宗．新兴权利论纲［J］．法制与社会发展，2010（2）：3-15．

［21］张建文．新兴权利保护的合法利益说研究［J］．苏州大学学报（哲学社会科学版），2018（5）：87-95．

［22］张卫平．起诉条件与实体判决要件［J］．法学研究，2004（6）：58-68．

［23］张文显，姚建宗．权利时代的理论景象［J］．法治与社会发展，2005（5）：3-15．

后 记

本书是笔者主持的国家社科基金项目的结项成果,在 2018 年申报"新兴权利的民事诉权保障研究"的项目时受到了法理学者关于"新兴权利"问题讨论的触动。论及新兴权利,其主要领域显然在民事法领域;而论及新兴权利的证成,则显然离不开民事诉讼的场景。在观察到司法实践中新兴权利诉讼案件受理与否的混乱现象后,遂萌生了研究新兴权利的民事诉权保障问题的念头。

新兴权利的民事诉权保障这一研究课题虽与民事诉权理论有千丝万缕的联系,但显然又与传统的诉权理论研究思路不同。本书以"新兴权利的现象与本质"为逻辑起点,在讨论"新兴权利"究竟是不是"权利"的问题时,对"权利"和"权利体系"的传统理论进行了反思,并提出了"证成性权利理论"的设想,这就"冒失"地闯入了法理学的研究领地。在讨论诉权问题时,本书从诉权的具体化和类型化切入,将诉权作了"新兴权利诉权"与"法定权利诉权"的分类,着重从新兴权利视角论证了"诉权"的存在要件,试图解决实践中法院对新兴权利诉讼案件受理的随意化问题。在对立案登记制比较考察的基础上,主张降低起诉要件的"门槛",同时倡导构建科学的"诉讼程序过滤机制",以此限制法院随意不受理新兴权利诉讼案件的裁量权。当然,有价值的新兴权利诉讼案件最终会进入法院实体审理阶段,有关新兴权利诉讼案件裁判方法的讨论又在一定程度上"冒失"地闯入了民法学的研究领地。

近年来,笔者始终在学科专业的交叉领域徘徊和寻找灵感。从最早的一

后　记

本著作《民事诉讼行为理论研究》（博士论文，中国政法大学出版社 2011 年版），到教育部人文社科项目结项成果《诉讼文化冲突与民事诉讼制度的变革》（知识产权出版社 2017 年版），到山东省社科项目结项成果《齐鲁法律文化研究——国家与社会治理创新的传统智慧》（知识产权出版社 2022 年版），再到中国法学会部级课题结项成果《民法典与民事诉讼法的协同实施研究》（中国社会科学出版社 2022 年版），以及山东省诉讼法学新兴领域研究创新团队结项成果《民事司法改革的中国范式》（中国社会科学出版社 2023 年版），在不同时期聚焦了"诉讼行为论""诉讼文化论""实体法与程序法协同论"和"司法改革论"等几个研究主题。每一次都认真对待获批立项的课题研究任务，每一部著作也都是自己的研究兴趣所在，希望未来还能一直保持这份热爱。

是以为记。

王德新

2025 年 1 月 10 日